2805 | ALFA | FELSEFE | 48

FELSEFENİN KISA TARİHİ

NIGEL WARBURTON (1962)

Felsefeyi popülerleştiren kitaplarıyla tanınan İngiliz filozof. Bristol Üniversitesinde lisans eğitimini tamamlayan Warburton, Cambridge Darwin College'da doktorasını yaptı. Bir süre Nottingham Üniversitesinde öğretim üyesi olarak çalıştıktan sonra 1994-2013 yılları arasında Open University'de çalıştı. Bir dizi çok satan felsefeye giriş kitabı yazdı: *Philosophy: The Basics* (*Felsefeye Giriş*, Paradigma, 2008), *Philosophy: The Classics* ve *Thinking From A to Z* (*A'dan Z'ye Düşünmek*, Dost, 2006). *Virtual Philosopher* adlı weblog'unda ve *Prospect* dergisindeki "Philosophy Bites" adlı köşesinde yazılarını yayımlıyor.

GÜÇLÜ ATEŞOĞLU

Mimar Sinan Güzel Sanatlar Üniversitesi Felsefe Bölümü Öğretim Üyesi. Spinoza, Alman İdealizmi, Marksist Felsefe, Tarih Felsefesi ve Siyaset Felsefesi üzerine çalışıyor. Bu alanlarda pek çok makalesi ve kitap derlemesi var. Kant, Fichte, Hegel, Lukács ve Žižek'ten çevirileri yayımlandı. Gadamer'in *Hegel'in Diyalektiği* ve Beiser'in *Alman Romantizminin Erken Dönem Politik Düşüncesi*'yle birlikte, Mimar Sinan Güzel Sanatlar Üniversitesi Felsefe Bölümü tarafından düzenlenen "Felsefeden Siyasete Bir Gezi", "Spinoza ile Karşılaşmalar" ve "Bugün Marx" başlıklı sempozyumların kitaplarının editörlüğünü üstleniyor.

Felsefenin Kısa Tarihi

A Little History of Philosophy

Yayıncı ve Genel Yayın Yönetmeni M. Faruk Bayrak
Genel Müdür Vedat Bayrak
Yayın Yönetmeni Mustafa Küpüşoğlu
Kitap Editörü Berna Kılınçer
Kapak Tasarımı Füsun Turcan Elmasoğlu
Kapak İllüstrasyonu Ali Ateş Elmasoğlu
Sayfa Tasarımı Zuhal Turan

ISBN 978-605-171-117-1
1. Basım: Haziran 2015
2-21. Basım: Ağustos 2015-Aralık 2016
22-23. Basım: Ocak 2017
24-25. Basım: Mart 2017

Baskı ve Cilt
Melisa Matbaacılık
Çiftehavuzlar Yolu Acar Sanayi Sitesi No: 8 Bayrampaşa-İstanbul
Tel: 0(212) 674 97 23 Faks: 0(212) 674 97 29
Sertifika no: 12088

Alfa Basım Yayım Dağıtım San. ve Tic. Ltd. Şti.
Alemdar Mahallesi Ticarethane Sokak No: 15 34410 Cağaloğlu-İstanbul
Tel: 0(212) 511 53 03 (pbx) Faks: 0(212) 519 33 00
www.alfakitap.com - info@alfakitap.com
Sertifika No: 10905

NIGEL WARBURTON

FELSEFENİN KISA TARİHİ

Varoluş hiç bu kadar eğlenceli olmamıştı!

Çevirmen
GÜÇLÜ ATEŞOĞLU

ALFA® | FELSEFE

İÇİNDEKİLER

1. BÖLÜM

Soru Soran Adam
SOKRATES VE PLATON

Atina'da 2400 yıl kadar önce bir adam, çok fazla soru sorduğu için ölüme mahkûm edildi. Ondan önce de filozoflar vardı, ama felsefe Sokrates'le birlikte şahlandı. Felsefenin koruyucu bir azizi varsa, o olsa olsa Sokrates'tir.

Kalkık burunlu, tombul, pasaklı ve bir parça tuhaf Sokrates, kalıplara uymayan bir adamdı. Görünüşü çirkindi, ender yıkanırdı ama muazzam bir karizmaya ve parlak bir zihne sahipti. Atina'daki herkes, onun gibi birinin olmadığı, muhtemelen böyle birinin bir daha dünyaya gelmeyeceği konusunda hemfikirdi. Nevi şahsına münhasırdı, ama aynı zamanda çok da sinir bozucuydu. Kendini insanı tatsız biçimde ısıran yapışkan bir at sineği olarak görüyordu. Onlar rahatsız edicidir, ama ciddi bir zarar vermezler. Gerçi Atina'da herkes aynı görüşte değildi. Sevenleri de vardı, tehlikeli bir etkisi olduğunu düşünenler de.

Gençliğinde Peloponez savaşında Spartalılara ve müttefiklerine karşı savaşan cesur bir askerdi. Orta yaşlarında pazar yerinde dolaşır, zaman zaman insanları durdurup onlara olmadık sorular sorardı. Yaptığı şey buydu aşağı yukarı. Ne var ki sorduğu sorular jilet gibi keskindi. Basit görünüyorlardı, ama öyle değillerdi.

Bunun bir örneği, Euthydemos'la diyaloğuydu. Sokrates ona, aldatıcı olanın ahlaksızlık sayılıp sayılamayacağını sorar. "Elbette sayılır," diye cevap verir Euthydemos. Apaçık ortada olduğunu düşünür. Sokrates ona şöyle sorar: Ya bir arkadaşın kendini çok kötü hissediyorsa ve kendini öldürebilecekse, sen de onun bıçağını çalarsan? Bu da aldatıcı bir edim olmaz mı? Şüphesiz ki olur. Fakat böyle yapmak *ahlaksızca* değil de *ahlaki* değil midir? Her ne kadar aldatıcı bir edim olsa da kötü değil iyi bir şeydir. Eli kolu bağlanan Euthydemos, "evet" der. Zekice bir karşı örnek kullanan Sokrates, Euthydemos'un aldatıcı olanın ahlaksızca olduğu yönündeki genel yorumunun her durumda geçerli olmadığını göstermişti. Euthydemos bunu ilk kez fark ediyordu.

Sokrates pazarda karşılaştığı insanların bildiklerini düşündükleri şeyi gerçekten bilmediklerini tekrar tekrar kanıtlamıştır. Bir ordu komutanı, "cesaret"le kastedilenin ne olduğunu bildiğinden kesinlikle emin olarak konuşmaya başlar, fakat Sokrates'in yanında geçirdiği yirmi dakikadan sonra tamamen kafası karışır. Bu oldukça sersemletici bir deneyim olmalıdır. Sokrates insanların gerçekte anladığı şeyin sınırlarını açığa çıkarmayı ve yaşamlarının temeli yaptıkları varsayımları sorgulamayı seviyordu. Herkesin ne kadar da az bildiğini fark etmesiyle son bulan diyalog, onun için bir başarıydı. Bir şeyi anlamadığın halde anladığını düşünmeye devam etmekten çok daha iyiydi.

O zamanlar Atina'da, zengin ailelerin oğulları eğitim almak üzere Sofistlere gönderilirdi. Sofistler öğrencilerini hitabet sanatında eğiten zeki hocalardı. Bunun için onlara yüksek ücretler ödenirdi. Onların aksine Sokrates hizmetleri için ücret almazdı. Aslında hiçbir şey bilmediğini iddia ederdi; dolayısıyla ne öğretebilirdi ki? Bu, öğrencileri ona gitmekten ve diyaloglarını dinlemekten alıkoymasa da onu Sofistler gibi popüler kılmadı da.

Bir gün arkadaşı Khairephon, Delphi'deki Apollon kâhinine gitti. Kâhin bilge, yaşlı bir kadın, ziyaretçilerin sorularını cevaplayan bir

Apollon rahibesiydi. Cevapları genellikle bulmaca biçimindeydi. "Sokrates'ten daha bilge var mı?" diye sordu Khairephon. Cevap "hayır" oldu, "Sokrates'ten daha bilge kimse yok."

Khairephon bunu söylediğinde, Sokrates önce ona inanmadı. Gerçekten de şaşırmıştı. "Bu kadar az şey bilirken, Atina'daki en bilge kişi nasıl olabilirim?" diye hayret etti. Kendisinden daha bilge biri olup olmadığını görmek için yıllarını insanlara soru sormaya adadı. En sonunda kâhinin ne demek istediğini anladı ve haklı olduğunu fark etti. Çoğu insan yaptıkları çeşitli şeylerde iyiydi, marangoz marangozlukta iyiydi, askerler savaşmayı biliyorlardı. Ama hiçbiri hakiki anlamda bilge değildi. Ne hakkında konuştuklarını gerçekte bilmiyorlardı.

"Filozof" sözcüğü "bilgelik sevgisi" anlamına gelen Yunanca sözcüklerden meydana gelir. Bu kitabın izini sürdüğü Batı felsefesi geleneği, Doğu'dan gelen düşüncelerden de etkilenerek, eski Yunanlardan dünyanın geniş bir kısmına yayıldı. Değer verdiği bilgelik türü, argümana, akıl yürütmeye ve sorular sormaya dayanır, önemli biri doğru dedi diye bir şeye inanmaya değil. Sokrates için bilgelik, çok şey bilmek ya da bir şeyi nasıl yapacağını bilmek değildi. Bilgelikle neyi bilebileceğimizin sınırlarını da içererek, varoluşumuzun gerçek doğasını anlamayı kastediyordu. Günümüzde filozoflar az çok Sokrates'in yapmış olduğu şeyi yapıyorlar: Zor sorular sormak, sebeplere ve kanıtlara bakmak, gerçekliğin doğası ve nasıl yaşamamız gerektiğiyle ilgili olarak kendimize sorabildiğimiz en önemli sorulardan bazılarını cevaplamaya çabalamak. Ancak Sokrates'ten farklı olarak modern filozoflar neredeyse iki bin beş yüz yıllık felsefi düşünce birikiminden yararlanırlar. Bu kitap, Sokrates'le başlayan Batı düşünce geleneğinde yazılar yazmış bazı ana düşünürlerin fikirlerini inceliyor.

Sokrates'i böyle bilge kılan şey, durmaksızın soru sorması ve düşüncelerini tartışmaya daima istekli olmasıdır. Yaşamın ancak ne yaptığınızı düşünürseniz yaşanmaya değer olduğunu söylemişti. Sorgulanmamış bir varoluş koyunlara uygundur, insanlara değil.

Sokrates bir filozof için alışılmadık biçimde bir şeyler yazmayı reddetti. Ona göre konuşmak yazmaktan daha iyiydi. Yazılı sözcükler insana karşılık vermez; onları anlamadığınızda açıklama yapamazlardı. Sokrates yüz yüze konuşmanın çok daha iyi olduğuna inanıyordu. Konuşma sırasında konuştuğumuz kişinin nasıl biri olduğunu hesaba katabilir; mesajın yerini bulması için söyleyeceklerimizi buna göre uyarlayabiliriz. Sokrates yazmayı reddettiği için bu büyük insanın inandığı ve tartıştığı düşüncelerin çoğunu en parlak öğrencisi Platon'un eserleri yoluyla öğreniriz. Platon, Sokrates ile soru sorduğu insanlar arasındaki bir dizi diyalogu kaleme almıştır. Bunlar Platon Diyalogları olarak bilinir ve büyük felsefe eserleri olduğu kadar büyük edebiyat eserleridir, bazı açılardan Platon zamanının Shakespeare'iydi. Bu diyalogları okurken, Sokrates'in nasıl biri olduğu, zeki ve insanı çileden çıkartan kişiliği hakkında bir fikir ediniriz.

Aslında bu o kadar da basit değildir, çünkü Platon'un Sokrates'in gerçekten söylediği bir şeyi mi yazdığını yoksa "Sokrates" diye adlandırdığı karakterin ağzından kendi düşüncelerini mi aktardığını her zaman ayırt edemeyiz.

Çoğu insan, dünyanın göründüğü gibi olmadığı düşüncesinin Sokrates'e değil de Platon'a ait olduğuna inanır. Görünüş ile gerçeklik arasında önemli bir fark vardır. Pek çoğumuz görünüşle gerçekliği karıştırırız. Anladığımızı düşünürüz, fakat anlamayız. Platon dünyanın gerçekte nasıl olduğunu yalnızca filozofların anladığını düşünür. Filozof duyularına dayanarak değil de düşünmeyle gerçekliğin doğasını keşfederler.

Bu fikri anlatmak için Platon bir mağarayı betimler. Bu hayali mağarada, yüzleri duvara dönük, zincirlerle bağlı insanlar vardır. Önlerinde, gerçek şeyler olduğuna inandıkları titreşen gölgeleri görebilirler. Gördükleri gerçek değil, arkalarında yanan bir ateşin önünde duran nesnelerin meydana getirdiği gölgelerdir. Bu insanlar tüm yaşamlarını, duvara yansıyan gölgelerin gerçek dünya olduğunu düşünerek geçirirler. Sonrasında içlerinden biri zincirlerini kırar ve ateşe doğru döner. Gözleri ilkin bulanıktır, ama sonra nerede olduğunu görmeye başlar. Mağaradan sendeleyerek çıkar ve nihayet güneşe bakabilir. Mağaraya geri döndüğünde, dışarıdaki dünya hakkında söylediklerine kimse inanmaz. Zincirlerini kıran kişi bir filozof gibidir. Görünüşlerin ötesini görür. Sıradan bir insan gerçeklik hakkında az bir fikre sahiptir, çünkü onu derinlemesine düşünmektense, hemen önünde duran şeye bakmaktan hoşnuttur. Ne var ki görünüşler aldatıcıdır. Gördükleri gölgelerdir, gerçeklik değil.

Bu mağara hikâyesi, Platon'un Formlar Teorisi olarak bilinegelen şeyle bağlantılıdır. Bunu anlamanın en kolay yolu bir örnek aracılığıyladır. Yaşamınız boyunca gördüğünüz bütün daireleri düşünün. Bunlardan herhangi biri mükemmel bir daire miydi? Hayır. Hiçbiri tamamen mükemmel değildi. Mükemmel bir dairenin çevresindeki her nokta merkezdeki noktadan tamı tamına aynı uzaklıktadır. Gerçek daireler bu koşula asla tam olarak uymaz. Öte yandan, "mükemmel daire" sözcüklerini kullandığımda ne demek istediğimi anlamıştınız. O mükemmel daire nedir peki? Platon mükemmel daire düşüncesinin bir daire Formu olduğunu söylerdi. Dairenin ne olduğunu anlamak istersek, daire Formuna odaklanmamız gerekmektedir; hepsi de bir açıdan kusurlu olan görsel duyularımız yoluyla deneyimleyebildiğimiz ya da çizdiğimiz gerçek dairelere değil. Benzer şekilde Platon, iyiliğin ne olduğunu anlamak istiyorsak, onun tanık olduğumuz tikel örneklerine değil, iyilik Formuna yoğunlaşmamız gerektiğini düşünmüştür. Filozoflar bu soyut yoldan Formlar hakkında düşünmeye en uygun insanlardır; sıradan insanlar dünya tarafından yanlış yönlendirilirler, çünkü onu duyular aracılığıyla kavrarlar.

Filozoflar gerçeklik üzerine düşünmede iyi oldukları için Platon onların sorumlu olmaları ve politik gücün tamamını ellerinde bulundurmaları gerektiğine inanmıştır. En ünlü eseri olan *Devlet*'te, hayali bir mükemmel toplum betimledi. Filozoflar en tepede olacak, özel bir eğitim alacaklardı; buna karşılık yönettikleri yurttaşlar uğruna kendi zevklerini bir yana bırakacaklardı. Onların altında, ülkeyi korumak üzere eğitilmiş askerler, *onların da* altında çalışan kesim olacaktı. Bu üç grubun mükemmel bir denge içinde olacağını düşünüyordu Platon; akılcı kısmının duyguları ve arzuları kontrol altında tuttuğu dengeli bir zihin gibi. Ne yazık ki onun toplum modeli son derece anti-demokratikti ve insanları yalanların ve gücün birleşimiyle kontrol altında tutuyordu. Platon çoğu sanatı, gerçekliği yanlış temsil ettikleri gerekçesiyle yasaklardı. Ressam görünüşleri resmeder, fakat görünüşler Formlar hakkında aldatıcıdır. Platon'un ideal devletinde yaşamın her yönü, yukarıdan sıkı kontrol altında olacaktır. Bugün bizim totaliter devlet olarak adlandıracağımız şeydir bu. Platon insanların oy vermesine izin vermenin, yolcuların geminin dümeninde olmasına izin vermekten farksız olduğunu düşünmüştür – dizginleri, ne yaptıklarını bilen insanlara vermek çok daha iyiydi.

Beşinci yüzyıl Atina'sı Platon'un *Devlet*'te hayal ettiği toplumdan oldukça farklıydı. Bir tür demokrasiydi ama nüfusun yalnızca yüzde onu oy kullanabiliyordu. Sözgelimi kadınlar ve köleler otomatik olarak dışlanıyordu. Ama yurttaşlar yasa önünde eşitti ve herkesin siyasi kararları etkilemekte eşit şansı olmasını garantiye alan kapsamlı bir seçim sistemi vardı.

Atinalılar genel olarak Sokrates'e Platon kadar yüksek değer vermiyorlardı. Tam tersine, pek çok Atinalı Sokrates'in tehlikeli olduğu, kasıtlı olarak hükümete zarar verdiği düşüncesindeydi. İÖ 399'da, Sokrates 70 yaşındayken, bu Atinalılardan biri olan Meletos onu mahkemeye verdi. Sokrates'in Atina tanrılarını ihmal ettiğini, onların yerine yeni tanrılar koyduğunu iddia ediyordu. Atina'nın gençlerini yoldan çıkardığı, onları otoriteye karşı gelmeleri için teşvik ettiğini de söylüyordu. Her ikisi de çok ciddi suçlamalardı. Ne derece doğru olduklarını bilmek bugün için güçtür. Sokrates öğrencilerini devletin dinine uymamaya teşvik etmiş olabilirdi gerçekten de. Atina demokrasisiyle alay etmekten keyif aldığını gösteren bazı kanıtlar yok değildir. Bu onun karakteriyle de tutarlı olurdu. Kesin olan tek şey vardı: Pek çok Atinalı onun cezalandırılması gerektiğine inanıyordu.

Suçlu olup olmadığına dair oylama yaptılar. Büyük jüriyi oluşturan 501 yurttaşın yarısından biraz fazlası onu suçlu bularak ölüme mahkûm etti. İstese onları ikna ederek muhtemelen ölümden kurtulabilirdi. Böyle yapmak yerine, atsineği olarak ününe toz kondurmamak istercesine, yanlış bir şey yapmadığını ve Atinalıların onu cezalandırmak yerine ömrü boyunca bedava yemekle ödüllendirmeleri gerektiğini söyleyerek onları daha da kızdırdı. Bu pek de hoş karşılanmadı.

Bedeni yavaş yavaş felç eden bir bitki olan baldırandan yapılan zehri içmeye zorlanarak idam edildi. Sokrates karısı ve üç oğluyla vedalaştı, sonra öğrencilerini etrafına topladı. Cevaplaması zor sorular sormadan, sessiz sedasız yaşamaya devam etmek gibi bir seçeneği olsa bile bunu kabul etmektense ölmeyi yeğlerdi. Her şeyi sorgulamayı sürdürmesini söyleyen bir iç sese sahipti ve ona ihanet edemezdi. Sonra bardaktaki zehri içti. Kısa bir süre sonra öldü.

Sokrates, Platon'un diyaloglarında yaşamaya devam eder. Durmaksızın soru soran, şeylerin gerçekte nasıl olduklarını düşünmeyi bırakmaktansa ölmeyi tercih eden bu inatçı adam, o zamandan beri filozoflar için ilham kaynağı olmuştur.

Sokrates'in birincil etkisi etrafındakiler üzerindeydi. Hocasının ölümünün ardından Platon, Sokrates'in ilkelerine bağlı kalarak felsefe öğretmeye devam etti. Gelmiş geçmiş en etkileyici öğrencisi ise, ikisinden de çok farklı türde bir düşünür olan Aristoteles'ti.

2. BÖLÜM

Hakiki Mutluluk
ARISTOTELES

"Bir bulutla kış olmaz, bir çiçekle yaz gelmez." Kulağa William Shakespeare ya da başka bir ünlü şaire ait olabilecekmiş gibi gelen bu söz aslında Aristoteles'in, oğlu Nikhomakhos'a adadığı *Nikomakhos'a Etik* adlı kitabından alınmıştır. Aristoteles bu sözle şunu kastediyordu: Nasıl açan bir tek çiçek ya da yaşanan bir tek sıcak gün yazın geldiğini kanıtlayamazsa, size haz veren birkaç anın ardından da hakiki mutluluğu bulduğunuzu söyleyemezsiniz. Ona göre hakiki mutluluk kısa süreli bir haz değildir. Şaşırtıcı bir şekilde, çocukların mutlu olamayacağını düşünür. Bu kulağa saçma gelir. Eğer çocuklar da mutlu olamazsa, kim mutlu olabilir? Buradan hareketle onun mutluluk anlayışının bizim mutluluk anlayışımızdan ne kadar farklı olduğunu anlıyoruz. Çocuklar yaşamlarına daha yeni başlamışlardır ve bu yüzden herhangi anlamda eksiksiz bir yaşama sahip değillerdir. Aristoteles hakiki mutluluğun daha uzun bir yaşam gerektirdiğini öne sürer.

Aristoteles, Platon'un, Platon da Sokrates'in öğrencisiydi. Dolayısıyla bu büyük düşünürler bir zincirin halkalarını oluşturur: Sokrates-Platon-Aristoteles. Zaten hep böyle değil midir? Dâhiler genellikle yoktan var olmazlar. Çoğunun onlara ilham veren bir hocası olmuştur ancak bu üç düşünürün düşünceleri birbirinden çok farklıydı. Öğrendiklerini papağan gibi yinelememişlerdi. Her birinin özgün bir yaklaşımı vardı. Basitçe ifade edersek, Sokrates iyi bir konuşmacı, Platon başarılı bir yazar, Aristoteles ise her şeyle ilgilenen biriydi. Sokrates ve Platon gördüğümüz dünyayı, yalnızca soyut felsefi düşünceyle ulaşılabilecek olan hakiki gerçekliğin soluk bir yansıması olarak düşünüyordu; Aristoteles ise tam aksine, çevresindeki her şeyin ayrıntısıyla büyülenmişti.

Ne yazık ki, Aristoteles'in günümüze kalan neredeyse tüm eserleri ders notları şeklindedir. Yine de onun düşüncesinin bu kayıtları, çoğunlukla kuru bir üslup taşımalarına rağmen Batı felsefesi üzerinde olağanüstü bir etki bıraktı. Aristoteles yalnızca bir filozof değildi, aynı zamanda zooloji, astronomi, tarih, politika ve dramayla da ilgilenmişti.

İÖ 384 yılında Makedonya'da doğan Aristoteles, Platon'la birlikte çalıştıktan ve Büyük İskender'e hocalık yaptıktan sonra Atina'da *Lyceum* denilen kendi okulunu kurdu. Burası antik dünyanın en ünlü öğretim merkezlerinden biriydi ve bir parça modern üniversitelere benziyordu. Aristoteles'in Lyceum'dan dış dünyaya yolladığı araştırmacılar politik toplumdan biyolojiye kadar her alanda yeni bilgilerle okula geri dönüyordu. Ayrıca muazzam bir kütüphane de kurmuştu. Raffaelo tarafından yapılan ünlü Rönesans resmi *Atina Okulu*'nda Platon, Formlar dünyasına doğru yukarıyı işaret ederken, Aristoteles ise tam tersine elini önündeki dünyaya uzatır.

Platon oturduğu yerden felsefe yapmaktan hoşnut olabilirdi ama Aristoteles duyularımızla deneyimlediğimiz gerçekliği keşfetmek istiyordu. Hocasının Formlar Teorisini reddetmiş, bunun yerine, herhangi bir kategoriyi anlamanın yolunun, onun tikel örneklerini incelemek olduğuna inanmıştı. Yani bir kedinin ne olduğunu anlamak istiyorsanız kedi Formu hakkında soyut düşünmek yerine, gerçek kedilere bakmalıydınız.

Aristoteles'in üzerinde durduğu sorulardan biri de "Nasıl yaşamalıyız"dı. Bu soruyu ondan önce Sokrates ve Platon da sormuştu. Aslında buna cevap verme ihtiyacı, insanları en başta felsefeye yönelten nedenlerden biridir. Aristoteles'in de kendine özgü bir cevabı vardı. En yalın haliyle de şuydu: Mutluluğu arayın.

Peki, bu "mutluluk arayışı" ne anlama gelir? Günümüzde mutluluğu arayın dediğinizde çoğu kişi eğlenebilmenin bir yolunu düşünür. Belki de sizin için mutluluk, egzotik tatillere çıkmak, müzik festivallerine ya da partilere gitmek ya da arkadaşlarınızla zaman geçirmektir. Sevdiğiniz kitapla bir yere kıvrılmak ya da bir sanat galerisini gezmek anlamına da gelebilir. Aristoteles'e göre tüm bunlar iyi bir yaşamın parçası olabilirdi ama yaşamanın en iyi yolunun dışarıya çıkmak ve haz aramak olduğuna kesinlikle inanmıyordu. Aristoteles'e göre bu tek başına iyi bir yaşam olmazdı. Aristoteles'in kullandığı Yunanca sözcük ("you-die-moania" diye telaffuz edilen, fakat anlamı zıt olan*) *eudaimonia* idi. Sözcük bazen "mutluluk"tan ziyade "gelişme" ya da "başarı" olarak da çevrilir. *Eudaimonia* mango aromalı dondurma yediğinizde ya da tuttuğunuz takım maçı kazandığında tadacağınız hoş hislerden daha fazlasıdır. Gelip geçici mutluluk anları ya da kendinizi nasıl hissettiğinizle ilgili değildir. Bundan daha nesneldir. Günümüzde mutluluk

* Sözcüğün, İngilizce telaffuzu "ölümüne sızlanma"nın telaffuzuna benzemektedir –ed.n.

dediğimizde aklımıza kendimizi nasıl hissettiğimizden başka bir şey gelmediği için onu kavramak epey güçtür.

Bir çiçek düşünün. Onu sular, yeterince ışık almasını sağlarsanız, yavaş yavaş büyüyen bir filizin çiçek açmasını sağlayabilirsiniz. Ama onu ihmal eder, karanlıkta bırakır, böceklerin yapraklarını kemirmesine izin verirseniz ölür ya da en iyi ihtimalle çirkin bir ota dönüşür. İnsanlar da çiçekler gibi gelişirler, ancak çiçeklerden farklı olarak kendi seçimlerini kendileri yaparlar: Ne yapacağımıza ve olacağımıza kendimiz karar veririz.

Aristoteles insan doğası diye bir şeyin olduğuna, adını koyacak olursak, insanın bir işlevi olduğuna inanıyordu. Bize en uygun olan bir yaşam biçimi vardır. Diğer hayvanlardan ve başka her şeyden ayrı olarak, ne yapmamız gerektiğini düşünüp akıl yürütebiliriz. Buradan hareketle Aristoteles bir insan için en iyi yaşam şeklinin aklımızın güçlerini kullandığımız bir yaşam olduğu sonucuna varmıştır.

Şaşırtıcı bir şekilde Aristoteles hakkında bilmediğimiz şeylerin –hatta ölümümüzden sonraki olayların bile– *eudaimonia*mıza katkı sağlayabileceğine inanıyordu. Bu size garip gelebilir. Ölümden sonra yaşam olmadığını düşünürsek, siz yokken olan şeyler mutluluğunuzu nasıl etkileyebilir ki? Bir ebeveyn olduğunuzu düşünün ve mutluluğunuz kısmen çocuğunuzun geleceği için beslediğiniz umutlara dayansın. Çocuğunuz sizin ölümünüzden sonra ciddi bir hastalığa yakalanırsa, *eudaimonia*nız bundan etkilenecektir. Aristoteles'e göre, siz hayatta olmasanız ve çocuğunuzun hastalığından aslında haberdar olmasanız bile yaşamınız kötüye gitmiş olacaktır. Bu örnek mutluluğun sadece nasıl hissettiğinizle ilgili bir mesele olmadığını açıkça ortaya koyar. Bu bağlamda düşünüldüğünde mutluluk, yaşamdaki tüm başarılarınız, önemsediğiniz insanların başına gelenlerden etkilenebilecek bir şeydir. Kontrolünüz ve bilginiz dışındaki olaylar mutluluğunuzu etkilemektedir. Mutlu olup olmadığınız kısmen iyi şansa da bağlıdır.

Temel soru şudur: "*Eudaimonia* şansımı artırmak için ne yapabilirim?" Aristoteles bu soruya, "Doğru karaktere sahip olun" karşılığını verir. Doğru zamanda doğru duyguları hissetmeniz gerekir, bunlar da sizi doğru davranmaya götürür. Bu kısmen nasıl yetiştirilmiş olduğunuzla ilgili bir meseledir, çünkü uygun alışkanlıkları geliştirmenin en iyi yolu, onları küçük yaşlarda edinmektir. Şans burada da devreye girer. İyi davranış kalıpları erdemleri, kötü olanlar ise kusurları doğurur.

Savaş zamanındaki cesaret erdemini düşünün. Bir asker, bazı yurttaşların hayatını saldırıya geçen ordudan kurtarmak için belki de kendi hayatını tehlikeye atmak zorunda kalır.

Gözü kara kişi kendi güvenliğini hiç önemsemez. Hatta muhtemelen gerekli olmadığı durumlarda bile kendini tehlikeye sokabilir. Ne var ki bu gerçek cesaret değil, umarsızca riske girmektir. Diğer uçta ise, *korkak* bir asker korkusunu yenip gerekeni yapamaz ve ona en fazla ihtiyaç duyulan anda korkudan donakalır. Aynı durumda cesur ya da yiğit kişi de korku duyabilir, ancak korkusunu yenip harekete geçmeyi de bilir. Aristoteles her erdemin bunun gibi iki uç arasında olduğunu düşünmüştür. Burada cesaret, gözü karalık ile korkaklık arasında ortada bir yerdedir. Bu, Aristoteles'in Altın Orta öğretisi olarak da bilinir.

Aristoteles'in etiğe yaklaşımı sadece tarihsel açıdan ilgi çekici değildir. Birçok modern filozof, erdemleri geliştirmenin önemi konusunda Aristoteles'in haklı olduğuna, mutluluğun ne olduğuna ilişkin görüşünün eksiksiz ve ilham verici olduğuna inanır. Yaşamdan aldığımız hazzı artırmanın yollarını aramak yerine, daha iyi bir insan olmaya ve doğru şeyleri yapmaya çalışmalıyız. Yaşamı daha iyi kılan şey budur.

Tüm bunlar, aklınıza Aristoteles'in sadece kişisel gelişimle ilgilendiği düşüncesini getirebilir. Ancak işin doğrusu öyle değildir. İnsanın politik bir hayvan olduğunu öne sürer Aristoteles. Diğer insanlarla birlikte yaşayabilmeye, doğamızın karanlık tarafını bastıracak bir adalet sistemine gerek duyarız. *Eudaimonia* sadece toplum içindeki yaşamla ilişkili olarak elde edilebilir. Birlikte yaşarız ve iyi düzenlenmiş politik bir devlette etrafımızdakilerle iyi etkileşim yoluyla mutluluğumuzu bulmamız gerekir.

Aristoteles'in dehasının tek bir talihsiz yan etkisi vardı. Öyle zekiydi ve araştırmaları öyle kapsamlıydı ki, eserlerini okuyanların çoğu onun her konuda haklı olduğuna inandılar. Bu durum, Sokrates'in başlattığı gelenek içindeki felsefe ve ilerleme açısından kötüydü. Ölümünden yüzyıllar sonra bile Aristoteles'in dünyaya ilişkin görüşleri, çoğu âlim tarafından sorgusuz sualsiz kabul edildi. Aristoteles'in bir konuda bir şey söylediğini kanıtlayabilmek onlar için yeterliydi. Bu, kimi zaman "otoritenin doğrusu" diye adlandırılan şeydir, önemli bir "otorite" doğru olduğunu söylediği için bir şeyin doğru olması *gerektiğine* inanmak anlamına gelir.

Yüksek bir yerden aynı boyutta bir ahşap ve metal parçası atsaydınız ne olurdu dersiniz? Yere ilk düşen hangisi olurdu? Aristoteles ağır olanın, metal parçanın daha hızlı düşeceğini düşünmüştü. Aslında olan bu değildi. İkisi de aynı hızda düşüyordu. Ama Aristoteles doğru olduğunu söylediği için, ortaçağda herkes de bunun doğru olması gerektiğine inanıyordu. Başka bir kanıta gerek yoktu. On sekizinci yüzyılda Galileo Galilei'nin bunu sınamak için eğik Pisa Kulesinden ahşap bir topu ve savaş güllesini aşağı bıraktığı söylenir. İkisi de aynı anda yere ulaştılar. Yani Aristoteles yanılmıştı. Ne var ki, bunu çok daha önce göstermek de gayet kolay olurdu.

Başka birinin otoritesine güvenmek, Aristoteles'in araştırmasının doğasına tamamen aykırıydı. Felsefenin doğasına da aykırıydı. Otorite tek başına hiçbir şeyi kanıtlamaz. Aristoteles'in kendine özgü yöntemleri soruşturma, araştırma ve açık bir şekilde akıl yürütmeydi. Felsefe tartışmayla, yanlış olma olasılığıyla, karşıt görüşlerle ve keşfedilen alternatiflerle gelişir. Neyse ki her çağda başka insanların böyle olması gerek dediği şeyler hakkında eleştirel düşünmeye hazır filozoflar vardı. Hemen hemen her konu hakkında eleştirel düşünmeye çabalayan filozoflardan biri de şüpheci Pyrrhon'du.

3. BÖLÜM

Hiçbir Şey Bilemeyiz
PYRRHON

Hiç kimse bir şey bilemez, hatta bu bile kesin değildir. Doğru olduğuna inandığınız şeylere güvenemezsiniz çünkü yanılıyor olabilirsiniz. Her şey sorgulanabilir, her şeyden şüphe edilebilir. Bu nedenle yapabileceğiniz en iyi şey, açık fikirli olmayı sürdürmektir. Kendinizi bir düşünceye adarsanız, hayal kırıklığına uğrarsınız. Bu, eski Yunan ve daha sonra Roma'da birkaç yüzyıl popüler olan bir felsefi akım olan Şüpheciliğin ana öğretisiydi. Platon ve Aristoteles'ten farklı olarak, en aşırı şüpheciler herhangi bir konuda belli bir düşünceyi savunmaktan kaçındılar. Antik Yunan'da yaşamış

Pyrrhon (İÖ 365-270), tüm zamanların en ünlü ve belki de en uç şüphecisidir. Hayatı da oldukça gariptir.

Birçok şey bildiğinizi düşünebilirsiniz. Örneğin şu anda bu kitabı okuduğunuzu biliyorsunuz. Ama şüpheciler bunu sorgularlar. Şu anda gerçekten de elinizdeki kitabı okuduğunuza ve yalnızca okuduğunuzu hayal etmediğinize neden inandığınızı düşünün. Bundan gerçekten emin olabilir misiniz? Okuyor gibi görünüyorsunuz – size öyle görünür. Ama belki de halüsinasyon ya da rüya görüyorsunuz (Bu, René Descartes'ın 1800 yıl sonra geliştireceği bir düşüncedir, bkz. 11. Bölüm). Sokrates'in, tek bildiğinin, hiçbir şey bilmediği olduğunda ısrar etmesi de şüpheci bir bakış açısıydı. Pyrrhon bunu çok daha da ileriye taşıdı; belki de biraz fazla ileriye.

Pyrrhon'un hayatıyla ilgili anlatılanlara inanılacak olursa (belki *bunlardan* da şüphe etmeliyiz), hiçbir şeye kesin gözüyle bakmamayı kariyere dönüştürdüğünü görürüz. Sokrates gibi o da hiçbir şey yazmadı. Dolayısıyla onunla ilgili bildiğimiz her şeyi ölümünden birkaç yüzyıl sonra başkalarının yazdıklarından öğreniriz. Onlardan biri de Diogenes Laertios'tur. Bize Pyrrhon'un meşhur olduğunu, yaşadığı yer olan Elis'te yüksek rahip konumuna getirildiğini ve onun onuruna filozofların vergi ödemek zorunda olmadığını söyler. Filozofların vergi ödememesi gayet iyi bir fikir olsa da, bunun doğru olup olmadığını bilmemizin yolu yoktur.

Yine de bilebildiğimiz kadarıyla, Pyrrhon şüpheciliğini oldukça olağanüstü şekillerde yaşadı. Onu koruyacak arkadaşları olmasaydı, yeryüzünde geçirdiği zaman çok kısa olurdu. Uzun yaşamak için her aşırı şüphecinin, kendisinden daha az şüpheci olan insanların desteğine ya da bolca şansa ihtiyacı vardır.

Pyrrhon hayata şöyle yaklaşırdı. Duyularımıza tamamen güvenemeyiz çünkü bazen bizi aldatırlar. Örneğin karanlıkta gördüğünüz bir şey hakkında kolayca yanılabilirsiniz. Tilki gibi görünen şey sadece bir kedi olabilir. Birinin size seslendiğini düşündüğünüz zaman yalnızca ağaçlar arasında esen rüzgârı işitmiş olabilirsiniz. Duyularımız bizi oldukça sık aldattığı için onlara *asla* güven olmayacağına karar verir Pyrrhon. Duyularının ona doğru bilgi verme olasılığını hepten göz ardı etmez ama meseleye karşı açık görüşlü tavrından da ödün vermez.

Dolayısıyla pek çok kişi sarp bir uçurumun kıyısındayken yürümeye devam etmeyi aptallık sayarken, Pyrrhon bunu yapmaz. Duyuları onu aldatabileceği için onlara güvenmez. Ayaklarının uçurumun kenarında kıvrıldığını ya da öne doğru devrildiğini hissetse bile aşağıdaki kayalara düşeceğine ikna olmaz. Kayalara düşmenin sağlığına zarar vereceği bile onun için açık değildir. Mutlak anlamda bundan nasıl emin olabilir ki? Hepsinin şüpheci olmadığını tahmin ettiğimiz dostları başına bir kaza gelmemesi için onu kollamasa büyük ihtimalle başı beladan kurtulmazdı.

Canını yakmayı isteyeceklerinden emin değilsen vahşi köpeklerden korkmanın bir anlamı var mı? Havlayıp diş göstermeleri ve size doğru koşmaları sizi zorunlu olarak ısıracakları anlamına gelmez. Isırsalar bile ille de canınız yanacak değil ya. Caddede karşıdan karşıya geçerken hızla akan trafik kimin umurunda? Arabalar size çarpmayabilir. Gerçekten kim bilebilir? Hem ölü ya da diri olsanız ne fark eder ki? Her nasılsa Pyrrhon, bu bütünüyle kayıtsızlık felsefesini sonuna kadar yaşamayı başardı, tüm olağan ve doğal insani duygularla davranış kalıplarını yendi.

En azından efsane böyle diyor. Onunla ilgili bu hikâyelerin bazıları, felsefesiyle dalga geçmek isteyenlerin uydurduğu masallar muhtemelen. Fakat hepsinin uydurma olduğu da söylenemez. Mesela gemiyle yolculuk yaptığı sırada, gelmiş geçmiş en korkunç fırtınalardan birinin ortasında kaldığında serinkanlılığı hiç bozmamasıyla ünlüdür. Sert rüzgâr geminin yelkenlerini parçalar, dev dalgalar tekneyi döver. Etrafındaki herkes korkuya kapılır ama Pyrrhon bunların hiçbirinden etkilenmez. Görünüşler sıklıkla aldatıcı olduğundan, fırtınadan gelebilecek herhangi bir zarardan da kesin olarak emin olamayacaktır. En tecrübeli denizciler bile paniğe kapıldığında, o sükûnetini korumuştur. Bu şartlar altında bile kayıtsız kalmanın mümkün olduğunu kanıtlamıştır. Bu hikâye muhtemelen gerçektir.

Pyrrhon gençliğinde Hindistan'a gitmişti. Muhtemelen sıradışı yaşamının ilham kaynağı da burası oldu. Hindistan, kendilerini aşırı, neredeyse inanılmaz boyutlarda fiziksel zorluklara tabi tutabilen ruhani hocalar ve guruların muazzam bir geleneğine sahipti: İçsel dinginliğe ulaşmak için diri diri gömülme, bedenin hassas bölgelerine ağırlıklar asma ve haftalarca yemek yemeden yaşama. Pyrrhon'un felsefeye yaklaşımı bir mistiğinkine yakındı. Bunu başarmak için kullandığı teknikler ne olursa olsun, dediklerini uyguluyordu. Sakin ruh hali etrafındakileri derinden etkiliyordu. Ona göre, herhangi bir şey karşısında galeyana gelmemesinin nedeni, mutlak anlamda her şeyin bir yargı meselesi olmasıydı. Hakikati keşfetmenin bir yolu yoksa, endişeye de mahal yoktur. O zaman kendimizi bütün katı inançlardan uzaklaştırabiliriz, çünkü böyle inançlar her zaman hayal ürünüdür.

Pyrrhon'la tanışsaydınız büyük ihtimalle onun deli olduğunu düşünürdünüz. Belki de gerçekten öyleydi. Ama düşünceleri ve davranışları tutarlıydı. Kesin dediğiniz pek çok şeyin anlamsız olduğunu, iç huzurunuza gölge düşürdüğünü düşünürdü. Çok fazla şeye kesin gözüyle bakmak kumdan kaleler inşa etmek gibidir. Düşüncelerinizin temelleri, inanmak istediğiniz kadar sağlam değildir ve sizi mutlu kılma ihtimalleri yoktur.

Pyrrhon felsefesini, mutlu olmak isteyen herkesin sorması gereken üç soru biçiminde düzgünce özetlemişti:

Nesnelerin gerçek yapısı nedir?
Nesneler karşısında duruşumuz ne olmalıdır?
Nesneler karşısında doğru bir duruştan ne kazanırız?

Cevapları basit ve isabetliydi. İlk cevap, dünyanın neye benzediğini kesinlikle bilemeyiz – o, anlayışımızın ötesinde bir şeydir. Hiç kimse gerçekliğin nihai doğasını bilemez. Bu bilgiyi elde etmek insanlar için mümkün değildir. Bu yüzden bu soruyu unutalım gitsin. Bu görüş, Platon'un Formlar Teorisine ve filozofların bunların bilgisini soyut düşünce yoluyla elde edebilecekleri ihtimaline tamamen çekişme içindedir (bkz. 1. Bölüm). İkincisi ilk cevabın sonucu olarak, kendimizi hiçbir görüşe teslim etmemeliyiz. Hiçbir şeyi kesin olarak bilemeyeceğimizden, tüm yargılarımızı askıya almalı ve hayatlarımızı yargıdan kaçınarak yaşamalıyız. Sahip olduğunuz her arzu, bir şeyin diğerinden daha iyi olduğuna inandığınızı gösterir. İstediğinizi elde edemediğinizde mutsuz olursunuz. Ne var ki, bir şeyin diğerinden daha iyi olduğunu bilemezsiniz. Dolayısıyla mutlu olmak için, kendimizi arzularımızdan kurtarmamız ve işlerin nasıl sonuçlanacağıyla ilgilenmememiz gerekir. Doğru yaşamanın yolu budur. Hiçbir şeyin önemli olmadığının farkına varın. Böylece hiçbir şey, ruh halinizi yani iç huzurunuzu bozmayacaktır. Üçüncüsü bu öğretiyi takip ederseniz, hayatınız şöyle olacaktır: Başta, herhangi bir şey hakkında muhtemelen ne diyeceğinizi bilemeyeceğiniz için, sessiz kalırsınız. Sonunda da bütün endişelerinizden arınırsınız. Bu da bir insanın hayattan bekleyebileceği en iyi şeydir. Tüm bunlar neredeyse dinsel bir deneyim gibidir.

Teoride böyle bir şeydi. Bu teori Pyrrhon özelinde işe yaramıştır anlaşılan, ancak insanlığın çoğu için aynı sonuçları vereceğini kabul etmek güçtür. Pek azımız onun önerdiği türde bir kayıtsızlık haline ulaşabilir. Herkes en kötü hatalarından onu kurtaracak bir arkadaş grubuna sahip olacak kadar şanslı değildir. Aslında herkes Pyrrhon'un tavsiyesini takip etseydi, Pyrrhoncu şüphecileri kendilerinden koruyacak kimse kalmazdı ve koca felsefe ekolü çok geçmeden uçurumun kenarından tepetaklak düşerek, hareket halindeki araçların önüne atlayarak ya da vahşi köpekler tarafından parçalanarak yok olup giderdi.

Pyrrhon'un yaklaşımının temel zayıflığı, "hiçbir şeyi bilemeyiz"le başlayıp "tehlikeli bir şey karşısındaki içgüdülerinizi ve hislerinizi yok saymalısınız" sonucuna ulaşmasıdır. Ne var ki birçok olası tehlikeden içgüdülerimiz sayesinde kurtuluruz. Bütünüyle güvenilir olmayabilirler, ama sırf bu nedenle içgüdülerimizi öylece yok sayamayız. Hatta Pyrrhon bile bir köpek ısırdığında oradan uzaklaşacaktır: Ne kadar istese de otomatik tepkilerini tam anlamıyla ortadan kaldıramazdı. Dolayısıyla Pyrrhoncu Şüpheciliği denemek ve sonuna kadar yaşamak aykırılık görünür. Bu şekilde yaşamanın Pyrrhon'un düşündüğü gibi bir iç huzuru sağladığı da kesin değildir. Pyrrhon'un Şüpheciliğiyle ilgili şüpheye düşmek mümkündür. Huzurun, onun girdiği türden tehlikelerle gerçekten elde edilip edilemeyeceğini sorgulamak isteyebilirsiniz. Bu öğreti Pyrrhon için işe yaradı diye sizin de işinize yarayacağı kesin mi? Vahşi bir köpeğin sizi ısıracağından yüzde yüz emin olamayabilirsiniz, ama yüzde doksan dokuzluk bir ihtimal varsa işi şansa bırakmamak akıllıca olur.

Felsefe tarihindeki tüm şüpheciler Pyrrhon kadar uç noktada değildi. Her zaman her şey kuşku altındaymış gibi yaşamak yerine, varsayımları sorgulayan ve inandığımız şeylere dair kanıtlara yakından bakan muazzam bir ılımlı şüphecilik geleneği de vardır. Bu çeşit bir şüpheci sorgulama, felsefenin özünde yatar. Aslında bu anlamda tüm büyük filozoflar şüphecidir. Bu dogmatikliğin karşıtıdır. Dogmatik olan biri gerçeği bildiğinden çok emindir. Filozoflar dogmaya meydan okurlar. İnsanların yaptıkları şeye neden inandıklarını, sonuçlarını desteklemek için ellerinde ne gibi kanıtlar olduğunu sorarlar. Sokrates ve Aristoteles'in yaptıkları buydu, günümüz filozofları da aynı şeyi yapar. Ama bunu sadece huzursuz etmek adına yapmazlar. Ilımlı felsefi şüpheciliğin amacı gerçeğe yaklaşmak, en azından ne kadar az bildiğimizi ya da bilebildiğimizi göstermektir. Bu tür bir şüpheci olduğunuz için uçurumun kenarından düşme tehlikesine girmeniz gerekmez. Ancak farklı sorular sormaya hazırlıklı olmanız ve insanların vereceği cevaplar hakkında eleştirel düşünmeniz gerekir.

Pyrrhon tüm endişelerden özgür olmayı tavsiye etse de çoğumuz bunu başaramayız. Ortak kaygılarımızdan biri de öleceğimiz gerçeğidir. Bir başka Yunan filozofu Epikuros bu konuyu nasıl kabullenebileceğimizle ilgili bazı zekice önerilerde bulunmuştur.

4. BÖLÜM

Bahçe Yolu
EPIKUROS

Kendi cenazenizi hayal edin. Nasıl olurdu size? Kimler gelirdi? Ne konuşurlardı? Şu an hayal ettiklerinizi kendi bakış açınızdan düşünüyor olmalısınız. Sanki hâlâ orada, belirli bir yerden, yukarıdan ya da yas tutanların arasında bir iskemleden olanları izliyormuşsunuz gibi... Bazı insanlar, bunun ciddi bir olasılık olduğunu düşünür. Ölümden sonra bu dünyada olup bitenleri bile görebilecek bir çeşit ruh olarak fiziksel bir bedenin dışında var olabileceğimize inanırlar. Ne var ki, ölümün son olduğuna inanan bizler için gerçek bir sorun vardır. Orada olmadığımızı hayal etmeyi her deneyişimizde, bunu orada olduğumuzu, biz yokken olanları izlediğimizi hayal ederek yaparız.

Kendi ölümünüzü hayal edebilseniz de edemeseniz de var olmamaktan korkmanız çok normaldir. Kim ölümden korkmaz ki? Eğer endişeleneceğimiz bir şey varsa kesinlikle bu odur. Yıllar sonra bile olacak olsa, bu dünyada olmamak insanı korkutur. Bu içgüdüsel bir duygudur. Bu konuya kafa yormayan insan yoktur belki de.

Eski Yunan filozofu Epikuros (İÖ 341-270), ölüm korkusunun zaman kaybı olduğunu ve yanlış bir mantığa dayandığını savundu. Aşılması gereken bir ruh haliydi bu. Sağlıklı düşünürseniz, ölüm hiç de korkulacak bir şey değildir. Doğru bir şekilde düşünecek olursanız, burada geçirdiğiniz zamandan daha çok keyif alırsınız ki Epikuros için bu son derece önemliydi. Ona göre felsefenin amacı, daha iyi bir hayata sahip olmak ve mutluluğa ulaşmaktı. Bazı kişiler kendi ölümleri üzerine düşünmenin korkunç olduğuna inanır ancak bu, yaşamayı daha yoğun kılmanın bir yoludur.

Epikuros, Ege Denizi'nde bir Yunan adası olan Sisam'da doğdu. Hayatının çoğunu, neredeyse bir idol haline geldiği Atina'da geçirdi, bir grup öğrenciyi çevresine topladı ve onlarla komün hayatı yaşadı. Gruba kadınlar ve köleler de dahildi. Bu eski Atina'da oldukça nadir görülen bir durum olduğu için haliyle ona neredeyse tapan takipçileri dışında fazla seveni yoktu. Bahçeli bir evde eğitim veren bu felsefe okulu, Bahçe olarak tanınıp bilindi.

Birçok eski filozof (ve Peter Singer gibi kimi modern filozoflar, bkz. 40. Bölüm) gibi Epikuros da felsefenin pratik olması gerektiğine inanıyordu. İnsanın yaşamını değiştirmeliydi. Dolayısıyla Bahçe'de ona katılanların felsefeyi sadece öğrenmektense pratiğe dökmeleri önemliydi.

Epikuros'a göre hayatın anahtarı, hepimizin aradığı şeyin haz olduğunu fark etmektir. Daha da önemlisi, mümkün olduğunca acıdan kaçınmamızdır. Bizi harekete geçiren budur. Yaşamınızdan acıyı çıkarmak ve mutluluğu artırmak yaşamı daha iyiye götürecektir. O zaman yaşamanın en iyi yolu şuydu: Sade bir yaşam tarzı benimsemek, etrafınızdakilere nazik olmak ve dostlarınızın çevrenizde olması. Bu şekilde arzularınızın çoğunu tatmin edebilirdiniz. Elde edemeyeceğiniz bir şeyi de isteyip durmazdınız. Bir konak alacak paranız yoksa, konak sahibi olmak için umutsuz bir dürtü duymanın da yararı yoktur. Bütün hayatınızı, muhtemelen ulaşamayacağınız bir şeyi elde etmeye çalışarak harcamayın. Sade bir şekilde yaşamak çok daha iyidir. Arzularınız basitse, onları tatmin etmek kolaylaşır ve ilgilendiğiniz şeylerden keyif almak için zamanınız ve enerjiniz olur. Bu Epikuros'un mutluluk tarifidir, çok da mantıklıdır.

Bu öğreti bir tür terapiydi. Epikuros'un amacı, öğrencilerinin zihinsel acısını dindirmek ve geçmişteki hazları hatırlayarak fiziksel acıya nasıl dayanılabileceğini ortaya koymaktı. Bu hazlar o anda keyiflidir, fakat daha sonra hatırlandıklarında da keyif verirler; dolayısıyla bize uzun süreli yararları olabilir. Ölüm döşeğinde epey rahatsız bir haldeyken bir arkadaşına yazdığı mektupta eski sohbetlerinden aldığı keyfi hatırlayarak hastalığının verdiği acıları nasıl unuttuğunu anlatıyordu.

Bu, günümüzde "Epikurosçu" sözcüğünün taşıdığı anlamdan tamamen farklıdır, hatta neredeyse zıttıdır. "Epikurosçu" diye adlandırdığımız kişi, iyi yemekler yemekten zevk alan, lüksün ve tensel hazların tadını çıkaran biridir. Epikuros'un zevkleri bu tanımın akla getirdiklerinden çok daha basitti. Ilımlı olmak gerektiğini öğretiyordu: Açgözlü iştahlara teslim olmak gitgide daha fazla arzu doğurur, sonuçta da doyumsuz bir özlemin acısını getirir. Hep daha fazlasını isteyen bu tür bir hayat tarzından kaçınılmalıdır. Epikuros ve takipçileri, egzotik yemeklerdense ekmek ve suyla karınlarını doyururlardı. Pahalı bir şarap içmeye başladığınızda bir süre sonra daha pahalısını içmeyi ister ve sahip olamayacağınız şeylere arzu duyma tuzağına düşerdiniz. Buna rağmen düşmanları, "Bahçe" komününde Epikurosçuların, bitmeyen bir alem içinde, yiyip içip sevişerek zaman geçirdiklerini ileri sürdüler. Epikurosçuluğun günümüzdeki anlamı da buradan gelir. Epikuros'un takipçileri gerçekten böyle yaptıysa, liderlerinin öğretisine tamamen ters düşmüşlerdir. Ancak bunlar muhtemelen kötü niyetli dedikodulardı sadece.

Epikuros'un yazmaya epeyi zaman harcadığını biliyoruz ama. Üretken biriydi. Papirüs tomarlarına üç yüz kadar kitap yazdığı kayıtlara geçmiştir ancak bunların hiçbiri günümüze kalmamıştır. Onunla ilgili bildiklerimizin çoğu, takipçilerinin kaleme aldığı notlara dayanır. Onun kitaplarını ezberlemekle kalmayıp, aynı zamanda öğretisini yazıya da döktüler. Vezüv Yanardağı patladığında, Pompeii'nin yakınındaki Herculaneum'a yağan volkanik külde korunmuş bazı tomarlar günümüze kalabildi. Epikuros'un öğretisi hakkında diğer bir önemli bilgi kaynağı da Romalı filozof-şair Lucretius'un yazdığı *Şeylerin Doğasına Dair* adlı uzun şiirdir. Epikuros'un ölümünden iki yüz yıl sonra yazılan bu şiir, onun okulunun temel öğretisini özetler.

Epikuros'un sorduğu soruya geri dönelim: Neden ölümden korkmamalıyız? İlk cevap, onu deneyimleyemeyecek olmamızdır. Ölümünüz, *siz*in başınıza gelmiş bir şey olmayacak. Ölüm gerçekleştiğinde, siz orada olmayacaksınız. Yirminci yüzyıl filozofu Ludwig Wittgenstein, *Tractatus Logico-Philosophicus* adlı eserinde bu görüşü, "ölüm, hayattaki bir olay değildir" diye yazarak hatırlatır. Buradaki düşünce, olayların deneyimlediğimiz şeyler olmasıdır. Oysa ölüm deneyim olanağını ortadan kaldırır, bilincinde olabileceğimiz ve bir şekilde yaşayabileceğimiz bir şey değildir.

Epikuros, kendi ölümümüzü hayal ettiğimizde, ölü bedene ne olursa olsun hissetmeye devam edecek bir parçamızın geride kalacağını düşünme hatası yaptığımızı söyler. Ancak bu, ne olduğumuza dair yanlış bir anlamadır. Belirli bir bedene, et ve kemiğe bağlıyız. Epikuros atomlardan (her ne kadar atomlarla kastettiği modern bilim insanlarının kastettiğinden bir parça farklı olsa da), oluştuğumuzu düşünür. Bir kez bu atomlar ölümle birbirinden ayrıldığında, artık bilince sahip bireyler olarak var olmayız. Eğer biri bu parçaları daha sonra tekrar dikkatli bir şekilde bir araya getirebilse ve yeniden yapılmış bu bedene hayat üfleyebilse bile, *ben*imle ilgisi olmazdı. Bana benzer görünse de yaşayan yeni beden, ben olmazdım. Onun acılarını hissedemezdim, çünkü bir kez bedenin işleyişi durduğunda onu hiçbir şey hayata geri döndüremez, özdeşlik zinciri kırılmış olurdu.

Epikuros'un, müritlerinin ölüm korkusuna çare olacağını düşündüğü diğer bir yol da gelecek hakkında hissettiklerimizle geçmiş hakkında hissettiklerimiz arasındaki farka işaret etmekti. Biz bu iki zamandan sadece birini önemseriz. Doğumunuzdan önceki zamanı düşünün. Var olmadığınız dönemi. Annenizin karnında geçirdiğiniz haftaları, hatta anne-babanız için sadece bir ihtimal olduğunuz gebelik öncesi zamanı değil sadece, dünyaya gelmeden önceki trilyonlarca yılı... Doğumumuzdan önceki onca bin yıl boyunca var olmamakla ilgili endişemiz yoktur. Niye biri var olmadığı tüm o zamanı önemsesin ki? Fakat bu doğruysa, o zaman ölümden sonra var olmayacağımız tüm o sonsuz zamanı neden bu kadar çok düşünüyoruz ki? Düşünme şekillerimiz asimetriktir. Nedense doğumdan önceki dönemle ilgili değil de, ölümden sonraki dönemle ilgili endişelenmeye yatkınız. Epikuros bunun bir hata olduğunu düşünüyordu. Bunu gördüğünüzde ise ölümünüzden sonraki zamanı, doğumunuzdan önceki zamanla aynı şekilde düşünmeye başlarsınız. O zaman ölüm de büyük bir endişe olmaktan çıkar.

Bazı insanlar ölümden sonraki hayatlarında cezalandırılacaklarından kaygılanırlar. Epikuros bu kaygıyı da önemsemez. Tanrılar yarattıklarıyla gerçekten ilgilenmez, der kendinden emin bir şekilde. Onlar bizden ayrı olarak var olurlar, dünyaya karışmazlar. Dolayısıyla bu konuda endişelenmenize gerek yok. Bütün bu argümanların birleşimi derdinize deva olacaktır. İşe yaraması durumunda gelecekte var olmamanız konusunda kendinizi daha rahat hissetmelisiniz. Epikuros bütün felsefesini mezar taşındaki yazıda özetlemiştir:

Ben varsam, ölüm yok; ölüm varsa,
ben yokum

Eğer sadece maddeden oluşan fiziksel varlıklar olduğumuza ve ölümden sonra ciddi bir ceza tehlikesi olmadığına inanıyorsanız, bu durumda Epikuros'un akıl yürütmesi öldükten sonra korkacak hiçbir şey olmadığına sizi pekâlâ ikna edebilir. Sıklıkla ıstıraplı ve kesinlikle kaçınılmaz olduğundan dolayı, ölüm süreci sizi yine de kaygılandırabilir. Ölümün kendisinden korkmak mantıksız olsa da bu gerçektir. Epikuros'un iyi hatıraların acıyı azaltabileceğine inandığını hatırlayın, dolayısıyla bunun için bile bir cevabı vardı. Ancak bir bedende bir ruh olduğunuzu ve ruhun bedenin ölümünden sonra da yaşayacağını düşünüyorsanız, Epikuros'un çözümü size uymayacaktır: Kalbiniz atmayı bıraktıktan sonra bile, var olmaya devam etmeyi hayal edebileceksiniz.

Felsefeyi bir tür terapi olarak düşünenler yalnızca Epikurosçular değildi; çoğu Yunan ve Romalı filozof da böyle düşünmüştü. Özellikle Stoacılar, talihsiz olaylar karşısında psikolojik olarak nasıl sağlam durulabileceği konusundaki dersleriyle ünlendiler.

5. BÖLÜM

Önemsememeyi Öğrenmek
EPIKTETUS, CICERO, SENECA

Tam evinizden çıkmak zorundayken yağmur yağmaya başlasaydı talihsiz bir durum olurdu. Ama dışarı çıkmak zorundaysanız bir yağmurluk giymek ya da yanınıza bir şemsiye almak veya randevunuzu iptal etmekten başka yapabileceğiniz bir şey yoktur. Ne kadar isteseniz de yağmuru durduramazsınız. Bu sizi üzmeli mi? Yoksa sadece filozofça bir tavır takınmak yeterli olur mu? "Filozofça tavır," değiştiremeyeceğiniz şeyleri kabullenmek anlamına gelir. Peki, kaçınılmaz yaşlanma süreci ya da hayatın kısalığına ne demelisiniz? İnsanlık halinin bu boyutu karşısında ne hissetmeniz gerekir? Aynı şeyi mi?

İnsanlar başlarına gelen şeyler karşısında "filozofça" davrandıklarını söylediklerinde, sözcüğü Stoacıların kullandığı anlamda kullanırlar. "Stoacı" adı, bu filozofların Atina'da sık sık buluştukları boyalı bir sundurma olan stoadan gelir. İlk Stoacı, Kıbrıslı Zenon'du (İÖ 334-262). Erken dönem Yunan Stoacılarının, gerçeklik, mantık ve etiğe ilişkin geniş bir felsefi problemler alanında görüşleri vardı. Bununla birlikte en ünlü oldukları nokta, zihinsel kontrol üzerine görüşleriydi. Temel düşünceleri, sadece değiştirebileceğimiz şeyler üzerine endişelenmemiz gerektiğiydi. Diğer şeyler konusunda kaygılanmamalıydık. Şüpheciler gibi onlar da huzurlu bir zihni amaçlıyordu. Bir Stoacı, sevilen birinin ölümü gibi trajik olaylar karşısında bile duygularına kapılmamalıydı. Başımıza gelen *şey* çoğu zaman kontrolümüz dışında olsa da, ona ilişkin *tutumumuz* kontrolümüz dahilindedir.

Stoacılığın kalbinde, hislerimiz ve düşüncelerimizden sorumlu olduğumuz fikri yatar. İyi veya kötü talihe nasıl karşılık vereceğimizi kendimiz seçebiliriz. Bazı insanlar duygularının değişen hava gibi olduğunu düşünürler. Stoacılar ise, aksine, bir durum ya da olay karşısındaki hislerimizi kendimizin seçtiğini düşünür. Duygular öylece başımıza gelmez. İstediğimizi elde etmekte başarısız olduğumuzda üzgün, biri bizi kandırdığında kızgın hissetmek zorunda değiliz. Stoacılar duyguların akıl ve mantığı bulandırdığına ve yargılama gücüne zarar verdiğine inanmışlardır. Onları sadece kontrol etmemeli, mümkün olduğunda onlardan tümüyle kurtulmalıyız da.

Daha geç dönem Stoacılar arasında en iyi bilinenlerden biri olan Epiktetus (İS 55-135), hayatına bir köle olarak başladı. Birçok badire atlattı, açlığı ve acıyı öğrendi, bacağını zehirli bir böcek ısırdıktan sonra topal kaldı. Bedenlerimiz birer köle de olsa zihinlerimiz özgür kalabilir dediğinde kendi deneyimini tarif ediyordu. Bu sadece soyut bir teori değildi. Acı ve dertle nasıl başa çıkacağımız hakkında pratik tavsiyeler içeriyordu öğretisi. Özü şuydu: "Düşüncelerimiz bize bağlıdır." Bu felsefe, Vietnam Savaşı sırasında Kuzey Vietnam üzerinde vurulan Amerikalı savaş pilotu James B. Stockdale'e de esin kaynağı olmuştu. Stockdale pek çok kez işkenceye maruz kalmıştı ve dört yıl boyunca da yalnız başına bir hücreye kapatılmıştı. Üniversite yıllarında almış olduğu bir derste geçen Epiktetus'un öğretisinden hatırladıklarını uygulayarak hayatta kalmayı başardı. Paraşütle atlayarak düşman bölgesine düştüğünde, insanlar ona ne kadar kötü davranırlarsa davransınlar o duygularına kapılmamaya karar verdi. Değiştiremeyeceği şeylerin kendisini etkilemesine izin vermeyecekti.

Stoacılık, ona çoğu insanı yıkıma sürükleyecek bir acı ve yalnızlığa katlanıp hayatta kalma gücünü verdi.

Bu sağlam felsefe eski Yunanistan'da başladı, ama yıldızı Roma İmparatorluğu'nda parladı. Stoacı öğretinin yayılmasına yardımcı olan iki önemli yazar Marcus Tullius Cicero (İÖ 106-43) ve Lucius Annaeus Seneca'ydı (İÖ 1-İS 65). Yaşamın kısalığı ve kaçınılmaz yaşlılık, onları özel olarak ilgilendiren konulardı. Yaşlanmanın doğal bir süreç olduğunu kabul ettiler ve değiştirilemez olanı değiştirmeye çalışmadılar. Aynı zamanda, kısa olan ömürlerimizi en iyi şekilde değerlendirmek gerektiğine inandılar.

Cicero ömrüne pek çok uğraş sığdırmıştı: Bir filozof olmasının yanı sıra, politikacı ve avukattı da. *Yaşlılık Üzerine* adlı kitabında, yaşlılığın getirdiği dört ana sorunu belirledi: Çalışmak zorlaşıyor, beden zayıflıyor, fiziksel hazların verdiği zevk azalıyor ve ölüm yaklaşıyordu. Yaşlılık kaçınılmazdır ancak Cicero'nun da söylediği gibi bu süreci nasıl yöneteceğimizi kendimiz seçebiliriz. Yaşlılıktaki bedensel ve zihinsel gerilemenin yaşamı çekilmez hale getirmesinin gerekmediğini fark etmeliyiz. Bir kere yaşlı insanlar, çoğu kez deneyimleri sayesinde, daha az çalışarak bir şeylerin üstesinden gelebilirler; dolayısıyla yaptıkları herhangi bir iş, daha etkili olabilir. Bedenleri ve zihinleri, şayet onları işletirlerse, ani bir düşüşe geçmeyecektir. Ayrıca fiziksel hazları onlara daha az keyif verse bile, başlı başına çok değerli olan dostluk ve sohbet üzerine daha fazla zaman harcayabilirler. Son olarak Cicero, ruhun sonsuza kadar yaşadığına inanırdı, yani yaşlıların ölecekleri için endişelenmelerine gerek yoktu. Cicero'nun tutumu, hem doğal yaşlanma sürecini kabul etmemiz hem de bu süreç karşısında kötümser bir tavır takınmak gerekmediğini kavramamız yönündeydi.

Stoacı görüşleri yaygınlaştıran bir diğer büyük filozof Seneca, yaşamın kısalığı hakkında yazdığında benzer bir görüşteydi. İnsanların yaşamın uzun oluşundan şikâyet ettiğini nadiren duyarsınız. Çoğumuz hayatın çok ama çok kısa olduğunu söyler. Yapmamız gereken çok fazla şey var ve bunları yapacak çok az zaman. Eski Yunan filozofu Hippokrates'in sözleriyle, "Sanat uzun, hayat kısa"dır. Ölümün yaklaştığını görebilen yaşlı insanlar, yaşamda gerçekten istedikleri şeyi başarabilmek için birkaç yıl daha yaşamayı dilerler sıklıkla. Ne var ki artık çok geçtir ve yapabilecekleri ama yapamadıkları şeyler için üzüntü duyarlar. Doğa bu anlamda acımasızdır. Tam zirveye ulaştığımızda, ölüm kapımızı çalar.

Seneca bu görüşe katılmıyordu. Çok yönlü Cicero gibi o da bir filozof olmasının yanı sıra oyun yazarı, politikacı ve başarılı bir işadamıydı. Ona göre sorun hayatlarımızın kısa olması değil, birçoğumuzun zamanı kötü kullanmasıydı. Bir kez daha insan olmanın kaçınılmaz yanlarına karşı tutumumuzdur Seneca'yı en çok ilgilendiren. Hayat kısa olduğu için kızmak yerine bize verilen süreden olabildiğince faydalanmalıyız. Bazı insanlar binlerce yılı ömürlerini harcadıkları gibi kolayca boşa harcardı. Hatta o zaman bile hayatın çok kısa olduğundan şikâyet edebilirlerdi. Aslında doğru seçimleri yaparsak, boş işlerle zaman harcamazsak hayat genellikle birçok şeyi yapabileceğimiz kadar uzundur. Kimileri öyle bir enerjiyle paranın peşinden koşar ki, başka bir şey yapmaya zamanları kalmaz, kimileri de tüm boş zamanını içmekle ve sevişmekle geçirme tuzağına düşer.

Seneca bunu anlamak için yaşlanmayı beklersek çok geç kalmış olacağımızı düşünmüştür. Beyaz saçlar ve kırışıklar, bir yaşlının zamanının çoğunu dişe dokunur bir şeyler yapmakla geçirdiğini göstermez, ne var ki bazıları böyle yapmış gibi davranırlar. Bir gemiyle denize açılan ve fırtınayla oradan oraya sürüklenen biri yolculuk yapmış olmaz; sadece oradan oraya savrulmuş olur. Hayat için de aynısı geçerlidir. Kontrolsüz olmak, en değerli ve anlamlı deneyimler için zaman bulmaksızın olayların akışına kapılmak, hakiki yaşamdan çok uzaktır.

Hayatı iyi yaşamanın bir yararı da yaşlandığınızda hatıralarınızdan korkmanıza gerek olmamasıdır. Zamanınızı kötü harcamışsanız, geriye dönüp baktığınızda, hayatınızı nasıl geçirmiş olduğunuzu düşünmek istemeyebilirsiniz çünkü harcadığınız tüm fırsatlara kafa yormak çok acı gelebilir. Seneca, çok sayıda insanın boş işlerle meşgul olduğunu düşünmüştür, yapmayı başaramadıkları şeylere ilişkin hakikatten kaçınmanın bir şeklidir bu. Seneca, okurlarına her zaman kalabalıktan uzak durmalarını ve gereksiz işlerle meşgul olarak kendilerinden saklanmamalarını öğütledi.

O halde, Seneca'ya göre zamanımızı nasıl geçirmemiz *gerekir*? Stoacı ideal, diğer insanlardan uzakta bir keşiş gibi yaşamaktı. Seneca, –zeki bir biçimde– var olmanın en verimli yolunun felsefeyle uğraşmak olduğunu ilan etti. İşte bu, gerçekten hayatta olmanın bir yoluydu.

Seneca'nın yaşamı, ona öğrettiği şeyleri bolca uygulama şansı verdi. Örneğin İS 41 yılında, İmparator Gaius'un kız kardeşiyle bir ilişki yaşamakla suçlandı. Bunu yapıp yapmadığı kesin değildir, ancak sonuçta sekiz yıllığına Korsika'ya sürgüne yollandı. Sonrasında şansı tekrar döndü ve imparator olacak on iki yaşındaki Neron'a öğretmenlik yapması için Roma'ya geri çağrıldı. Daha sonra söylev yazarı ve politika danışmanı olarak görev aldı. Ne var ki kaderin bir cilvesiyle bu ilişki de oldukça kötü son buldu: Neron, onu, kendisine karşı düzenlenen bir suikast planının parçası olmakla suçladı. Seneca için bu kez kaçış yoktu. Neron ona intihar etmesini söyledi. Reddetmesi imkânsızdı, zaten reddetse bile her şekilde idam edilecekti. Karşı çıkması anlamsız olurdu. Kendi elleriyle hayatına son verdi, Stoacılığından ödün vermeden sonuna kadar sakin ve huzurlu kaldı.

Stoacıların temel düşüncelerine bakmanın bir yolu, Stoacılığı bir tür psikoterapi, hayatlarımızı daha dingin kılacak bir dizi psikolojik teknik olarak düşünmektir. Düşüncelerinizi bulandıran can sıkıcı duygulardan kurtulduğunuzda her şey daha basit olacaktır. Ancak ne yazık ki, duygularınızı kontrol etmeyi başarsanız bile, önemli bir şeyi kaybettiğinizi fark edebilirsiniz. Stoacıların savundukları kayıtsızlık durumu, kontrolümüzün dışındaki olaylar karşısında mutsuzluğu azaltabilir. Ama bedel olarak soğuk, kalpsiz bir insana dönüşebilir, hatta bir parça insanlığınızı yitirebilirsiniz. Dinginliğe ulaşmak için ödenecek bedel fazlasıyla yüksek olabilir.

Bir sonraki bölümde düşüncelerini öğreneceğimiz erken dönem Hıristiyan düşünür Augustinus, her ne kadar eski Yunan felsefesinden etkilenmiş olsa da Stoacılıktan uzaktı.

Dünyada gördüğü kötülüklerle derinden ilgilenen, Tanrı'yı ve insanlığa dair planlarını umutsuzca anlamak için çırpınan, güçlü tutkuların insanıydı.

6. BÖLÜM

İpler Kimin Elinde?
AUGUSTINUS

Augustinus (354-430) umutsuzca hakikati bilmek istiyordu. Bir Hıristiyan olarak Tanrı'ya inanıyordu. Ne var ki inancı birçok soruyu cevapsız bırakıyordu. Tanrı onun ne yapmasını istiyordu? Nasıl yaşamalıydı? Neye inanmalıydı? Hayatının uyanık kaldığı çoğu zamanını bu sorular hakkında düşünerek ve yazarak geçirdi. Büyük bir kumar oynuyordu. Cehennemde sonsuza kadar yanma olasılığına inanan insanlar için felsefi bir hata yapmak, korkunç sonuçlar taşıyabilirdi. Augustinus açısından yanılmak, sonsuza dek cehennem ateşini boylamak anlamına geliyordu. Kafa yorduğu meselelerden biri de Tanrı'nın neden dünyada kötülüğün var olmasına izin verdiğiydi. Verdiği cevap, inananlar arasında hâlâ popülerdir.

Kabaca beşinci yüzyıldan on beşinci yüzyılda kadar süren ortaçağda, felsefe ile din birbirine sıkı sıkı bağlıydı. Ortaçağ filozofları, felsefeyi Platon ve Aristoteles gibi eski Yunan filozoflarından öğrenmişlerdi. Ancak onların düşüncelerini kendi dinlerine uyarlayarak benimsediler. Bu filozofların çoğu Hıristiyandı, ancak Maimonides ve İbn-i Sina gibi önemli Yahudi ve Arap filozoflar da vardı. Çok daha sonra aziz yapılan Augustinus, bu filozofların en büyüklerinden biridir.

Augustinus Kuzey Afrika'da, bugün Cezayir dediğimiz, ama o dönemlerde Roma İmparatorluğu'nun bir parçası olan Tagaste'de doğdu. Günümüzde neredeyse hiç istisnasız ya Aziz Augustinus ya da (daha sonra yaşamış olduğu şehirden dolayı) Hippolu Augustinus olarak anılsa da asıl adı Aurelius Augustinus'tu.

Augustinus'un annesi Hıristiyan, babası ise yerel bir dine mensuptu. Çılgın bir gençlik ve bir metresten çocuk sahibi olduğu erken bir yetişkinlik döneminden sonra, otuzlarında Hıristiyanlığa geçti, en sonunda Hippo piskoposu oldu. Tanrı'ya, cinsel arzularını yok etmesi ama dünyevi hazlardan çok keyif aldığından ötürü bunu "hemen yapmaması" için yakarmasıyla ünlüdür. Hayatının geç döneminde *İtiraf-*

lar ve *Tanrı Devleti*'yle birlikte sayısı neredeyse yüze varan kitap yazmış, Platon'un bilgeliğinden bolca yararlanmış, ama ona Hıristiyan niteliklerini katmıştır.

Çoğu Hıristiyan, Tanrı'nın özel güçleri olduğunu düşünür: O mutlak iyidir, her şeyi bilir ve yapabilir. Bunlar, "Tanrı" tanımının bir parçasıdır. Bu nitelikler olmadan Tanrı, Tanrı olmazdı. Diğer birçok dinde de Tanrı benzer şekilde tanımlanır, ancak Augustinus sadece Hıristiyanlığın bakış açısıyla ilgilenir.

Bu Tanrı'ya inanan biri, dünyada pek çok acının var olduğunu da kabul etmek zorunda kalacaktır. Bunu inkâr etmek çok zor olurdu. Bazı acılar, depremler ve hastalıklar gibi doğal kötülüğün sonucudur. Bazıları ise, ahlaki kötülük yani insanın sebep olduğu kötülükten kaynaklanır. Cinayet ve işkence, ahlaki kötülüğün iki açık örneğidir. Augustinus'un yazılarından çok önce, Yunan filozof Epikuros (bkz. 4. Bölüm) bunun bir sorun oluşturduğunu fark etmişti. Her şeye gücü yeten iyi bir tanrı nasıl olur da kötü olanı hoşgörebilirdi? Tanrı kötülüğü durduramıyorsa, o zaman gerçek anlamda mutlak bir güce sahip olamazdı. Yapabilecekleri sınırlıydı. Öte yandan mutlak gücü olduğu halde kötülüğü önlemeye istekli olmayan bir tanrı nasıl mutlak iyi olabilirdi? Bu hiç de mantıklı değildi. Aynı sorular günümüzde bile insanlar için kafa karıştırıcıdır. Augustinus ahlaki kötülüğe odaklandı. Böyle bir kötülüğün olduğunu bilen ve onu engellemek için hiçbir şey yapmayan iyi bir tanrı fikrini anlamanın güç olduğunu fark etti. Tanrı'nın, insanın kavrayışının ötesinde gizemli bir şekilde hareket edeceği düşüncesi onu tatmin etmedi. Augustinus cevap istiyordu.

Kurbanını öldürmek üzere olan bir katil hayal edin. Elinde keskin bir bıçakla kurbanını öldürmeye hazır bekliyor. Tam anlamıyla kötü bir eylem gerçekleşmek üzere. Oysa, Tanrı'nın cinayeti engelleyecek gücü olduğunu biliyoruz. Katilin beynindeki nöronlarda bir iki ufak değişiklik yapılması yeter muhtemelen ya da öldürmek için kullanılacağında bir bıçağı yumuşak ve kauçuk bir şeye çevirebilir. Bu şekilde bıçak kurbana çarpıp geri seker ve hiç kimse zarar görmez. Tanrı her şeyi mutlak anlamda bildiğinden, ne olacağını da biliyor olmalıdır. Ondan hiçbir şey kaçmaz. Mutlak iyi tanımının gereği kötülüğün gerçekleşmesini istiyor olamaz. Ama katil yine de kurbanını öldürür. Çelik bıçak kauçuğa dönüşmez. Şimşek çakmaz, yıldırım düşmez, katilin elindeki silah mucizevi bir şekilde yere düşmez. Katil son anda fikrini de değiştirmez. Bu durumda, burada olan şey nedir? Bu, klasik Kötülük Problemi, Tanrı'nın böyle şeylere neden izin verdiğini açıklama sorunudur. Her şey Tanrı'dan geliyorsa, kötülük de ondan geliyor olmalıdır. Bir anlamda, Tanrı böyle olmasını istemiş olmalıdır.

Daha gençken Augustinus, Tanrı'nın kötülüğün olmasını istediğine inanmaktan kaçınmanın bir yolunu bulmuştu. O bir Maniciydi. Manihaizm, Pers (günümüz İran'ı) kökenli bir dindi. Maniciler, Tanrı'nın en büyük güç olmadığına inanırlardı. Bunun yerine, eşit güce sahip iyi ile kötü arasında sonu gelmez bir mücadele vardı. Bu bakış açısına göre Tanrı ile Şeytan, süregiden bir hâkimiyet çatışması içindeydi. Her ikisi de son derece güçlüydü, ama ikisi de diğerini mağlup edecek kadar güçlü değildi. Belirli zamanlarda belirli yerlerde kötülük üstün gelirdi. Ne var ki üstünlüğü asla uzun sürmezdi. İyilik geri döner ve kötülüğe karşı tekrar zafer kazanırdı. Korkunç şeylerin neden gerçekleştiği böyle açıklanıyordu. Kötülük karanlık güçlerden, iyilik ise ışığın gücünden gelmekteydi.

Maniciler, iyiliğin, insanın içindeki ruhtan geldiğine inandılar. Kötülük ise tüm zaafları, arzuları ve yoldan çıkartan eğilimleriyle bedenden gelmekteydi. Bu da kimi zaman insanların neden kötülük yapmaya sürüklendiğini açıklıyordu. Kötülük problemi Maniciler için büyük bir problem değildi çünkü onlar Tanrı'nın gerçekliği her yönüyle kontrol edecek kadar güçlü olduğu fikrini kabul etmiyorlardı. Tanrı her şey üzerinde güç sahibi değilse, o zaman kötülüğün varlığından da sorumlu değildi, ne de kötülüğü engellemekte başarısız olduğu için suçlanabilirdi. Maniciler, katilin eylemlerini, ondaki karanlık güçlerin onu kötülüğe sürüklediğini söyleyerek açıklarlardı. Bu güçler kişinin içinde öylesine etkiliydi ki, ışığın güçleri onları mağlup edemezdi.

Augustinus, yaşamının sonraki yıllarında Manici yaklaşımı reddetmeye başladı. İyi ile kötü arasındaki mücadelenin neden hiç bitmeyeceğini anlayamıyordu. Tanrı neden savaşı kazanmıyordu? İyinin gücünün kötününkinden üstün olduğu şüphe götürmez değil miydi? Hıristiyanlar kötülüğün güçlerini kabul etseler de, Tanrı'nın gücü onlardan her zaman üstündü. Tanrı, Augustinus'un inandığı gibi mutlak güce sahip olsa bile kötülük problemi çözülmüş olmuyordu. Tanrı neden kötülüğe izin ver*mişti*? Neden bu kadar çok kötülük vardı? Problemin kolay bir çözümü yoktu. Augustinus, bu problemleri uzun uzun gayretle düşündü. Temel çözümü özgür iradenin varlığına dayanıyordu: İnsanın bir sonraki adımında ne yapacağını seçme yeteneğine. Bu, sıklıkla, Özgür İrade Savunması olarak bilinir. Bir teodisedir, yani iyi bir tanrının acı çekmeye nasıl izin verebileceğini açıklama ve savunma girişimi.

Tanrı bize özgür irade vermiştir. Sözgelimi, bir sonraki cümleyi okuyup okumayacağınız size kalmıştır. Sizin seçiminizdir bu. Kimse okumak için sizi zorlamıyorsa, okumayı bırakmakta özgürsünüzdür. Augustinus, özgür iradeye sahip olmanın iyi olduğunu düşünmüştür. Ahlaki davranmamıza izin verir. İyi biri olmaya karar verebiliriz ki bu kişi için, İsa'nın "komşunu sev" emrinin yanı sıra, Tanrı'nın emirlerine, özellikle de On Emir'e uyma anlamına gelir. Ne var ki özgür iradeye sahip olmanın bir sonucu da kötülük yapmaya karar verebilmemizdir. Yoldan çıkabiliriz ve yalan söylemek, hırsızlık yapmak, insanlara zarar vermek, hatta onları öldürmek gibi kötü şeyler de yapabiliriz. Sıklıkla bunlar, aklımız duygularımıza yenildiğinde gerçekleşir. Mal mülk sahibi olmak için güçlü arzular duyarız. Fiziksel şehvete kendimizi teslim ederiz, Tanrı'dan ve Tanrı'nın emrettiği şeylerden uzaklaşırız. Augustinus, rasyonel yanımızın tutkularımızı kontrol altına alması gerektiğine inanmıştır, bu da Platon'la aynı görüşü paylaştığını gösterir. İnsanlar, hayvanlardan farklı olarak, aklın gücüne sahiptir ve onu kullanmalıdır. Tanrı bizi kötü karşısında daima iyiyi seçmeye programlamış olsaydı, herhangi bir zarar vermezdik ama o zaman gerçekten özgür olmaz ve ne yapacağımıza karar vermek için aklımızı kullanamazdık. Tanrı bizi böyle de yaratmış olabilirdi. Augustinus, Tanrı'nın bize seçme özgürlüğü vermiş olmasının çok daha iyi olduğunu öne sürüyordu. Aksi takdirde, Tanrı'nın iplerini oynatarak her zaman uslu durmasını sağladığı kuklalar olurduk. Her zaman otomatik olarak iyi seçeneği tercih edeceğimizden dolayı, nasıl davranılması gerektiğini düşünmemizin bir anlamı kalmazdı.

Dolayısıyla Tanrı tüm kötülükleri önleyecek kadar güçlüdür ama kötülüğün varlığı, yine de doğrudan ona bağlanamaz. Ahlaki kötülük bizim seçimlerimizin bir sonucudur. Augustinus bunun da kısmen Âdem ile Havva'nın seçimlerinin bir sonucu olduğuna inanmıştır. Çağdaşı pek çok Hıristiyan gibi o da Kutsal Kitap'ın ilk kısmı "Yaratılış"ta anlatılanlara, Cennet Bahçesi'nde işlerin korkunç bir şekilde ters gittiğine inanıyordu. Önce Havva, sonra da Âdem bilgi ağacından elmayı yiyip Tanrı'ya ihanet ettiklerinde, dünyaya günahı getirmişlerdi. Bu ilk günah sadece onların hayatını etkilememişti. Her insan bunun bedelini ödüyordu. Augustinus, ilk günahın üreme eylemiyle nesilden nesle geçtiğine inanıyordu. Küçük bir çocuk bile, ilk anlarından itibaren bu günahın izlerini taşırdı. İlk günah bizlerin de günah işleme olasılığını artırıyordu.

Günümüz okurlarının çoğu, başka birinin yaptıklarından dolayı bir şekilde suçlanmak ya da ceza görmek fikrini kabul etmekte güçlük çeker. Bu hiç adil görünmez. Buna rağmen kötülüğün özgür iradeye sahip olmamızın bir sonucu olduğu, Tanrı'ya doğrudan bağlı olmadığı düşüncesi hâlâ çok sayıda inanan için ikna edicidir. Bu, onların her şeyi bilen, her şeye gücü yeten, mutlak iyi bir tanrıya inanmalarını sağlar.

Ortaçağın en popüler yazarlarından biri olan Boethius da böyle bir tanrıya inanmış, ne var ki özgür iradeye ilişkin farklı bir soruyla uğraşmıştır: Tanrı ne seçeceğimizi halihazırda biliyorsa, herhangi bir şeyi yapmayı nasıl seçebiliriz?

7. BÖLÜM

Felsefenin Tesellisi
BOETHIUS

Hapishanede idam gününüzü bekleyen bir mahkûm olsaydınız, kalan günlerinizi bir felsefe kitabı yazarak geçirir miydiniz? Boethius'un yaptığı tam olarak buydu. Yazdığı bu kitap, daha sonra en ünlü kitabı haline geldi.

Tam adıyla Ancius Manlius Severinus Boethius (475-525), son Romalı filozoflardan biriydi. Roma barbarlar tarafından ele geçirilmeden yalnızca 20 yıl önce öldü. Fakat Roma henüz onun yaşadığı dönemde baş aşağı gitmeye başlamıştı. Romalı meslektaşları Cicero ve Seneca gibi o da felsefenin bir soyut düşünce disiplini olmasının yanı sıra, bir tür kişisel gelişim, yaşamı daha iyi kılabilmenin pratik bir yolu olduğunu düşünüyordu. Eserlerini Latinceye çevirdiği antik Yunan filozofları Platon ve Aristoteles ile bir bağlantı sağlamış, düşüncelerinin sonsuza dek yok olma tehlikesi altında olduğu bir zamanda onları canlı tutmuştur. Bir Hıristiyan olan Boethius'un yazdıkları, kitaplarını ortaçağda okuyan birçok dindar filozofa hitap ediyordu. Böylece felsefesi, Yunan ve Romalı düşünürler ile ölümünden sonra yüzyıllar boyunca Batı'yı etkisi altına alacak olan Hıristiyan felsefesi arasındaki köprü haline geldi.

Boethius'un hayatı iyi ve kötü şansın karışımından oluşuyordu. O zamanlar Roma'yı yöneten Got Kral Teoderik, Boethius'u konsül makamına getirdi. Ayrıca, özel bir onur vererek Boethius'un bu makama kendi başarılarıyla yükselemeyecek kadar genç olan oğullarını da konsül yaptı. Boethius için her şey yolunda gidiyor gibi görünüyordu. İyi bir aileden geliyordu, zengindi ve herkes ona övgüler yağdırıyordu. Bir yolunu bulup devlet işlerinden felsefe çalışmalarına da vakit ayırabiliyordu ve hem verimli bir yazar hem de çevirmendi. Harikulâde zaman geçirmekteydi. Ama sonra talihi tersine döndü. Teoderik'e karşı komplo kurmakla suçlanarak Roma'dan Ravenna'ya gönderildi. Burada hapsedildi, işkence gördü ve boğularak, ölesiye dövülerek idam edildi. Her zaman masum olduğunu söylediyse de kendisini suçlayanları ikna edemedi.

Yakında öleceğini bilen Boethius hücresindeyken ölümünden sonra ortaçağın en çok satan kitaplarından biri olacak *Felsefenin Tesellisi*'ni yazdı. Kitap, Boethius'un hapishane hücresinde kendi haline üzülmesiyle başlar. Boethius birdenbire kendisine yukarıdan bakan bir kadını fark eder. Kadının boyu ortalamayken, birden gökyüzünden daha yükseğe ulaşmış görünür. Yunan harfleri pi'den teta'ya doğru yükselen bir merdiven işlenmiş, yırtık pırtık bir elbise vardır üzerinde. Bir elinde hükümdar asası, diğerinde ise kitaplar tutmaktadır. Bu kadın, aslında felsefenin ta kendisidir. Kadın konuştuğunda, Boethius'a neye inanması gerektiğini söyler. Onu unuttuğu için Boethius'a kızgındır ve kendisine yapılanlar karşısında nasıl tepki vermesi gerektiğini anlatmak için oraya gelmiştir. Kitabın geri kalanı Tanrı ve talih hakkında aralarında geçen konuşmadır. Kitabın bir kısmı düzyazı, bir kısmı da şiir biçimindedir. Kadın, yani Felsefe, Boethius'a tavsiyelerde bulunur.

Felsefe, Boethius'a talihin her zaman değişebileceğini, buna şaşırmaması gerektiğini söyler. Bu, onun doğasıdır. Dönektir. Çarkıfelekte bazen en tepede, bazen en altta olursunuz. Varlıklı bir kral bir gün kendini yoksul bulabilir. Boethius işlerin böyle yürüdüğünü kabullenmelidir. Talih gelişigüzeldir. Bugün şanslı olman, yarın da şanslı olacağın anlamına gelmez.

Felsefe, mutluluklarını böylesine değişken bir şeye bağladıkları için fanilerin budala olduklarını açıklar. Gerçek mutluluk yalnızca içten, insanın kontrol edebileceği şeylerden gelir; kötü şansın yok edebileceği bir şeyden değil. Bu, 5. Bölümde değindiğimiz Stoacı yaklaşımdır. İnsanlar bugün başlarına gelen kötü olaylara karşı "filozofça bir tutum" takındıklarını söylediklerinde bunu kastederler; ebeveynlerinin kim olduğu veya hava durumu gibi kontrolleri dışında olan şeylerden etkilenmemeye çalışırlar. Felsefe Boethius'a şunu söyler: Hiçbir şey kendi içinde kötü değildir; her şey onun hakkında nasıl düşündüğünüze bağlıdır. Mutluluk, dünyanın değil, aklın bir durumudur; Epiktetus'un kendisininmiş gibi kabul edebileceği bir düşünce.

Felsefe, Boethius'un kendisine geri dönmesini ister. Boethius'a hapiste öldürülmeyi bekliyor olsa da tam anlamıyla mutluluğu tadabileceğini söyler. Felsefe, onun acılarına çare olacaktır. Söylemek istediği zenginliğin, gücün ve saygınlığın gelip geçici olduğu için değersiz olduğudur. Hiç kimse mutluluğunu böyle kırılgan temellere oturtmamalıdır. Mutluluk daha sağlam bir şeyden, kaybedilemeyecek olandan gelmelidir. Boethius öldükten sonra yaşamaya devam edeceğine, mutluluğu önemsiz dünyevi şeylerde aramanın hata olduğuna inanıyordu. Nasıl olsa öldüğünde hepsini kaybedecekti.

Peki o zaman Boethius gerçek mutluluğu nerede bulabilirdi? Felsefenin cevabı, gerçek mutluluğu Tanrı'da veya iyilikte bulacağıydı (daha sonra ikisinin aynı şey olduğu ortaya çıkar). Boethius Hıristiyanlığın ilk dönemlerinde yaşamıştı ama *Felsefenin Tesellisi*'nde Hıristiyanlıktan bahsetmemişti. Felsefenin betimlediği Tanrı, iyiliğin saf formu olan Platon'un Tanrı'sı olabilirdi. Ama sonraki okurlar, şöhret ve zenginliğin değersizliği ile Tanrı'yı memnun etmeye odaklanmanın önemini aktaran Hıristiyan öğretisini fark edeceklerdi.

Kitap boyunca felsefe, Boethius'a aslında bildiği şeyleri hatırlatıyordu. Bu da yine Platon'dan gelen bir şeydi, çünkü Platon tüm öğrenmenin daha önceden sahip olduğumuz ideaların anımsanması olduğuna inanıyordu. Aslında hiçbir zaman yeni bir şey öğrenmiyor, sadece belleğimizi tazeliyorduk. Hayat daha önce bildiklerimizi hatırlama mücadelesiydi. Boethius bir düzeyde, özgürlüğünü ve itibarını kaybetmek konusunda endişelenmesinin yanlış olduğunu zaten biliyordu. Bunlar tamamıyla kontrolü dışındaydı. Asıl önemli olan, bulunduğu durum karşısında takınacağı tutumdu, bu da onun seçebileceği bir şeydi.

Ancak Tanrı'ya inanan birçok insanın kafasını kurcalayan sorun Boethius'un da kafasını karıştırıyordu. Tanrı kusursuz olduğu için gerçekleşmiş ve aynı zamanda gerçekleşecek olan her şeyi biliyor olmalıydı. Tanrı'yı "her şeyi bilen" olarak tanımladığımızda bunu kastederiz. Yani eğer Tanrı varsa, bir sonraki dünya kupasını kimin kazanacağını ve birazdan ne yazacağımı biliyor olmalıdır. O, olacak olan her şeyle ilgili önbilgiye sahip olmalıdır. Onun öngördüğü her şey zorunlu olarak gerçekleşmelidir. Kısacası Tanrı şu anda, her şeyin nasıl sonuçlanacağını biliyor olmalıdır.

Bundan da şu sonuç çıkar: Tanrı, henüz ne yapacağımdan ben emin olmasam bile, bir sonraki eylemimin ne olacağını bilmelidir. Ne yapacağıma karar verdiğim anda, önümde farklı olası gelecekler belirir. Eğer bir yol ayrımına gelirsem sola ya da sağa gidebilir, belki de yalnızca oturabilirim. Şu anda yazmayı bırakabilir, gidip kendime kahve yapabilirim. Başka bir seçenek olarak bilgisayarımda yazmaya devam edebilirim. Bu bana kendi kararımmış, yapmayı ya da yapmamayı seçtiğim bir şey gibi gelir. Hiç kimse beni şu ya da bu seçimi yapmaya zorlamaz. Aynı şekilde, eğer isterseniz şu an gözlerinizi kapatmayı tercih edebilirsiniz. Peki Tanrı sonuçta ne yapacağımızı biliyorsa bu nasıl mümkün olabilir?

Eğer Tanrı hem sizin hem de benim ne yapacağımızı biliyorsa, nasıl olur da ne yapacağımız hakkında hakiki bir seçim yapabiliriz? Seçim yalnızca bir yanılsama mıdır? Öyle görünüyor ki, eğer Tanrı her şeyi biliyorsa, özgür iradeye sahip değilimdir. On dakika önce Tanrı önündeki kâğıda "Nigel yazmaya devam edecek" yazmış olabilir. O zaman bu doğrudur, o an bunun farkında olsam da olmasam da zorunlu olarak yazmaya devam ederim. Ne var ki Tanrı bunu yapabiliyorsa, bana kendi kararımı kendim vermişim gibi gelse de, hiç kuşkusuz ne yaptığım konusunda bir seçme şansım olmamıştır. Yaşamım en küçük ayrıntısına kadar zaten tasarlanmıştır. Eğer eylemlerimizle ilgili bir seçim yapmamız mümkün değilse, yaptıklarımız yüzünden cezalandırılmamız ya da ödüllendirilmemiz ne kadar adildir? Eğer ne yapacağımızı kendimiz seçemiyorsak, Tanrı cennete gidip gitmeyeceğimize nasıl karar verebilir?

Bu çok kafa karıştırıcıdır ve filozofların paradoks olarak adlandırdığı şeydir. Öyle ki, birinin benim ne yapacağımı bilebilmesi ama ne yapacağımı hâlâ özgürce seçebilmem mümkün görünmez. Bu iki düşünce birbiriyle çelişkili görünür. Yine de eğer Tanrı'nın her şeyi bilen olduğuna inanıyorsanız, her ikisi de akla yatkındır.

Gelgelelim felsefenin, yani Boethius'un hücresindeki kadının birtakım cevapları vardır.

Boethius'a özgür iradeye sahip olduğumuzu söyler. Bu bir yanılsama değildir. Tanrı ne yapacağımızı bilse de yaşamlarımız önceden belirlenmiş değildir. Başka bir deyişle, Tanrı'nın yapacaklarımız hakkındaki bilgisi, önceden belirlenmişlikten (ne yapacağımız konusunda bir seçimimizin olmadığı düşüncesinden) farklıdır. Bir sonraki eylemimizi hâlâ seçebiliriz. Buradaki hata Tanrı'yı, zamanda gözler önüne serilen şeyleri gören bir insanmış gibi düşünmektir. Felsefe Boethius'a, Tanrı'nın zamansız, zamanın tamamen dışında olduğunu söyler.

Bunun anlamı, Tanrı'nın her şeyi bir anda kavradığıdır. Tanrı, geçmişi, şimdiyi ve geleceği bir olarak görür. Biz ölümlüler, olayların arka arkaya gerçekleşmesine bağlıyızdır ama Tanrı bunu böyle görmez. Tanrı'nın özgür irademizi yok edip bizi seçim yapma şansı olmayan önceden programlanmış makinelere dönüştürmeden geleceği bilebilmesinin nedeni, onun bizi belirli bir zamanda görmemesidir. O, her şeyi bir anda, bir nevi zamansız olarak görür. Felsefe Boethius'a, Tanrı'nın insanların ne yapacağını önceden bilmesine rağmen, onları nasıl davrandıkları ve yaptıkları seçimler üzerinden yargıladığını unutmamasını söyler.

Eğer felsefe bu konuda haklıysa ve eğer Tanrı varsa, bu cümleyi ne zaman bitireceğimi kesinlikle biliyor ama bu cümleyi burada noktalamak yine de benim özgür seçimim.

Bu arada siz de Tanrı'nın varlığına inanmaya dair iki farklı argümanın incelendiği bir sonraki bölümü okuyup okumamaya karar vermekte hâlâ özgürsünüz.

8. BÖLÜM

Mükemmel Ada
ANSELMUS VE AQUINAS

Hepimiz bir tanrı fikrine sahibizdir. Ona ister inanalım ister inanmayalım "Tanrı" denildiğinde ne kastedildiğini anlarız. Şüphesiz, şu anda kendi Tanrı fikrinizi düşünüyorsunuz. Bu, Tanrı'nın gerçekten var olduğunu söylemekten oldukça farklı görünür. Sonradan Canterbury Başpiskoposu olan İtalyan rahip Anselmus (1033-1109), Ontolojik Argümanında, mantık gereği bir tanrı fikrine sahip olmamızın Tanrı'nın gerçekten var olduğunu kanıtladığını iddia ederken bu konuda sıra dışı bir yol izledi.

Anselmus'un *Proslogion* adlı kitabında yer alan argümanı, tartışma götürmez bir iddiayla başlar: Tanrı ondan "daha yüce bir şey tasarlanamayan" varlıktır. Bu da Tanrı'nın düşünülebilecek en yüce varlık olduğunu söylemenin başka bir yoludur: Güçte, iyilikte ve bilgide en yücedir. Ondan daha yüce hiçbir şey tasavvur edilemez ya da edilebilseydi o şey Tanrı olurdu. Tanrı en yüce varlıktır. Bu Tanrı tanımı tartışmaya açık görünmemektedir: Örneğin Boethius da (bkz. 7. Bölüm) Tanrı'yı buna benzer bir şekilde betimlemişti. Zihinlerimizde bir tanrı fikri olduğu aşikârdır. Bu da tartışma götürmez. Ancak Anselmus bundan sonra şöyle diyordu: Zihinlerimizde var olan, fakat gerçekte var olmayan Tanrı tasarlanabilir en yüce varlık olmazdı. Gerçekte var olan şey, kesinlikle daha yüce olurdu. Bu Tanrı kavramı zihinlerimizde *var olabilir,* ateistler bile genelde bunu kabul eder. Ancak tasavvur edilen bir tanrı, var olan bir tanrıdan daha yüce olamaz. Böylece Anselmus şu sonuca varır: Tanrı var olmak *zorundadır.* Bu, Tanrı tanımının mantıksal bir sonucudur. Anselmus haklıysa, sırf bir tanrı fikrine sahip olmamıza dayanarak, Tanrı'nın var olduğundan emin olabiliriz. Bu, kendi sonuçlarına ulaşmak için dünyayla ilgili herhangi bir gözleme dayanmayan a priori bir argümandır. Tartışmasız bir başlangıç noktasından yola çıkarak Tanrı'nın var olduğunu ispatlar görünen mantıksal bir argümandır.

Anselmus ressam örneğini kullanıyordu. Ressam, resmini yapmadan önce bir sahne hayal eder. Bir aşamada hayal ettiğini resmeder. Böylece resim, hem zihninde hem de gerçekte var olur. Tanrı, bu örnekten farklıdır. Anselmus, Tanrı gerçekte var olmadan bir tanrı fikrine sahip olmamızın mantıksal olarak imkânsız olduğuna inanıyordu; halbuki, tasarladığı resmi hiç yapmamış bir ressamı kolayca hayal edebiliriz, yani resim dünyada değil, sadece ressamın zihninde var olmuştur. Tanrı, bunun gibi yegâne varlıktır: Kendimizle çelişmeden, var olmayan herhangi başka bir şeyi tasavvur edebiliriz. Eğer gerçekten Tanrı'nın ne olduğunu anlarsak, Tanrı'nın var olmamasının imkânsız olduğunu da fark ederiz.

Anselmus'un, Tanrı'nın varlığına ilişkin "kanıt"ını kavrayan birçok kişi, onun vardığı bu çıkarıma ulaşma biçiminde bir bit yeniği olduğundan kuşkulanmıştır. Yerine oturmayan bir şey vardır. Tanrı'ya inananların pek azının inancı bu çıkarıma dayanır. Buna karşın Anselmus, Mezmur'dan alıntı yaparak, yalnızca bir budalanın Tanrı'nın varoluşunu inkâr edebileceğini söyler. Gelgelelim, aynı dönemde yaşamış başka bir keşiş Marmoutiers'li Gaunilo, Anselmus'un akıl yürütmesini eleştirerek bir budalanın konumunu destekleyen bir düşünce deneyini öne sürdü.

Okyanusun bir yerinde hiç kimsenin ulaşamayacağı bir ada hayal edin. İnanılamayacak kadar bereketli olan bu ada, hayal edebileceğiniz bütün meyveler, egzotik ağaçlar, bitkiler ve hayvanlarla dolu olsun. Üstelik ıssız olması, onu daha mükemmel bir yer haline getirir. Aslında burası, insanın hayal edebileceği en mükemmel adadır. Eğer birisi bu adanın var olmadığını söylerse, bununla ne kastettiğini kolayca anlarsınız. Bu mantıklıdır. Ama daha sonra bu kişinin size, bu adanın bütün adalardan daha mükemmel olduğu için gerçekten var olması gerektiğini söylediğini farz edin. Bir ada fikrine sahipsiniz. Ancak bu ada yalnızca zihninizde var olsaydı, en mükemmel ada olmazdı. O halde, gerçekten böyle bir ada olmalıdır.

Gaunilo, birinin bu argümanı kullanarak sizi bu en mükemmel adanın gerçekten var olduğuna ikna etmeye çalışmasını, muhtemelen bir çeşit şaka olarak düşüneceğinizi belirtir. Mükemmel bir adayı sadece nasıl olduğunu tasarlayarak, hokkabazlıkla dünyada gerçekten var edemezdiniz. Bu saçma olurdu. Gaunilo, Anselmus'un Tanrı'nın varlığına ilişkin argümanın, en mükemmel adanın varoluşuna dair argümanla aynı biçimi taşıdığını söylemek istiyordu. Eğer hayal edilebilir en mükemmel adanın var olması gerektiğine inanmıyorsanız, hayal edilebilir en mükemmel varlığın gerçekten var olduğuna neden inanasınız? Aynı türde bir argüman, bin bir çeşit şeyi hayal edip var etmek için kullanılabilirdi: Sadece en mükemmel ada değil, en mükemmel dağ, en mükemmel bina, en mükemmel orman. Gaunilo Tanrı'ya inanıyordu ancak Anselmus'un Tanrı hakkında akıl yürütmesinin bu örnekte zayıf olduğunu düşünüyordu. Anselmus, Gaunilo'ya argümanının adalar bağlamında değil, sadece Tanrı'nın durumunda geçerli olduğunu söyleyerek karşılık verdi, çünkü Tanrı dışındaki şeyler ancak kendi türlerinin en mükemmeli olabilirdi, oysa Tanrı, her şeyin en mükemmeliydi. Bu sebeple, yalnızca Tanrı zorunlu olarak var olan varlıktı: Var olmaması mümkün olmayan tek şey.

200 yıl sonra, oldukça uzun bir kitap olan *Summa Theologica*'nın kısa bir bölümünde, bir başka İtalyan Aziz Thomas Aquinas (1225-74) beş argüman, Tanrı'nın var olduğunu göstermeyi amaçlayan "Beş Yol" belirledi. Bu "Beş Yol," bugün kitabın diğer bölümlerinden çok daha iyi bilinir. Bu beş yolun ikincisi "İlk Neden Argümanı"dır. Aquinas'ın felsefesinin büyük bölümü gibi bu argüman da Aristoteles'in çok daha önce kullandığı bir argümana dayanır. Anselmus gibi Aquinas da Tanrı'nın varlığına kanıt sağlamak için aklı kullanmak istiyordu. İlk Neden Argümanı kozmosun varlığını, var olan her şeyi kendisine başlangıç noktası alır. Çevrenize bir bakın. Her şey nereden geldi? Buna verilebilecek basit cevap, var olan her şeyin, onu var eden ve onu o yapan bir tür nedene sahip olduğudur. Futbol topunu ele alalım.

Bu top, pek çok nedenin sonucudur; insanların tasarlaması ve biçim vermesi, hammaddeleri üreten nedenler vs. Ama hammaddelerin var olmasına ne sebep oldu? Bu nedenlere ne sebep oldu? Geriye dönüp bunun izini sürebilirsiniz. Daha da geriye, ondan da geriye... Fakat bu neden ve sonuç zinciri, sonsuza kadar geri mi gider?

Aquinas, hiç sona ermeyen bir etki ve öncül nedenleri dizisinin zamanda durmadan geriye gitmeyeceğine, sonsuz bir gerileme olmayacağına inanıyordu. Sonsuz gerilemenin olması demek, bir ilk nedenin hiç olmaması demekti: Herhangi bir şey ilk neden olarak düşündüğünüz şeyin nedeni olur, onu da doğuran başka bir neden olur ve böylece sonsuza kadar giderdi. Fakat Aquinas, mantıksal olarak bakıldığında, bir noktada bu neden ve sonuç zincirini başlatan bir şeyin olması gerektiğini düşünüyordu. Eğer Aquinas bunda haklıysa, bizi şu anda bulunduğumuz yere getiren neden ve sonuç dizilerini başlatan, kendisi nedensiz olan bir şey olmalıydı: Nedensiz bir neden. Aquinas, ilk nedenin Tanrı olması gerektiğini ilan etti. Tanrı, var olan her şeyin nedensiz nedenidir.

Daha sonraki filozofların bu argümana verecek pek çok karşılığı oldu. Kimisi, her şeyi başlatan nedensiz bir neden olması gerektiği konusunda Aquinas'a katılsanız bile, bu nedensiz nedenin Tanrı olduğuna inanmanız için belirli bir sebep olmadığına işaret ederler. Nedensiz bir ilk nedenin son derece güçlü olması gerekirdi ancak bu argümanda, onda dinlerin genellikle Tanrı'nın sahip olduğunu varsaydığı özelliklerden herhangi birinin olması gerektiğini öneren hiçbir şey yoktur. Örneğin böyle bir nedensiz neden, mutlak iyi ya da her şeyi bilen olmak zorunda değildi. Kişisel bir tanrı yerine bir çeşit enerji dalgası olabilirdi.

Aquinas'ın akıl yürütmesine karşı olası bir diğer itirazsa, sonuçlar ve onların nedenlerinden oluşan sonsuz bir gerilemenin olamayacağı yönündeki varsayımını kabul etmek zorunda olmayışımızdır. Bunu nasıl biliyoruz ki? Kozmosa önerilen her ilk neden için, "peki, buna ne sebep oldu?" sorusunu sorabiliriz. Aquinas, basit bir biçimde bu soruyu sormaya devam edersek, cevabın "Hiçbir şey. Bu, nedensiz bir nedendir," olduğu bir noktaya geleceğimizi varsayıyordu. Ne var ki bunun da nedenler ve sonuçların sonsuza kadar geri gitmesi cevabından daha iyi bir cevap olduğunu kesin olarak söyleyemeyiz.

Tanrı inancına odaklanmaları ve dine adanmış yaşam tarzlarıyla iki aziz, Anselmus ve Aquinas kimilerinin şeytanla kıyasladığı Niccolò Machiavelli'yle tam bir tezat oluşturur.

9. BÖLÜM

Tilki ve Aslan
NICCOLÒ MACHIAVELLI

On altıncı yüzyıl İtalya'sında Floransa veya Napoli gibi bir şehir devletine hükmeden bir prens olduğunuzu hayal edin. Mutlak güce sahipsiniz. Bir emir verdiğinizde koşulsuz itaat ediliyor. Aleyhinizde konuştuğu veya sizi öldürme planları yaptığından şüphelendiğiniz için birini hapse atmak istiyorsanız, bunu yapabilirsiniz. Her söylediğinizi yerine getirecek askeri birliklere de sahipsiniz. Fakat etrafınız şehrinizi işgal etmek isteyen diğer şehir devletlerinin hırslı hükümdarlarıyla çevrili. Bu durumda nasıl davranmalısınız? Dürüst, verdiği sözleri yerine getiren, her daim şefkatle hareket eden, insanlar için hep en iyisini düşünen biri mi olmalısınız?

Niccolò Machiavelli (1469-1527) dürüst ve iyi *görünmeyi* isteyebilecek olmamıza rağmen, bunun pek de iyi bir fikir olmadığını düşünüyordu. Ona göre bazı zamanlarda yalan söylemek, verdiğiniz sözleri yerine getirmemek ve hatta düşmanlarınızı öldürmek daha iyidir. Bir prensin verdiği sözleri tutmak için endişelenmesine gerek yoktur. Ona göre, etkili bir prens "nasıl iyi olunmayacağını öğrenmeli"dir. En önemlisi iktidarda kalabilmektir ve bunu yapabilmek için hemen hemen her yol mubahtır. Machiavelli'nin tüm bunları anlattığı kitabı *Prens*'in, 1532 tarihinde basılmasından bu yana kötü bir şöhret edinmiş olması şaşırtıcı değildir. Bazı insanlar bu kitabı şeytani olarak niteledi ya da en iyi ihtimalle bir gangsterlik kılavuzu olarak gördü, kimileriyse siyasette gerçekten neler olup bittiği hakkında şimdiye kadar yazılmış en tutarlı açıklamalara sahip kitap olduğunu söyledi. Günümüz siyasetçilerinin çoğu *Prens*'i okumuştur, ama kitabın ilkelerini pratikte uyguladıklarını açık etmemek için pek azı bunu itiraf eder.

Prens herkes için değil, yalnızca yeni iktidar sahibi olanlara rehber olması amacıyla yazılmıştı. Machiavelli bu kitabı Floransa'nın yaklaşık 10 km güneyinde bir çiftlikte yaşarken yazdı. On altıncı yüzyıl İtalya'sı oldukça tehlikeli bir yerdi. Machiavelli Floransa'da doğup büyüdü. Henüz genç bir adamken diplomat olarak atanan Machiavelli, Avrupa'daki seyahatleri boyunca birkaç kral, imparator ve dönemin papasıyla tanışmıştı. Machiavelli'nin tanıştığı bu liderler, onun düşüncelerini asıl meşgul edenler değildi. Onu gerçekten etkileyen tek yönetici, İtalya'nın büyük bir bölümünün kontrolünü ele geçirirken gözünü kırpmadan düşmanlarını oyuna getirip onları öldüren Papa VI. Alexander'ın gayrimeşru oğlu acımasız Cesare Borgia'ydı. Machiavelli'ye göre Borgia her şeyi doğru yapmış, ancak kötü talihine yenilmişti. Saldırıya uğradığı anda hasta düşmüştü. Kötü talih Machiavelli'nin hayatında da büyük rol oynamış ve aynı zamanda Machiavelli'nin üzerine fazlasıyla düşündüğü bir konu olmuştu.

Borgia'dan önce Floransa'yı yöneten, muazzam zenginliğe sahip Medici ailesi tekrar iktidara geldiğinde, Machiavelli'yi kendilerini devirme planlarının bir parçası olduğu iddiasıyla zindana attılar. Machiavelli gördüğü tüm işkencelere rağmen hayatta kaldı ve daha sonra serbest bırakıldı. Bazı meslektaşları o dönemde idam edilmişti. Ancak o hiçbir şey itiraf etmediği için cezası sürgün edilmek oldu. Gönülden bağlı olduğu şehre, yani Floransa'ya bir daha geri dönemedi. Siyaset dünyasıyla da bağlantısı koptu. Taşrada, akşamlarını geçmişin büyük düşünürleriyle karşılıklı konuştuğunu hayal ederek geçiriyordu. Machiavelli, bu düşünürlerin kendisiyle, bir liderin iktidarı elinde tutabilmesi için en iyi yolun ne olduğunu tartıştıklarını hayal ediyordu. Machiavelli'nin *Prens*'i yazmasının sebebi, muhtemelen iktidarı elinde bulunduranları etkileme ve siyasi danışman olarak iş bulabilme girişiminden başka bir şey değildi. Böylece tekrar Floransa'ya, gerçek siyasetin heyecanına ve tehlikesine geri dönebilecekti. Fakat bu plan, Machiavelli'nin dilediği şekilde işlemedi. En nihayetinde Machiavelli'nin bir yazar olmasıyla sonuçlandı. *Prens* gibi siyaseti konu alan birkaç başka kitap daha yazan Machiavelli, aynı zamanda başarılı bir oyun yazarıydı; Machiavelli'nin oyunu *Mandragola* zaman zaman hâlâ sahnelenir.

Peki, Machiavelli tam olarak neyi öğütlemiştir ve neden bu öğütler çoğu okuyucusunu şaşırtmıştır? Ana düşüncesi, bir prensin, onun *virtù* dediği şeye sahip olması gerektiğiydi. Bu kelime İtalyancada "mertlik" ya da cesaret anlamına gelir. Peki, bu ne ifade eder? Machiavelli, başarının büyük oranda iyi talihe bağlı olduğuna inanıyordu. Ona göre, başımıza gelen olayların yarısı şansın, yarısı da yaptığımız seçimlerin sonucuydu. Aynı zamanda cesur ve hızlı davranarak başarı olasılığının artırılabileceğine de inanıyordu. Sırf talih hayatlarımızda büyük bir yere sahip diye, mağdur rolüne bürünmemiz gerekmezdi. Bir nehir akmaya devam edebilir, bu bizim engel olamayacağımız bir şeydir ancak barajlar ve sel baskınlarına karşı koruyucular inşa etmişsek, hayatta kalma şansımız daha yüksektir. Bir başka deyişle, bütün hazırlıklarını yapan ve karşısına çıkan fırsatı değerlendiren bir yöneticinin başarı şansı bunları yapmayan bir yöneticiye göre daha yüksek olacaktır.

Machiavelli, felsefesini gerçekte olup bitenlere dayandırmak konusunda kararlıydı. Okurlarına neyi kastettiğini, çoğunlukla daha önce tanıştığı insanlarla ilgili yakın tarihten örnekler vererek anlatıyordu. Örneğin Cesare Borgia, Orsini ailesinin onu devirmek istediğini anladığında, onları bu konu hakkında hiçbir şey bilmediğine inandırmayı başarmıştı. Bu şekilde Borgia, Orsini ailesinin liderlerini kendisiyle konuşma bahanesiyle Sinigaglia adlı bir yere gelmek üzere kandırdı. Liderler oraya ulaştığında Borgia hepsini öldürttü. Machiavelli, Borgia'nın ölümlerle sonuçlanan bu oyununu onaylıyor, bunu iyi bir *virtù* örneği sayıyordu.

Benzer şekilde Borgia, Romagna adlı bölgenin kontrolünü ele aldığında, yetkiyi bilerek merhametsiz bir komutan olan Remirro de Orco'ya verdi. De Orco, Romagna halkını korkutarak kendisine itaat etmelerini sağladı.

Ancak Romagna halkı yatışır yatışmaz Borgia, Orco'nun merhametsizliğiyle arasına mesafe koymak istedi. Böylece Orco'yu öldürttü, cesedini iki parçaya böldürterek herkesin görebileceği şekilde şehir meydanında teşhir ettirdi. Machiavelli bu dehşet verici davranışı da onaylıyordu. Bu, Borgia'nın Romagna halkını kendi tarafında tutmasını sağlamıştı. Halk, de Orco'nun ölmesinden dolayı hoşnuttu, fakat aynı zamanda Orco'nun ölüm emrini Borgia'nın verdiğini anladıklarından bu durum gözlerini korkutmuştu. Borgia kendi komutanına bile böyle bir şeyi yapabiliyorsa, hiç kimse güvende değildi. Machiavelli'nin gözünde Borgia'nın edimi mertçeydi: *Virtù* sergiliyordu ve sağduyulu bir prensin yapması gereken türden bir hareketti.

Tüm bunlar Machiavelli'nin öldürmeyi onayladığı izlenimini verebilir. Amacın aracı haklı kıldığı bazı koşullarda, Machiavelli açıkça ölümü onaylamıştır. Ancak bu örnekleri vermesinin amacı bu değildi. Machiavelli'nin göstermeye çalıştığı, Borgia'nin düşmanlarını ve ibret olması için kendi komutanı de Orco'yu öldürmesinin işe yaradığıydı. Bu yöntemler, Borgia'nın istediği etkiyi yaratmış ve daha fazla kan dökülmesine engel olmuştur. Hızlı ve merhametsiz davranışları sayesinde Borgia, iktidarda kalmaya devam etmiş ve Romagna halkının kendisine karşı ayaklanmasına engel olmuştur. Machiavelli'ye göre elde edilen nihai sonuç, o sonucun nasıl elde edildiğinden daha önemlidir: Borgia iyi bir prensti, çünkü iktidarda kalabilmek için gerekli olan şeyi yapmaktan kaçınacak biri değildi. Machiavelli nedensiz yere katletmeyi, öldürmüş olmak için öldürmeyi onaylamazdı, betimlediği cinayetler de bu türden değildir. Machiavelli, Borgia'nın bulunduğu şartlarda merhametli davranmanın hem Borgia için hem de devlet için felaketle sonuçlanacağına inanıyordu.

Machiavelli, sevilen bir lider olmaktan ziyade korkulan bir lider olmanın daha iyi olduğunu vurgular. Aslında ideal olan, hem korkulan hem de sevilen bir lider olmaktır, ancak bunu başarmak oldukça zordur. Halkınızın sizi sevmesine bel bağlıyorsanız, işler kötüye gittiğinde sizi yarı yolda bırakmaları tehlikesini de göze alıyorsunuz demektir. Gelgelelim, halkınız sizden ürküyorsa, fazlasıyla korkmuş olacaklarından size ihanet etmeyeceklerdir. Bu düşünceler, Machiavelli'nin kötümserliğinin, insan doğasını aşağı görmesinin bir parçasıdır. Machiavelli, insanın güvenilmez, açgözlü ve ikiyüzlü olduğunu düşünmekteydi. Eğer başarılı bir hükümdar olmak istiyorsanız, o zaman insan doğasını bilmeniz gerekiyordu. Sözünü tutmaması durumunda doğabilecek sonuçlardan korkmadığı müddetçe, bir insanın sözünü tutacağına güvenmek tehlikelidir.

Eğer amacınıza merhamet göstererek, sözlerinizi yerine getirerek ve sevilerek ulaşabiliyorsanız, böyle yapmalısınız (ya da en azından yapıyor gibi görünmelisiniz). Fakat yapamıyorsanız, o zaman bu insani özelliklerle hayvani özellikleri bir araya getirmelisiniz. Diğer filozoflar, liderlerin insani özelliklerini vurgularken, Machiavelli etkili bir liderin bazen bir canavar gibi hareket etmesi gerekebileceğini düşünür. Ders alınabilecek hayvanlar tilki ve aslandır. Tilki kurnazdır ve tuzakları fark edebilir, ama aslan da fazlasıyla güçlü ve korkutucudur. Her zaman aslan gibi olmak pek de iyi bir şey değildir; yalnızca kaba kuvvetle hareket etmek, tuzaklara düşmeniz riskini beraberinde getirecektir. Yalnızca kurnaz bir tilki de olamazsınız: Zaman zaman sizi güvende tutabilmesi için aslanın gücüne ihtiyacınız vardır. Fakat kendi şefkatinize ve adalet anlayışınıza bel bağlarsanız, uzun süre ayakta kalamazsınız. Neyse ki insanlar kolay aldanırlar. Görünüşlere kapılıp giderler. Böylece bir yönetici olarak sözlerinizi yerine getirmediğiniz ve merhametsiz davrandığınız halde, dürüst ve şefkatli görünerek iktidarınızı koruyabilirsiniz.

Tüm bunları okuduktan sonra Machiavelli'nin tamamen kötü bir adam olduğunu düşünüyor olmalısınız. Pek çok insan bu görüştedir ve "Makyavelci" sıfatı, bir itham olarak, düzenbaz ve insanları kendi çıkarları için kullanan kişiler için kullanılır. Buna rağmen bazı filozoflar Machiavelli'nin önemli bir şeyi ifade ettiğine inanır. Belki de alışılagelmiş iyi davranışlar liderler için işe yaramamaktadır. Gündelik hayatta merhametli olmak ve size söz veren insanlara güvenmek başka şeydir, ama bir ülke ya da devletin başındaysanız diğer ülkelerin size iyi davranacağına güvenmek tehlikeli bir tutum olacaktır. 1938'de Adolf Hitler İngiltere Başbakanı Neville Chamberlain'e Almanya'nın topraklarını daha fazla genişletmeyeceği sözünü verdiğinde, Chamberlain ona inanmıştı. Şimdi bakıldığında Chamberlain'in bu davranışı oldukça naif ve budalaca görünür. Machiavelli böyle bir durumda Chamberlain'e, Hitler'in yalan söylemek için bin bir türlü sebebi olduğunu ve ona güvenmemesi gerektiğini söylerdi.

Öte yandan Machiavelli'nin muhtemel düşmanlara karşı aşırı gaddarca eylemleri desteklediğini de unutmamak gerekir. Machiavelli'nin Cesare Borgia'nın davranışlarını açıkça onaylamış olması, on altıncı yüzyılın kanlı İtalya'sında bile şaşkınlıkla karşılanmıştı. Çoğumuz bir yöneticinin en azılı düşmanına karşı takınacağı tavırda bile bazı katı sınırlar olması gerektiğini ve bu sınırların yasalarca belirlenmesi gerektiğini düşünür. Eğer bu sınırlar belirlenmezse, sonunda vahşi despotlar ortaya çıkacaktır. Adolf Hitler, Pol Pot, Saddam

Hüseyin ve Robert Mugabe, her biri iktidarda kalabilmek için Borgia'nınkine benzer yöntemler uygulamışlardır. Bunlar Machiavelli felsefesi için iyi bir reklam sayılmaz.

Machiavelli kendini insanların temelde bencil olduğunu anlayan bir realist olarak görüyordu. Thomas Hobbes da aynı görüşteydi: Toplumun nasıl yapılanması gerektiği üzerine açıklamaları bu görüşe dayanıyordu.

10. BÖLÜM

Kötü, Zalim ve Kısa
THOMAS HOBBES

Thomas Hobbes (1588-1679), İngiltere'nin en büyük siyaset düşünürlerinden biridir. Daha az bilinen şeyse, ilk zindelik tutkunlarından biri olduğudur. Her sabah, nefes açmak için hızlı adımlarla tepeleri tırmanırdı. Dışarıdayken aklına iyi bir fikir gelirse diye sapında hokka olan özel bir baston yaptırmıştı. Bıyığı ve bir tutam sakalı olan bu uzun boylu, al yanaklı, neşeli adam hastalıklı bir çocukluk geçirmişti. Yetişkinliğinde ise oldukça sağlıklıydı ve ilerleyen yaşlarında bile tenis oynamayı bırakmadı. Bol bol balık yer, çok az şarap içer ve ciğerlerini çalıştırmak için –kapalı kapılar ardında ve işitme menzili dışında– şarkı söylerdi. Şüphesiz, diğer pek çok filozof gibi o da oldukça faal bir zihne sahipti. Sonuç olarak ortalama ömrün 35 yıl olduğu on yedinci yüzyılda, istisnai bir yaş olan 91 yaşına dek yaşadı.

Güler yüzlü karakterine rağmen Hobbes da Machiavelli gibi insanın zayıf bir varlık olduğu görüşündeydi. Hepimizin, ölüm korkusu ve kişisel kazanç umuduyla hareket eden temelde bencil varlıklar olduğumuza inanırdı. Fark etsek de etmesek de hepimiz başkalarının üzerinde hâkimiyet kurmaya çalışırız. Hobbes'un insanlığa dair bu tanımını kabul etmiyorsanız, neden evinizden ayrılırken kapınızı kilitliyorsunuz? Şüphesiz bunun sebebi, dışarıda sahip olduğunuz her şeyi memnuniyetle çalabilecek çok sayıda insanın olduğunu bilmenizdir. Ama yine de sadece *bazı* insanların bencil olduğunu öne sürebilirsiniz. Hobbes bu konuda size katılmaz. O özünde herkesin bencil olduğunu ve kanun kuralları ile ceza tehdidinin bizi kontrol altında tutan yegâne şey olduğunu düşünür.

Sonuç olarak toplum çöker de kanunlar ya da kanunlara uyulmasını sağlayacak biri olmadan, Hobbes'un deyimiyle "doğa durumu"nda yaşamak zorunda kalırsanız, Hobbes sizin de herkes gibi gerektiğinde hırsızlık yapıp öldürebileceğinizi söyler. En azından, hayatta kalmayı istiyorsanız bunları yapmak zorunda kalırdınız. Kaynakların kıt olduğu bir dünyada hayatta kalmak için yiyecek ve su bulma mücadelesi veriyorsanız, diğer insanlar sizi öldürmeden önce onları öldürmek gerçekten de akıllıca olabilirdi. Hobbes'un unutulmaz tanımıyla toplumun dışındaki hayat, "yalnız, zavallı, kötü, zalim ve kısa" olacaktır.

İnsanların başkalarının toprağına göz dikmesini ve kimi isterse öldürmesini engelleyen devlet gücünü ortadan kaldırırsanız, sonuç herkesin herkese karşı olduğu sonu gelmez bir savaştır. Daha kötü bir durumu hayal etmek güçtür. Bu yasasız dünyada, en güçlü insan bile uzun süre güvende olmazdı. Hepimiz uyumak zorundayız ve uyuduğumuzda saldırıya açık oluruz. En güçsüz bile yeterince kurnazsa güçlüyü ortadan kaldırabilirdi.

Öldürülmekten kaçınmanın bir yolunun, arkadaşlarınızla bir ekip kurmak olacağını hayal ediyor olabilirsiniz. Ancak sorun şu ki, kimsenin güvenilirliğinden emin olamazsınız. Diğer insanlar size yardım etmeye söz verse bile, kimi zaman kendi çıkarları gereği sözlerinden dönebilirler. Gıda yetiştirmek ya da inşaat gibi birlikte çalışmayı gerektiren büyük çapta her etkinlik, temel düzeyde güven olmaksızın imkânsız olurdu. Çok geç olana dek aldatıldığınızı anlayamamayabilirsiniz, o zamana kadar da biri sizi gerçekten sırtınızdan bıçaklamış olabilir. Böyle bir durumda sizi bıçaklayanı cezalandıracak hiç kimse olmaz. Düşmanlarınız her yerde olabilir, tüm hayatınızı saldırıya uğrama korkusuyla geçirebilirdiniz: Cazip bir beklenti değil.

Hobbes çözümün, güçlü bir bireyi ya da parlamentoyu başa getirmek olduğunu öne sürüyordu. Doğa durumundaki insanlar, güvenlik uğruna kimi tehlikeli özgürlüklerinden vazgeçtikleri bir anlaşmaya, "toplumsal bir sözleşme"ye dahil olmak zorunda kalacaklardır. Hobbes'un "egemen" diye adlandırdığı şey olmadığında hayat, bir çeşit cehennem olacaktır. Bu egemene, yoldan çıkan kişileri ağır cezaya çarptırma hakkı verilecektir. Hobbes, önemli kabul edeceğimiz bazı doğal yasaların olduğuna inanmıştır; kendimize nasıl davranılmasını bekliyorsak başkalarına da öyle davranmalıyız, buna bir örnektir. Yasalar, herkesin onları takip etmesini sağlayacak yeterince güçlü bir şey ya da biri olmadığı sürece işe yaramaz. Doğa durumundaki insanlar, yasalar ve güçlü bir egemen olmadan şiddet içeren bir ölümü bekleyebilir. Tek teselli ise böyle bir hayatın fazla uzun sürmemesi olur.

Hobbes'un en önemli kitabı olan *Leviathan* (1651), doğa durumunun kâbusumsu konumundan hayatın katlanılabilir olduğu güvenli bir topluma geçiş için gereken adımları ayrıntısıyla açıklar. "Leviathan," Kutsal Kitap'ta tasvir edilen devasa bir deniz canavarıydı. Hobbes içinse devletin muazzam gücüne bir göndermeydi. *Leviathan*, tepenin arkasında yükselen, bir elinde kılıç, bir elinde asa tutan bir devin resmiyle açılır. Bu figür, birçok küçük insandan –yine de onların ayrı ayrı bireyler olduğu fark edilir– oluşur. Dev, başında bir egemenin olduğu güçlü devleti temsil eder. Hobbes, bir egemen olmadan her şeyin darmadağın olacağını ve toplumun yerini hayatta kalabilmek uğruna birbirini parçalamaya hazır, ayrı ayrı insanların alacağını düşünür.

O halde doğa durumundaki bireyler, birlikte çalışmayı ve barışa sahip olmayı istemek için oldukça iyi nedenlere sahipti. Korunabilmelerinin tek yolu buydu. Bu olmadan hayatları korkunç olurdu. Güvende olmak, özgürlükten çok daha önemliydi. Ölüm korkusu, insanları bir toplum oluşturmaya itecekti. Hobbes, onların birbirleriyle bir toplumsal sözleşme yapmak, bir egemenin yasaları uygulamasına izin vereceklerine söz vermek için özgürlüklerinin çoğundan vazgeçmeyi kabul edeceğini düşünüyordu. Herkesin birbiriyle savaşmasındansa, güçlü bir otoritenin sorumlu olduğu durumda daha iyi olurlardı.

Hobbes tehlikeli zamanlarda yaşadı, hatta anne karnındayken bile. İspanya Armadasının

İngiltere'ye yelken açtığını ve belki de İngiltere'yi işgal edeceğini duyduğunda annesinin doğum sancısı tutmuş ve erken doğum yapmıştı. Neyse ki İngiltere işgal edilmedi. Daha sonra İngiliz İç Savaşının tehlikelerinden Paris'e taşınarak kurtulmuştu ama asıl tehlikeyi, İngiltere'nin anarşiye teslim olma ihtimalini daha sonraki yazılarında sık sık işledi. Hobbes, *Leviathan*'ı Paris'te yazdı. Kitap 1651'de İngiltere'ye dönmesinden kısa bir süre sonra yayımlandı.

Dönemin pek çok düşünürü gibi Hobbes da sadece bir filozof değil, bugün bir Rönesans insanı olarak nitelendireceğimiz biriydi. Geometriye, bilime ve antikçağ tarihine ciddi bir ilgisi vardı. Gençliğinde edebiyat seviyor, yazıyor ve çeviriyordu. Orta yaşlarında meşgul olmaya başladığı felsefede ise insanların salt fiziksel varlıklar olduğuna inanan bir materyalistti. Ruh benzeri bir şey yoktur: Eninde sonunda, karmaşık makineler olan bedenlerden başka bir şey değiliz.

On yedinci yüzyılda saat mekanizmaları en ileri teknolojiydi. Hobbes bedendeki kasların ve organların bunlara eşdeğer olduğuna inanıyordu: Yazılarında sık sık eylemin "yaylar"ı ve bizi hareket ettiren "çarklar"ı ele alıyordu. Hobbes, düşünme dahil insan varoluşunun tüm yönlerinin birer fiziksel etkinlik olduğuna ikna olmuştu. Onun felsefesinde ruha yer yoktu. Bu, birçok bilim insanının bugün benimsediği modern bir düşünce olsa da Hobbes'un zamanı için radikaldi. Tanrı'nın koca bir fiziksel nesne olmak zorunda olduğunu bile iddia etti Hobbes ve bazıları bunu, onun bir ateist olduğunu ilan etmesinin gizli bir yolu olarak gördü.

Hobbes'u eleştirenler, egemen olan ister kral, ister kraliçe isterse parlamento olsun, egemenin toplum içerisindeki birey üzerinde böyle bir güce sahip olmasına izin vermesi konusunda çok ileriye gittiğini düşünürler. Onun betimlediği devlet, günümüzde otoriter devlet olarak tanımladığımız şeydir: Egemenin, yurttaşlar üzerinde neredeyse sınırsız güce sahip olduğu bir devlet. Barış arzu edilebilir bir şey olabilir ve şiddet içeren bir ölümden korkmak da barışı koruyan güçlere teslim olmak için kuvvetli bir teşviktir, ne var ki bir bireyin ya da grubun eline çok fazla güç vermek tehlikeli olabilir. Hobbes ne demokrasiye ne de insanların kendileri için karar verebilme yeteneğine sahip olduğuna inanır. Gelgelelim, yirminci yüzyılda tiranların saçtığı dehşeti bilseydi, muhtemelen bu düşüncesini değiştirirdi.

Hobbes, ruhun varlığına inanmayı reddetmesiyle ün salmıştı. Çağdaşı René Descartes, ise onun aksine zihin ve bedenin birbirinden tamamen ayrı olduğuna inandı. Hobbes'un

Descartes'ın geometride felsefede olduğundan çok daha iyi olduğunu ve bu alanda kalması gerektiğini düşünmesinin nedeni de muhtemelen bu olmalı.

11. BÖLÜM

Rüyada Olabilir miyim?
RENÉ DESCARTES

Alarmınız çalıyor, kapatıp yataktan kalkıyorsunuz, giyiniyorsunuz, kahvaltınızı yapıyorsunuz ve güne hazırsınız. Ama sonra beklemediğiniz bir şey oluyor; uyanıyorsunuz, gördüğünüz sadece bir rüyaymış... Rüyanızda kalkıp güne hazırlanıyordunuz, ama gerçekte yorganın altında mışıl mışıl uyuyordunuz. Eğer hayatınızda böyle bir şey yaşadıysanız, ne demek istediğimi çoktan anlamış olmalısınız. Bu rüyalar "yalancı uyanıklık" olarak bilinir ve oldukça gerçekçidir. René Descartes (1596-1650) da zamanında böyle bir rüya görmüş ve hakkında düşünmeye başlamıştı.

İnsan rüya görmediğinden nasıl emin olabilirdi?

Felsefe Descartes'ın entelektüel ilgi alanlarından sadece biriydi. Oldukça başarılı bir matematikçiydi ve asıl şöhreti "kartezyen koordinat sistemi"ni keşfetmesinden ileri gelir. Söylentiye göre, tavanda gezinen bir sineği gözleriyle takip ettiği sırada, sineğin farklı noktalardaki konumunu nasıl tanımlayacağını merak etmesi kartezyen koordinat sistemini bulmasını sağlamıştır. Bilim de onu cezbederdi, hem astronom hem de biyologdu. Filozof olarak şöhreti, çoğunlukla bilginin sınırlarını incelediği *Yöntem Üzerine Konuşma* ve *Meditasyonlar* adlı kitaplarına dayanır.

Birçok filozof gibi Descartes da bir şeye neden inandığını sorgulamadan hiçbir şeye inanmaz, ayrıca tuhaf ve diğer insanların aklına gelmeyen sorular sormaktan zevk alırdı. Hayatın her şeyi sorgulayarak geçmeyeceğinin Descartes da farkındaydı elbette. Hiç şüphesiz Pyyrhon'un da (3. Bölüm) farkına vardığı gibi, çoğu zaman hiçbir şeye güvenmeden yaşamak epeyi zor olmalıydı. Ne var ki, Descartes'a göre hayatında bir kez bile olsa, ne olursa olsun, doğruluğundan emin olduğu bir şeyi bulmak bu sıkıntıya değerdi. Gerçek bilgiye ulaşmak için geliştirdiği yöntem kartezyen şüphecilik olarak bilinir.

Bu yöntem oldukça basittir. En küçük bir doğru olmama ihtimali taşıyan hiçbir şeyi doğru kabul etmeyin. Bir çuval elmayı düşünün. Çuvalın içinde çürük elmalar da olduğunu biliyorsunuz, ama hangilerinin çürük olduğundan emin değilsiniz. İçinde çürük elma kalmadığından, sadece taze elmalar bulunduğundan emin olduğunuz bir çuval elde etmek için ne yapardınız? Tüm elmaları yere döker, teker teker kontrol edersiniz ve sadece sağlam olduğundan emin olduklarınızı çuvala geri atarsınız. Bunu yaparken içleri biraz çürükmüş gibi görünen birkaç sağlam elmayı da çöpe atabilirsiniz. Ama yine de sonuçta çuvalınızda sağlam elmalar olduğundan emin olursunuz. Descartes'ın şüphecilik yöntemi da aşağı yukarı böyle bir şeydi. Aklınıza "ben bunu okurken uyanığım" diye bir düşünce geldiyse mutlaka bunu sınamalı, yanlış ya da yanıltıcı olmadığından kesinlikle eminseniz kabul etmelisiniz. Aklınızda en küçük bir şüphe bile kaldıysa onu inkâr etmelisiniz. Descartes, inandığı birçok şeyi gözden geçirip göründükleri gibi olduklarından kesinlikle emin olup olmadığını sorgulardı. Dünya, gerçekten de kendisine göründüğü gibi miydi? Rüya görüp görmediğinden emin olabilir miydi?

Descartes'ın bulmaya çalıştığı, doğruluğundan kesinlikle emin olabileceği biricik şeydi. Böylece kaygan gerçeklikte sağlam bir zemin oluşturabilecekti kendisine. Ama bir şüphe girdabına kapılıp sonunda hiçbir şeyin doğru olmadığını düşünme tehlikesi de vardı. Descartes şüpheci bir tavır takınmak istiyordu, ama onun şüpheciliği Pyyrhon'un ve öğrencilerinin şüpheciliğinden farklıydı. Onlar hiçbir şeyin kesin olarak bilinemeyeceğini düşünüyorlardı; ancak Descartes, bazı inançların şüpheciliğin en yetkin biçiminden bile etkilenmeyeceğini göstermek istiyordu.

Descartes, kesinlik arayışına ilk önce duyular yoluyla elde edilen kanıtlarla başladı: Görme, dokunma, tatma, işitme ve koklama. Duyularımıza güvenebilir miyiz? Tam olarak güvenemeyeceğimiz sonucuna vardı Descartes. Duyularımız bazen bizi aldatabilirdi. Bize hata yaptırabilirdi. Görme duyunuzu düşünün. Görme yeteneğinize her zaman güvenebilir misiniz? Gözleriniz her zaman size sadık mıdır?

Örneğin suya soktuğunuz çubuk, ona belli bir açıdan bakıldığında bükülmüş görünür. Kare şeklindeki bir kule, uzaktan bakıldığında yuvarlak gibi gözükebilir. Her birimiz zaman zaman görme duyumuzla ilgili sıkıntı yaşarız. Descartes sizi önceden aldatan bir şeye güvenmenizin doğru olmayacağını düşünür. Bu yüzden de duyularımızın tamamen güvenilir olduğunu kabul etmez. Duyularının onu aldatıp aldatmadığından asla emin olamayacaktır. Belki çoğu zaman bizi aldatmazlar ama aldatabileceklerine dair küçük bir ihtimal bile

Descartes'ın onlara tamamen güvenemeyeceği anlamına gelir. Peki, bu onu nereye götürür?

"Şu anda bu kitabı okurken uyanığım" inancı size oldukça güvenilir gelebilir. Umarım uyanıksınızdır ve gerçekten de okuyorsunuzdur. Bundan nasıl kuşku duyabilirsiniz ki? Ne var ki, rüyadayken de uyanık olduğunuzu düşünebileceğinizden bahsetmiştik. Şu anda rüya görüp görmediğinizden nasıl emin olabilirsiniz? Muhtemelen yaşadığınız deneyimlerin rüya olamayacak derecede gerçekçi ve ayrıntılı olduğunu düşünüyor olabilirsiniz, ama birçok insan oldukça gerçekçi rüyalar görebilir. Şimdi onlardan birini görmediğinize emin misiniz? Bunu nasıl bilebilirsiniz? Uykuda olup olmadığınızı anlamak için belki de şu anda kendinizi çimdiklediniz. Yapmadıysanız deneyin. Ama bununla neyi kanıtlayacaksınız? Hiçbir şey! Rüyanızda kendinizi çimdiklediğinizi görmüş de olabilirsiniz. Dolayısıyla *belki* de rüya görüyorsunuz. Uyanık olduğunuzu hissettiğinizi biliyorum, uyanık olmamanızın çok düşük bir ihtimal olduğunu da biliyorum. Yine de içinizde uyanık olup olmadığınıza dair küçücük bir şüpheye yer olmalı. Bu durumda Descartes'ın şüphecilik metodunu uygulayarak "şu an bu yazıyı okurken uyanığım" ifadesini tamamen kesin olmadığı gerekçesiyle reddetmelisiniz.

Bu bize duyularımıza bütünüyle güvenemeyeceğimizi gösteriyor. Rüya görmediğimizden de tam olarak emin olamayız. Ancak Descartes, rüyada bile 2+3=5'in kesin olduğunu söyler. Bu noktada düşüncelerini ifade etmek için hayali bir hikâyeyi, bir düşünce deneyini kullanır. Şüpheyi gittiği yere kadar götürüp, herhangi bir kanı ya da inanç için "Rüyada olabilir miyim?" sınamasından daha zorlu bir sınama bulur. Descartes, inanılmaz derecede zeki ve güçlü, ama aynı zamanda kötü niyetli bir cin hayal edin, der. Bu cin, var olsaydı, gerçekte sonuç altı olsa bile yaptığım toplamanın her zaman 2+3=5 olarak görünmesini sağlayabilirdi. Bunu size cinin yaptırdığını bilemezdiniz. Sayıları saf saf birbirine ekliyor olurdunuz. Her şey normal görünürdü.

Şu anda böyle bir şey olmadığını kanıtlamanın kolay bir yolu yok. Belki de bu kötü cin, bana, şu an evde oturup dizüstü bilgisayarımda yazı yazdığım yanılsamasını yaşatıyor, ama aslında ben Fransa'nın güneyinde bir sahilde uzanıyorum. Ya da belki kötü cinin laboratuvarındaki rafta sıvıyla dolu cam kavanozun içinde duran bir beyinim sadece. Beynime yerleştirdiği kablolarla elektronik mesajlar yollayarak, bana aslında yaptığım şeyden tamamen farklı bir şey yaptığım izlenimini veriyor olabilir. Belki de cin bana, anlamlı gelen sözcükler yazdığımı düşündürtüyor, ama gerçekte aynı harfe basıp duruyorum. Bunu bilmenin herhangi bir yolu yok. Kulağa ne kadar çılgınca gelse de böyle olmadığını kanıtlayamazsınız.

Bu kötü cinle ilgili düşünce deneyi, Descartes'ın şüpheyi sınırlarına taşıma yoludur. Kötü bir cinin bizi aldatmadığına kesinlikle emin olduğumuz bir şey olsaydı bu harika olurdu. Bu, hiçbir şeyi kesin olarak bilemeyeceğimizi iddia eden insanlara karşılık verebilmemizin yolu olurdu.

Descartes'ın bir sonraki adımı felsefenin en iyi bilinen ifadelerinden birini doğurdu. Çoğu kişi anlamını anlamasa da bu alıntıyı bilir. Descartes'a göre bir cin var olsa ve onu kandırsa bile, o cinin kandırdığı *bir şey* olmalıydı. Bir düşünceye sahip olduğu sürece o, Descartes, var olmak *zorundaydı.* Var olmasaydı, cin onun var olduğunu düşünmesini sağlayamazdı, zira var olmayan bir şey düşüncelere sahip olamazdı. Descartes'ın bu durumdan çıkardığı sonuç, "Düşünüyorum, öyleyse varım" (Latince *cogito ergo sum*) oldu. Düşünüyorum, dolayısıyla var olmalıyım. Bunu kendinize de uygulayabilirsiniz; düşünceye ve duyuma sahip olduğunuz sürece var olduğunuzdan şüphe etmeniz imkânsızdır. Ne olduğunuz başka bir sorundur, bir bedeninizin olup olmadığından veya görebildiğiniz ve dokunabildiğiniz bir bedeninizin olup olmadığından şüphe edebilirsiniz. Fakat bir tür düşünen şey olarak var olduğunuzdan şüphe edemezsiniz. Bu, kendi kendini çürüten bir düşünce olurdu. Kendi varlığınızdan şüphelenmeye başladığınızda, şüphe etme edimi düşünen bir şey olarak var olduğunuzu kanıtlar.

Bu size fazla önemli gelmeyebilir ancak Descartes için kendi varoluşundan emin olmak çok önemliydi. Bu sayede her şeyden şüphe edenlerin, yani Pyrrhoncu Şüphecilerin yanıldıklarını anladı. Bu, kartezyen dualizm [ikicilik] olarak bilinen şeyin de başlangıcı oldu. Kartezyen dualizm zihninizin bedeninizden ayrı, ama onunla etkileşim içinde olduğu düşüncesiydi. Dualizmdi, çünkü iki tür şey mevcuttu: Zihin ve beden. Yirminci yüzyıl filozoflarından Gilbert Ryle, bu görüşü makinedeki hayalet miti olarak alaya aldı. Beden bir makine, ruh ise onun içinde yaşayan hayaletti. Descartes zihnin bedende, bedenin de zihinde etki yaratabileceğini düşünüyordu, çünkü ikisi beyinde belirli bir noktada –epifiz bezinde– etkileşiyordu. Ne var ki Descartes'ın dualizmi, fiziksel olmayan bir şeyin, ruh ya da zihin, fiziksel olanda yani bedende değişimler yaratmasını nasıl açıklayacağı konusunda onu ciddi sorunlarla baş başa bırakıyordu.

Descartes bedeninden ziyade zihninin var olduğundan daha çok emindi. Bir bedene sahip olmamayı hayal edebiliyordu, fakat bir zihne sahip olmamayı hayal edemiyordu. Bir zihne sahip olmadığını hayal etmiş olsaydı da hâlâ düşünüyor olacaktı ki bu da bir zihne sahip olduğunu kanıtlardı; zira bir zihni olmasa düşüncesi de olmazdı. Beden ile zihnin ayrılabildiği, zihnin ya da ruhun fiziksel olmadığı, kandan, etten ve kemikten oluşmadığı fikri, dindar insanlar arasında gayet yaygındır. Pek çok inanan zihnin ya da ruhun, bedenin ölümünden sonra da yaşadığını umar.

Düşünüyor olduğu sürece var olduğunu kanıtlamak, şüpheciliği tamamen çürütmeye yetmezdi. Felsefi meditasyonlarıyla doğurduğu şüphe girdabından kurtulmak için Descartes'ın başka kesinliklere ihtiyacı vardı. İyi bir tanrının zorunlu olarak var olduğunu savundu. Aziz Anselmus'un Ontolojik Argümanının (8. Bölüm) bir versiyonunu kullanarak, Tanrı düşüncesinin Tanrı'nın varlığını da kanıtladığına kendini ikna etti. İç açılarının toplamı 180 derece değilse bir üçgenin üçgen olamayacağı gibi, Tanrı da iyi ve var olmasaydı mükemmel olamazdı. Bir başka argümanında şöyle diyordu: Tanrı'nın zihinlerimize koyduğu bu fikirden dolayı onun var olduğunu biliriz, Tanrı var olmasaydı, bir tanrı fikri de olmazdı. Tanrı'nın var olduğundan emin olduktan sonra düşüncesini geliştirmesi çok daha kolay oldu. İyi bir tanrı, en temel meselelerde insanlığı aldatıyor olamazdı. Böylece Descartes, dünyanın aşağı yukarı deneyimlediğimiz gibi olduğu sonucuna vardı. Açık ve seçik algılara sahip olduğumuz zaman bunlar güvenilirdi. Descartes'ın sonucuna göre dünya vardır ve algıladığımız şeyler hakkında bazen yanılsak da aşağı yukarı göründüğü gibidir. Buna karşılık bazı filozoflar bunun hüsnükuruntu olduğuna ve kötü cinin Descartes'ı 2+3=5 düşüncesinde aldattığı gibi Tanrı'nın varlığı konusunda da kolayca aldatmış olabileceğine inandı. İyi bir tanrının var olduğundan emin olmadan, Descartes kendisinin düşünen bir şey olduğu bilgisinden ileri gidemezdi. Saf şüphecilikten bir çıkış yolu gösterdiğine inanıyordu ancak onu eleştirenler bu konuda hâlâ şüphelidir.

Gördüğümüz üzere Descartes, Tanrı'nın varlığını kendisini tatmin edecek ölçüde kanıtlamak için ontolojik argümanı ve ikinci ispatı kullanıyordu. Hemşerisi Blaise Pascal ise neye inanmalıyız sorusunu çok daha farklı bir yaklaşımla ele aldı.

12. BÖLÜM

Bahisleri Görelim
BLAISE PASCAL

Yazı tura attığınızda, yazı da gelebilir tura da. Kullandığınız bozukluk hileli değilse, yarı yarıya şansınız vardır. Bu yüzden hangi taraf üzerine bahse girdiğiniz önemli değildir çünkü parayı yazı tarafından tutup attığınızda tura gelebileceğini bilirsiniz. Tanrı'nın var olup var olmadığından emin değilseniz, bu durumda ne yapmalısınız? Bu durum yazı tura atmaya benzer mi? Bahsinizi Tanrı yoktur seçeneğine koyar, dilediğinizce yaşamaya mı bakardınız? Yoksa, doğrulanması ihtimali uzak bile olsa, Tanrı varmış gibi davranmak daha mı rasyonel olurdu? Tanrı'ya inanan Blaise Pascal (1623-62), bu soruları uzun uzun düşündü.

Pascal dini bütün bir Katolikti. Bununla birlikte, günümüzde çoğu Hıristiyanın aksine, insanlığa dair son derece kasvetli bir görüşe sahipti. Kötümser biriydi. Her yerde cennetten kovulmanın kanıtını, Âdem ve Havva'nın, Bilgi Ağacı'nın elmasını yiyerek Tanrı'nın güvenine ihanet etmesi yüzünden sahip olduğumuzu düşündüğü kusurları görüyordu. Augustinus gibi (6. Bölüm) insanoğlunun cinsel isteğine yenik düştüğünü, güvenilmez ve çabucak sıkılabilir olduğunu düşünüyordu. Hepimiz sefil varlıklardık ve endişe ile umutsuzluk arasında işkence çekiyorduk. Her birimiz ne kadar değersiz olduğumuzun farkına varmalıydık. Doğumdan önce ve ölümden sonraki ebediyetle kıyaslandığında, dünyada geçirdiğimiz kısa süre neredeyse anlamsızdı. Her birimiz sonsuz evrende ufacık bir alan kaplarız. Gelgelelim Pascal, insanlığın, Tanrı'ya inancını kaybetmezse belli bir potansiyele sahip olduğuna da inanıyordu. Hayvanlarla melekler arasında bir yerdeydik, ama çoğu zaman, pek çok durumda, muhtemelen hayvanlara daha yakındık.

Pascal'ın en iyi bilinen kitabı *Düşünceler* 1670 yılında, 39 yaşında erkenden ölmesinden sonra, yazılarından kalan fragmanlardan derlenerek yayımlanmıştır. Bu kitap, onun özenle yazdığı kısa paragraflardan oluşur. Bu farklı kısımlarla nasıl bir bütün yaratmayı amaçlamıştı kimse bilmiyor ama kitabın ana teması açıktır: Kendi Hıristiyanlık yorumunu savunmak. Pascal öldüğünde kitabını henüz tamamlayamamıştı. Kısımların düzeni, iple bağladığı kâğıt destelerine göreydi. Her bir tomar, yayımlanmış kitapta bir bölümü oluşturur.

Pascal çocukluğunda hastalıklarla boğuşmuş ve hayatı boyunca hiçbir zaman fiziksel olarak güçlü olmamıştı. Resmedilmiş portrelerinde de hiç iyi görünmez. Sulu gözleri her zaman hüzünlüdür. Ancak kısacık ömrüne çok sayıda başarı sığdırmıştı. Gençliğinde babasının desteğiyle, vakumlar üzerine düşünceler geliştiren ve barometreler tasarlayan bir bilim insanı olmuştu. 1642 yılında, karmaşık dişlilere bağlı kadranları döndüren bir iğne kullanmak suretiyle toplama ve çıkarma yapabilen mekanik bir hesap makinesi icat etti. Bunu, babasına hesap işlerinde yardımcı olması için yapmıştı. Ayakkabı kutusu büyüklüğündeki bu makine *Pascaline* olarak da biliniyordu ve biraz ağır olsa da sonuçta iş görüyordu. Temel sorun, üretiminin oldukça pahalı olmasıydı.

Bir bilim insanı ve mucit olmasının yanı sıra Pascal aynı zamanda oldukça başarılı bir matematikçiydi. Matematikteki en özgün düşünceleri olasılık üzerineydi. Fakat dindar bir filozof ve yazar olarak hatırlanacaktı. Bir filozof olarak adlandırılmış olmayı istemezdi; zira yazıları, filozofların ne kadar az şey bildikleri ve düşüncelerinin ne kadar önemsiz olduğu üzerine yorumlar içeriyordu. O kendini bir ilahiyatçı olarak görüyordu.

Jansenizm olarak bilinen tartışmalı bir din akımına dahil olduktan sonra, matematik ve bilim yerine dini konular üzerinde yazmaya başladı. Jansenistler, alın yazısına inanırlardı, özgür irademizin olmadığını ve Tanrı tarafından önceden seçilmiş az sayıda kişinin cennete gidebileceğini söylerlerdi. Ayrıca çok katı bir hayatı benimserlerdi. Bir keresinde Pascal, kız kardeşini kendi çocuğuna sarıldığını gördüğünde azarlamıştı, çünkü duyguların dışa vurulmasını onaylamazdı. Son yıllarını bir keşiş gibi yaşayarak geçirdi, ölümüne sebep olan hastalığı nedeniyle çok acı çekse de yazmayı hiç bırakmadı.

René Descartes (11. Bölümün konusu) –o da Pascal gibi dini bütün bir Hıristiyan, bir bilim insanı ve matematikçiydi– Tanrı'nın varlığının mantıkla kanıtlanabileceğini düşünüyordu. Pascal aynı fikirde değildi. Ona göre Tanrı inancı kalple ve imanla ilgiliydi. Filozofların genellikle Tanrı'nın varlığı konusunda kullandıkları akıl yürütmeler onu ikna etmiyordu. Sözgelimi, Tanrı'nın elinin kanıtını doğada görebileceğinize inanmıyordu. Ona göre bizi Tanrı'ya götürecek olan organ beyin değil, kalpti.

Buna rağmen *Düşünceler* adlı kitabında, Tanrı'nın var olduğundan emin olmayanları Tanrı'ya inanmaları gerektiğine ikna etmek için zekice bir argüman sundu. Bu argüman Pascal'ın Bahsi olarak bilinir ve Pascal'ın olasılık konusuna duyduğu ilgiye dayanır. Rasyonel bir kumarbazsanız ve kumar sizin için sadece bir bağımlılık değilse, büyük bir ödül kazanmak için en iyi şansa sahip olmayı, fakat bahse girdiğinizde kayıplarınızı da en alt seviyede tutmayı istersiniz. Kumarbazlar ihtimalleri hesaplar ve ona göre bahse girerler. Peki, bahis konusu Tanrı'nın varlığıysa, bu söylenenler ne anlama gelir?

Tanrı'nın varlığından emin olmadığınızı varsayalım; karşınızda farklı seçenekler olabilir. Tanrı'nın kesinlikle var olmadığını düşünerek hayatınıza devam etmeyi seçebilirsiniz. Haklıysanız, ölümden sonra bir yaşam olduğu kuruntusu olmadan yaşayacak, cennete gidemeyecek kadar günahkâr olduğunuzu düşünüp azap çekmekten kurtulacaksınız. Üstelik zamanınızı olmayan bir varlık için kilisede dua ederek geçirmeniz de gerekmeyecek. Bu yaklaşımın belli bazı yararları olsa da büyük bir tehlike de taşır. Tanrı gerçekten varsa ve siz de ona inanmıyorsanız sadece cennete gitme şansınızı yitirmekle kalmaz, aynı zamanda sonsuza dek işkence çekeceğiniz cehenneme gidersiniz. Hayal edilebilecek en kötü sonuç.

Alternatif olarak Pascal, hayatınızı Tanrı varmış gibi yaşamayı seçebilirsiniz, der. Dua eder, kiliseye gidersiniz ve İncil okursunuz.

Tanrı gerçekten varsa, bu durumda olası en iyi ödülü kazanırsınız: Ebedi mutluluk için ciddi bir şans. Tanrı'ya inanmayı seçer de sonuçta yanılırsanız bu durumda çok önemli bir kaybınız olmaz (büyük ihtimalle, öldükten sonra hatalı olduğunuzu anlayacak, boşa zaman ve çaba harcadığınız için kendinizi kötü hissedeceğiniz vaktiniz olmayacak). Pascal'ın deyimiyle, "Kazanırsanız her şeyi kazanacak, kaybederseniz de hiçbir şey kaybetmeyeceksiniz." Pascal, zafer ve lüks gibi "zehirli hazlar"ı muhtemelen özleyeceğinizi anlamıştır ama bunlar yerine inançlı, dürüst, alçakgönüllü, minnetkâr, cömert ve dost canlısı biri olursunuz ve daima doğruyu söylersiniz. Bu durumu herkes tam olarak böyle görmeyebilir. Pascal, dindar bir hayata belki de çok fazla dalmış olduğu için, dindar olmayan pek çok kişi için hayatlarını dine adamanın ve onların bakış açısından yanılsama üzerine kurulu bir hayat yaşamanın fedakârlık olacağını fark etmemişti. Ama yine de vurguladığı gibi haklıysanız sonsuz bir mutluluk şansına sahip olacak, haksızsanız da nispeten ufak sıkıntılar ve birkaç yanılsamayla kurtulacaktınız. Diğer seçenekte cehenneme gitme tehlikesini göze alırdınız, ama olası kazanımınız cennetteki sonsuzlukla karşılaştırılamazdı bile.

Tanrı'nın varlığı konusunda gerçekten tarafsız da kalınamazdı. Pascal'a göre bunu yapmaya kalkışırsanız, Tanrı'nın kesinkes var olmadığına inanmakla aynı sonucu alırdınız, yani sonunda kendinizi cehennemde bulabilir ya da en azından cennete gidemezdiniz. Biri ya da diğeri için karar vermeniz gerekir. Tanrı'nın var olduğunu gerçekten bilmiyorsunuz; peki, ne yapmanız gerek?

Pascal cevabın belli olduğunu düşünüyordu. Rasyonel bir kumarbazsanız ve ihtimalleri soğukkanlılıkla gözden geçirirseniz, yazı tura atarken olduğu gibi haklı çıkma ihtimali küçük de olsa bahsinizi Tanrı'nın varlığına yatırmanız gerektiğini anlardınız. Potansiyel ödül sonsuz, potansiyel kayıp ise çok büyük değildi. Bu ihtimaller düşünüldüğünde Pascal, hiçbir rasyonel insanın Tanrı'nın var olduğundan başka bir seçenek üzerine oynamayacağını düşünüyordu. Elbette Tanrı'nın var olduğu üzerine bahse girip kaybetme riskiniz de vardı, ama bu riske girmeniz gerekliydi.

Ama ya bunun mantığını kavrasanız bile Tanrı'nın var olduğunu kalben hissedemiyorsanız? Varlığından şüphe ettiğiniz bir şeyin var olduğuna kendinizi ikna etmeniz çok güçtür (belki de imkânsız). Gardırobunuzda periler olduğuna inanmayı deneyin. Belki bunu hayal edebilirsiniz, ama orada gerçekten periler olduğunu düşünmekten çok farklıdır bu. Doğru olduğunu düşündüğümüz şeylere inanırız. İnanmanın doğası böyledir. Öyleyse Tanrı'nın varlığıyla ilgili şüpheleri olan inançsız biri Tanrı'ya nasıl inanacaktır?

Pascal'ın bu soruna bir cevabı vardı. Tanrı'ya inanmanızın sizin için en iyisi olduğunu bir kez hesap ettiğinizde, onun var olduğuna kendinizi inandırmanın bir yolunu bulmanız ve imana sahip olmanız gerekmektedir. Yapmanız gereken şey, Tanrı'ya inanan insanları taklit etmektir. Zamanınızı kilisede, inananların yaptığı şeyleri yaparak geçirin. Kutsal sudan için, ayinlere katılın vesaire vesaire... Çok geçmeden onların eylemlerini sadece taklit etmediğinizi, onların inançlarına ve duygularına sahip olduğunuzu görecektiniz. Bu, ebedi yaşamı kazanmak ve sonsuz işkence tehlikesinden kurtulmak için en büyük fırsattı.

Pascal'ın argümanı herkesi ikna etmemiştir. En belirgin sorun da şuydu: Tanrı varsa, sadece en güvenli bahis olduğu için kendisine inanan insanlara olumlu gözle bakmayacaktır. Bu Tanrı'ya inanmak için yanlış bir neden gibi görünür. Böyle bir nedenden ötürü Tanrı'ya inanmak fazlasıyla çıkarcı bir davranıştır, çünkü bedeli ne olursa olsun ruhunuzu bencilce kurtarmak istemenize dayanır. Bir başka tehlike de Tanrı'nın, bu kumarbaz argümanını kullanan hiç kimsenin cennete gitmemesini garantiye alması olabilirdi.

Pascal'ın bahsiyle ilgili diğer ciddi sorun ise, yanlış din ve yanlış Tanrı'ya inanma olasılığını hesaba katmamış olmasıdır. Pascal, Hıristiyan bir tanrıya inanma ile hiçbir tanrıya inanmama arasında bir seçenek sunmuştur. Bununla birlikte, inananlara ebedi mutluluğu vaat eden çok sayıda başka din de vardır. Bu dinlerden birinin doğruluğu kanıtlanırsa, Pascal'ın bahsine uyan kişi, Hıristiyanlığı takip etmeyi seçerek tıpkı Tanrı'ya dair tüm inancı inkâr eden birinin yaptığı gibi kendini cennetteki ebedi mutluluktan mahrum bırakmış olur. Pascal bu olasılığı da hesaba katmış olsaydı, insanlığın durumuna muhtemelen çok daha kötümser bir gözle bakardı.

Pascal, Kutsal Kitapta tasvir edilen Tanrı'ya inanıyordu. Baruch Spinoza ise çok farklı bir din anlayışına sahipti, o kadar ki bazıları onun gizli bir ateist olduğundan şüphelenmişti.

13. BÖLÜM

Mercek Yontucusu
BARUCH SPINOZA

Dinlerin çoğu Tanrı'nın dünyanın dışında bir yerde, belki de cennette olduğunu öğretir. Baruch Spinoza (1632-77), Tanrı'nın dünyada *olduğunu* düşünmesi bakımından alışılmadıkdı. Bu fikrini ifade etmek için "Tanrı veya Doğa" hakkında yazdı, tanrı ve doğanın aynı şey olduğunu kastediyordu. Tanrı ve doğa tek bir şeyi tanımlamanın iki farklı yoludur. Tanrı doğadır, doğa da Tanrı. Tanrı'nın her şey olduğu inancı, bir çeşit panteizmdi. Spinoza'nın başına epeyi iş açan radikal bir fikirdi bu.

Spinoza, Amsterdam'da, Portekizli bir Yahudi ailenin oğlu olarak dünyaya geldi. O zamanlar Amsterdam, zulümden kaçan insanların sığındığı yerdi. Ancak burada bile ifade edebileceğiniz görüşler sınırlıydı. Yahudi bir aile içinde büyümüş olsa da Spinoza, 1656 yılında 24 yaşındayken, muhtemelen Tanrı hakkındaki görüşleri yüzünden sinagogundaki hahamlar tarafından kovuldu ve lanetlendi. Amsterdam'ı terk etti ve sonrasında Lahey'e yerleşti. Bu andan itibaren, Yahudi ismi Baruch'tan ziyade Benedict de Spinoza olarak bilindi.

Birçok filozof geometriden etkilenmiştir. Eski Yunan filozof Eukleides'in çeşitli geometrik hipotezlerle ilgili ünlü kanıtları, birkaç basit aksiyomdan veya başlangıç varsayımlarından bir üçgenin iç açılarının toplamının iki dik açıya eşit olduğu gibi sonuçlara gitmişti. Filozoflar genellikle geometrinin dikkatli mantıksal adımlar yoluyla, kararlaştırılan başlangıç noktalarından şaşırtıcı sonuçlara doğru gitme biçimine hayranlık duyar. Eğer aksiyomlar doğruysa, sonuçlar da doğru olmak zorundadır. Bu türden geometrik akıl yürütme hem René Descartes'a hem de Thomas Hobbes'a esin kaynağı olmuştur.

Spinoza sadece geometriye hayranlık duymamış, felsefeyi sanki geometriymiş gibi yazmıştı. *Ethica* adlı kitabındaki kanıtlar geometrik kanıtlara benzer ve aksiyomlar ile tanımları içerir. Spinoza, kitaptaki "kanıtların" geometrideki gibi amansız bir mantığa sahip olmasını düşünmüştü. Ancak buradaki kanıtlar üçgenlerin açıları ve çemberlerin çapları gibi konularla uğraşmak yerine Tanrı, doğa, özgürlük ve duygular hakkındadır. Spinoza bu konuların üçgen, çember ve kareler üzerine akıl yürütmemize benzer bir şekilde analiz edilebileceğini ve haklarında akıl yürütülebileceğini düşünür. Hatta daha ileri giderek kısımları, geometri kitaplarında kullanılan, "kanıtlanmış olması gereken" anlamındaki Latince *quod erat demonstrandum* deyişinin kısaltması "QED" ile sonlandırır. Spinoza, dünya ve dünyadaki yerimizin temelinde yapısal bir mantığın yattığına, bunun da akıl yoluyla ortaya çıkarılabileceğine inanır. Hiçbir şey şans eseri olduğu gibi değildir; tamamında bir amaç ve ilke vardır. Her şey devasa bir sistem içinde birbirine uyar ve bunu anlamanın en iyi yolu düşüncenin gücünden geçer. Deney ve gözlemden çok aklı vurgulayan bu felsefi yaklaşım, sıklıkla Rasyonalizm [Akılcılık] olarak anılır.

Spinoza tek başına olmaktan hoşlanırdı. Yalnızlık ona çalışmalarını sürdürmek için gereken zaman ve iç huzurunu veriyordu. Tanrı hakkındaki görüşleri düşünüldüğünde muhtemelen bu, bir devlet kurumunun parçası olmasından daha güvenliydi. Bu yüzden en ünlü kitabı *Ethica* ancak ölümünden sonra yayımlandı. Yaşamı boyunca son derece özgün bir düşünür olarak ün yapmasına rağmen Heidelberg Üniversitesinde hocalık teklifini geri çevirmişti. Yine de kendisini ziyarete gelen bazı düşünürlerle fikirlerini tartışmaktan mutluluk duyardı. Filozof ve matematikçi Gottfried Leibniz de onlardan biriydi.

Spinoza kendisine bir ev satın almak yerine pansiyonlarda kalarak oldukça sade bir hayat yaşadı. Fazla paraya ihtiyacı yoktu, mercek yontarak ve felsefi çalışmalarına hayranlık duyan insanlardan gelen kimi küçük ödemelerden kazandıklarıyla geçimini sağlıyordu. Yaptığı mercekler, teleskop ve mikroskop gibi bilimsel aletlerde kullanılıyordu. Bu onun bağımsız kalmasına ve kaldığı odadan çalışmasına olanak veriyordu. Ne yazık ki aynı zamanda bu meslek, muhtemelen yakalandığı solunum yolu enfeksiyonu nedeniyle, yalnızca 44 yaşında erkenden ölmesine de sebep oldu. Mercekleri yontarken soluduğu cam tozunun akciğerlerine hasar verdiğine kuşku yoktur.

Tanrı sonsuzsa, bunu Tanrı olmayan bir şeyin olamayacağı düşüncesi izlemelidir, diye akıl yürütmüştü. Eğer evrende Tanrı olmayan bir şey bulursanız, o zaman Tanrı sonsuz olamaz, çünkü Tanrı, prensipte her şey olabildiği gibi o şey de olabilir. Hepimiz Tanrı'nın parçalarıyız ama taşlar, karıncalar, çimenler ve pencereler de Tanrı'nın parçalarıdır. Hepsi. Hepsi de inanılmaz karmaşık bir bütünün içinde birbirine geçer, ama var olan her şey nihayetinde bu tek bir şeyin, yani Tanrı'nın bir parçasıdır.

Geleneksel dindarlar, Tanrı'nın insanlığı sevdiğini ve kişisel dualara cevap verdiğini vaaz ederler. Bu, merhamet gibi insani nitelikleri gayriinsani bir varlığa, Tanrı'ya yansıtan antropomorfizmin bir biçimidir. En uç biçimi de Tanrı'yı kocaman sakalı ve yüzündeki nazik gülümsemesiyle iyi yürekli bir adam olarak hayal etmektir. Spinoza'nın tanrısı böyle bir tanrı değildir. O (kadın ya da erkek) tamamen gayrişahsiydi, herhangi bir şeyi ya da birini umursamazdı. Spinoza'ya göre Tanrı'yı sevebilirsiniz, sevmelisiniz de, ancak karşılığında herhangi bir sevgi bekleyemezsiniz. Bu, doğasever birinin, doğanın da onu sevmesini beklemesi gibidir. Aslında Spinoza'nın tarif ettiği Tanrı insanoğluna ve onların yaptıklarına öylesine kayıtsızdır ki, çoğu kişi Spinoza'nın hiçbir biçimde Tanrı'ya inanmadığını ve panteizminin bir kılıf olduğunu düşünmekteydi. Onu bir ateist ve din karşıtı biri olarak gördüler. Tanrı'nın insanlığı önemsemediğine inanan biri başka ne olabilirdi ki? Yine de Spinoza'nın bakış açısından böyle bir kişi, Tanrı'ya karşı zekaya dayanan bir sevgiye sahipti; bu sevgi, akıl tarafından erişilen derin bir anlamaya dayanıyordu. Ne var ki bunun geleneksel dinle uzaktan yakından ilgisi yoktu. Sinagog onu aforoz etmekte muhtemelen haklıydı.

Spinoza'nın özgür irade üzerine olan görüşleri de tartışmalıydı. O bir deterministti.

Bu, onun, her eylemin daha önceki nedenlerin sonucu olduğuna inandığı anlamına gelir. Eğer havaya atılan bir taş, insan gibi bilinçli olabilseydi, her ne kadar öyle olmasa da kendi irade gücüyle hareket ettiğini hayal edecekti. Gerçekte onu hareket ettiren, atma kuvveti ve yerçekiminin etkileridir. Bir taş nereye gittiğini yerçekimi yerine kendisinin kontrol ediyor olduğunu hissederdi sadece. İnsanlar da aynıdır: Yaptığımız şeyi özgürce seçtiğimizi ve yaşamlarımız üzerinde kontrole sahip olduğumuzu hayal ederiz. Bu yüzden de seçimlerimizin ve eylemlerimizin meydana gelme yollarını genellikle anlamayız. Gerçekte özgür irade bir yanılsamadır. Kendiliğinden özgür eylem diye bir şey yoktur.

Bir determinist olmasına rağmen Spinoza, oldukça sınırlı bir tür insani özgürlüğün mümkün ve arzulanabilir olduğuna da inanıyordu. Var olmanın en kötü şekli, esaret altında olmaktır, yani duygularınızın insafında olmak. Kötü bir şey meydana geldiğinde, örneğin birisi size kaba davrandığında ve gözünüz kararıp nefretle dolduğunuzda, bu oldukça pasif bir var olma şeklidir. Tek yaptığınız olaylara tepki vermektir. Dışarıda olup bitenler öfkenize neden olur. Hiçbir biçimde kontrol elinizde olmaz. Bundan kaçmanın yolu, davranışı şekillendiren nedenleri daha iyi anlamaktır. Spinoza'ya göre yapabileceğimiz en iyi şey duygularımızın dış olaylardan ziyade kendi seçimlerimizden ortaya çıkmasıdır. Bu seçimler asla tam anlamıyla özgür olamasa da pasif olmaktansa aktif olmak daha iyidir.

Spinoza tipik bir filozoftu. Tartışılmaya herkesin duymaya hazır olmadığı fikirler öne sürmeye ve görüşlerini argümanla savunmaya hazırdı. Çalışmalarına kimi zaman şiddetle karşı çıkılsa da Spinoza yazdıklarını okuyanları etkilemeye devam ediyor. Tanrı'nın doğa olduğu inancı o dönemde benimsenmedi ama ölümünden sonra, *Ethica*'nın çevirisini yapan Victoria dönemi romancısı George Eliot, kendini kişisel bir tanrıya inanmaya ikna edemese de, bir mektupta Spinoza'nın tanrısına inandığını açıklayan yirminci yüzyıl fizikçisi Albert Einstein gibi bazı çok ünlü hayranları oldu.

Gördüğümüz gibi Spinoza'nın tanrısı gayrişahsiydi ve insan niteliklerinin hiçbirine sahip değildi; dolayısıyla kimseyi günahları yüzünden cezalandırmazdı. Spinoza'yla aynı yıl doğan John Locke oldukça farklı bir yol izledi. Benliğin doğasıyla ilgili tartışması, kısmen Kıyamet Gününde olabilecekler konusunda duyduğu kaygıdan esinlenmişti.

14. BÖLÜM

Prens ve Ayakkabı Tamircisi
JOHN LOCKE ve THOMAS REID

Bebekken neye benziyordunuz? Eğer varsa, o dönemde çekilen bir fotoğrafınıza bakın. Ne görüyorsunuz? O gerçekten siz misiniz? Şu an muhtemelen oldukça farklı görünüyorsunuz. Bebek olmak nasıl bir şeydi hatırlayabiliyor musunuz? Çoğumuz hatırlayamayız. Hepimiz zaman içinde değişiriz. Büyürüz, gelişiriz, olgunlaşır, yaşlanırız. Çoğumuzun yüzünde kırışıklıklar belirir, eninde sonunda saçlarımız beyazlar ya da dökülür, görüşlerimizi, arkadaşlarımızı, giyim tarzımızı ve önceliklerimizi değiştiririz. O halde hangi anlamda yaşlıyken fotoğraftaki bebekle aynı kişi olacaksınız?

Zaman içinde birini aynı kişi kılan şeyin ne olduğu, İngiliz filozofu John Locke'un (1632-1704) aklını kurcalayan soruydu.

Pek çok filozof gibi Locke da geniş bir ilgi alanına sahipti. Politikaya bulaşan ve aynı zamanda eğitim hakkında da yazan Locke, arkadaşları Robert Boyle ve Isaac Newton'ın bilimsel keşiflerini büyük coşkuyla karşıladı. İngiliz İç Savaşı sonrasında, yeni tahta çıkan Kral 2. Charles'a komplo düzenlemekle suçlanınca Hollanda'ya kaçtı. Burada, insanları eziyetle dinsel inançlarını değiştirmeye zorlamaya çalışmanın saçma olduğunu belirterek dini hoşgörüyü savundu. Tanrı tarafından verilmiş yaşam, özgürlük, mutluluk ve mülkiyet hakkımız olduğuna dair görüşleri Amerika Birleşik Devletleri anayasasını yazan kurucu babaları etkiledi.

Locke'un bebekken çekilmiş bir fotoğrafına veya çizimine sahip değiliz. Fakat muhtemelen yaşlandıkça oldukça değişmiştir. Orta yaşlarında uzun dağınık saçlarıyla kasvetli, ciddi bakışlı bir adamdı. Yine de bebekken oldukça farklı görünüyor olmalıdır. Locke'un inandığı şeylerden biri, yeni doğmuş birinin zihninin boş bir levha gibi olduğudur. Doğduğumuzda hiçbir şey bilmeyiz ve tüm bilgimiz yaşamdaki deneyimlerimizden gelir. Bebek Locke büyüyüp genç bir filozof olurken çeşitli inançlar edindi ve şu anda John Locke olarak bildiğimiz kişi haline geldi. Ama hangi anlamda bebekliğinde olduğu kişidir ve hangi anlamda orta yaşlı Locke, genç Locke ile aynı kişidir?

Bu türden bir problem yalnızca geçmişle olan ilişkilerini merak eden insanlar için açığa çıkmaz. Locke'un fark ettiği gibi çoraplar hakkında düşünürken bile bir mesele olabilir. Eğer çorabınız delinmişse, deliği yamarsınız, sonra bir başkasını, eninde sonunda artık orijinal malzemesi kalmayan yalnızca yamalardan oluşan bir çorapla kalakalırsınız. Peki elinizdeki hâlâ aynı çorap mıdır? Bir anlamda aynı çoraptır çünkü asıl çoraptan tamamen yamanmış çoraba kadar parçaların sürekliliği söz konusudur. Fakat bir başka anlamda, aynı çorap değildir, çünkü orijinal malzeme orada değildir. Veya bir meşe ağacını düşünün. Meşe ağacı bir palamuttan büyür, her yıl yapraklarını kaybeder, uzar, dallanıp budaklanır ama yine de aynı meşe ağacı olarak kalır. Palamut fidanla aynı bitki midir ve fidan devasa meşeyle aynı bitki midir?

Zaman içinde bir insanı aynı kişi yapanın ne olduğu sorusuna yaklaşmanın bir yolu da canlı varlıklar olduğumuzu vurgulamak olurdu. Bebekken olduğunuz aynı hayvansınız. Locke "insan" kelimesini "insan hayvanı"na gönderme yapmak için kullanır. Bu anlamda, bir ömür boyunca aynı "insan" olarak kalacağımızı söylemenin doğru olduğunu düşünüyordu. Yaşamakta olan insanın, yaşam sürecinde gelişen bir sürekliliği vardır. Ancak Locke'a göre aynı "insan" olmak, aynı *kişi* olmaktan oldukça farklıdır.

Locke'a göre aynı "insan" olabilirim, ancak asla eskiden olduğum *kişi* olmam. Bu nasıl olabilirdi? Locke, zaman içinde bizi aynı kişi yapan şeyin bilincimiz, kendi benliğinin farkında olma olduğunu öne sürüyordu. Hatırlayamadığınız şey, sizin bir parçanız değildi. Bunu ifade etmek için bir ayakkabı tamircisinin anılarıyla uyanan bir prensi ve bir prensin anılarıyla uyanan bir ayakkabı tamircisini hayal etti. Prens her zamanki gibi sarayında uyanır; dış görünüşü açısından uykuya yatan kişiyle aynı kişidir. Ancak kendi anıları yerine ayakkabı tamircisinin anılarına sahip olduğundan, ayakkabı tamircisi olduğunu hisseder. Locke'un ana fikri, prensin ayakkabı tamircisi olduğunu hissetmekte haklı olduğudur. Bedensel süreklilik meseleyi çözüme kavuşturmaz. Kişisel özdeşlikle ilgili sorularda önemli olan psikolojik sürekliliktir. Eğer prensin anılarına sahipseniz, prenssinizdir. Ayakkabı tamircisinin anılarına sahipseniz, bir prensin bedenine sahip olsanız bile ayakkabı tamircisisiniz. Ayakkabı tamircisi bir suç işlerse, sorumlu tutmamız gereken kişi prensin bedenindeki kişidir.

Elbette normalde anılar bu şekilde yer değiştirmez. Locke bu düşünce deneyini bir noktaya dikkat çekmek için kullanıyordu. Ancak bazıları aynı bedende birden fazla kişinin olabileceğini öne sürer. Aynı bedende farklı kişiliklerin oluştuğu bu durum çoklu kişilik bozukluğu olarak bilinir. Locke bu olasılığı tahmin ederek ve birbirinden tamamen bağımsız iki kişinin tek bir bedende –birinin gündüzleri, diğerinin yalnızca geceleri– yaşadığını hayal etti. Eğer bu iki zihnin birbirine erişimi yoksa, bu durumda Locke'un gözünde iki ayrı kişidirler.

Locke açısından kişisel özdeşliğe dair sorular ahlaki sorumlulukla yakından ilişkiliydi. Tanrı'nın, insanları yalnızca işlediklerini hatırladıkları suçlar için cezalandıracağına inandı. Kötülük yaptığını artık hatırlamayan biri, suçu işleyenle aynı kişi olmazdı. Şüphesiz, gündelik yaşamda insanlar hatırladıkları şeyler hakkında yalan söylerler. Dolayısıyla eğer birisi ne yaptığını unutmuş olduğunu iddia ederse, yargıçlar onu salıvermekte tereddüt eder. Ama Tanrı her şeyi bildiği için kimin cezayı hak ettiğini, kimin etmediğini söyleyebilecektir. Locke'un görüşünün bir sonucu da şudur: Nazi avcıları, gençliğinde bir toplama kampında muhafız olan yaşlı bir adamın izini sürecek olsaydı, yaşlı adam yalnızca hatırlayabildiği şeylerden sorumlu tutulurdu ve başka suçlardan sorumlu tutulmazdı. Sıradan mahkemeler onu suçlu bulacak olsa da, Tanrı unutmuş olduğu eylemlerden dolayı onu cezalandırmazdı.

Locke'un kişisel özdeşliğe dair yaklaşımı, bazı çağdaşlarının kafasını kurcalayan bir soruyu da cevaplıyordu. Bu insanlar, cennete gitmek için dirildiğimizde aynı bedene ihtiyaç duyup duymadığımız konusunda endişeliydi. Eğer aynı beden gerekiyorsa beden bir yamyam ya da vahşi bir hayvan tarafından yenmişse ne olacaktı? Dirilmek için bedeninizin tüm parçalarını nasıl bir araya getirecektiniz? Eğer bir yamyam tarafından yenmişseniz bu durumda bir parçanız yamyamın bir parçası haline gelirdi. Dolayısıyla hem yamyam hem de yamyamın yemeği (yani siz), beden olarak nasıl eski haline dönebilirdi? Locke öbür dünyada aynı beden olmaktan ziyade, aynı *kişi* olmanın önemli olduğunu belirtiyordu. Ona göre, aynı anılara sahipseniz, bu anılar farklı bir bedene iliştirilmiş olsa bile, aynı kişi olabilirdiniz.

Locke'un görüşünün bir sonucu da fotoğraftaki bebekle aynı kişi olmadığınızdır. Aynı bireysiniz, ancak bir bebek olduğunuzu hatırlayamazsanız aynı kişi olamazsınız. Kişisel özdeşlik, belleğin ulaşabildiği yere kadar genişler. İleri yaşta anılarınız solup giderken, bir kişi olarak ne olduğunuzun kapsamı da daralacaktır.

Bazı filozoflar, Locke'un kişisel özdeşliğin temeli olarak öz-bilince sahip belleği vurgularken fazla ileri gittiğini hisseder. On sekizinci yüzyılda, İskoç filozof Thomas Reid, Locke'un kişi olmanın ne olduğuna dair düşünüş tarzındaki zayıflığı gösteren bir örnek buldu. Yaşlı bir asker, genç bir subayken bir savaştaki cesaretini hatırlayabilir, genç bir subayken, çocukluğunda meyve bahçesinden elma çalarken dayak yemiş olduğunu hatırlayabilirdi. Ama yaşı ilerleyen asker, çocukluğundaki bu olayı artık hatırlayamaz. Bu çakışan anılar yaşlı askerin oğlanla hâlâ aynı kişi olduğu anlamına gelmez miydi? Thomas Reid, yaşlı askerin oğlanla hâlâ aynı kişi olduğunun aşikâr olduğunu düşünüyordu.

Ancak Locke'un teorisine göre, yaşlı asker genç cesur subayla aynı kişi olsa da dayak yiyen oğlanla aynı kişi değildi (çünkü yaşlı asker dayak yediğini unutmuştu). Oysa yine Locke'un teorisine göre, genç cesur subay çocukla aynı kişiydi (çünkü meyve bahçesindeki macerayı hatırlayabiliyordu). Bundan da yaşlı askerin genç cesur subayla aynı kişi, genç cesur subayın da çocukla aynı kişi olduğu ama yaşlı asker ile çocuğun aynı kişi olmadığı gibi saçma bir sonuç çıkar. Mantığa vurulduğunda hiçbir biçimde doğru olmaz. A=B, B=C dedikten sonra A'nın C'ye eşit olmadığını söylemeye benzer. Öyle görünüyor ki kişisel özdeşlik, Locke'un düşündüğü gibi bütünsel anımsamaya değil, çakışan hatıralara dayanır.

Locke'un filozof olarak etkisi, kişisel özdeşlikle ilgili tartışmasından çok daha fazlasına dayanır. *İnsanın Anlama Yetisi Üzerine Bir Deneme* (1690) başlıklı muazzam eserinde düşüncelerimizin bizim için dünyayı yansıttığını, ancak dünyanın sadece bazı yönlerinin göründüğü gibi olduğu görüşünü ortaya koydu. Bu da George Berkeley'i gerçekliğe dair kendi yaratıcı açıklamasını öne sürmeye teşvik etti.

15. BÖLÜM

Odadaki Fil
GEORGE BERKELEY
(ve JOHN LOCKE)

Buzdolabının kapısını kapattığınızda ve kimse içeriyi göremezken ışığın gerçekten sönüp sönmediğini merak ettiğiniz oldu mu hiç? Işığın gerçekten söndüğünü nasıl bilebilirsiniz? Belki bir kamera takabilirdiniz. Peki, kamerayı kapattığınızda ne olur? Ya da kimsenin duyamadığı bir anda ormanda bir ağaç devrilse? Gerçekten bir gürültü çıkarır mıydı? Siz orada değilken, gözlemlenmeyen yatak odanızın var olmaya devam edip etmediğini nasıl bilebilirsiniz? Belki de her dışarı çıkışınızda yok oluyordur. Bunu kontrol etmesi için başka birinden yardım isteyebilirdiniz. Cevaplanması güç soru şudur: Yatak odası *kimse* onu gözlemlemediğinde de var olmaya devam eder mi? Bu sorulara nasıl cevap verebileceğimiz açık değildir. Çoğumuz, nesnelerin görülmediklerinde de var olmaya devam ettiğini düşünürüz, çünkü bu en basit açıklamadır. Yine çoğumuz, gözlemlediğimiz dünyanın orada bir yerde olduğuna inanır: Dünya sadece zihinlerimizde var olmaz.

Öte yandan Cloyne Piskoposu İrlandalı filozof George Berkeley'e (1685-1753) göre, gözlemlenmeyen şeyler var olmaya da son verir. Şu an okuduğunuz kitabın doğrudan farkında olan bir zihin yoksa o artık var olmayacaktır. Kitaba bakıyor *olduğunuz*da onu görebilir, sayfalarına dokunabilirsiniz ancak Berkeley'ye göre tüm bunlar, deneyimlere sahip olduğunuz anlamına gelir. Orada bir yerde bu deneyimlere neden olan bir şeyin olduğu anlamına gelmez. Kitap sadece sizin ve diğer insanların zihnindeki (ve belki de Tanrı'nın zihnindeki) düşüncelerin toplamasıdır; zihninizin dışında bir şey değildir. Berkeley için bir dış dünya kavramı bütünüyle anlamsızdır. Bütün bu ifadeler sağduyuya aykırı görünür. Elbette etrafımız, onların farkında olalım ya da olmayalım, var olmayı sürdüren nesnelerle çevrilidir, değil mi? Ne var ki Berkeley öyle düşünmüyordu.

Berkeley bu teorisini ilk defa dillendirmeye başladığında pek çok insan gayet anlaşılabilir bir şekilde onun delirmiş olduğunu düşündü. Aslında, ancak ölümünden sonra filozoflar onu ciddiye almaya başladılar ve ne yapmaya çalıştığını kavradılar. Berkeley'in çağdaşı Samuel Johnson onun teorisini ilk duyduğu zaman, sokaktaki bir taşa ayağıyla sertçe vurur ve "böylece onu çürütüyorum" der. Johnson maddi şeylerin var olduğundan emin olduğunu ve onların sadece düşüncelerden oluşmadığını anlatmaya çalışıyordu. Taşa vurduğunda sertliğini ayağında hissedebiliyordu, bu nedenle Berkeley hatalı olmalıydı. Ancak Berkeley, Johnson'ın sandığından daha akıllıydı. Taşın sertliğini ayağınızda hissetmek maddi nesnelerin varoluşunu değil, ancak sert bir taş düşüncesini ispatlayabilirdi; zira Berkeley'e göre taş dediğimiz şey, uyandırdığı duyumlardan başka bir şey değildi. Onun arkasında, ayaktaki acıya neden olan "gerçek," fiziksel bir taş yoktu. Aslında sahip olduğumuz düşüncelerin ötesinde hiçbir gerçeklik de yoktu.

Berkeley bazen bir idealist, bazen de bir immateryalist olarak tanımlanır. İdealistti, çünkü var olan her şeyin düşünceler olduğuna inanıyordu; immateryalistti çünkü maddi şeylerin –fiziksel nesnelerin– var olduğunu reddediyordu. Bu kitapta tartışılan birçok filozof gibi görünüş ile gerçeklik arasındaki ilişki onu da büyülüyordu. Ona göre filozofların çoğu bu ilişkinin ne olduğu konusunda yanılıyordu. Özellikle de John Locke, düşüncelerimizin dünyayla nasıl ilişki kurduğu konusunda hatalıydı. Berkeley'in yaklaşımını anlamanın en kolay yolu, onu Locke'un yaklaşımıyla karşılaştırmaktır.

Bir fil gördüğünüzde, der Locke, aslında o filin kendisini görmezsiniz. Fil olarak kabul ettiğiniz aslında bir temsildir; Locke'un deyimiyle zihninizdeki bir ide, filin tasarımı gibi bir şeydir. Locke, "ide" sözcüğünü, düşünebildiğimiz veya algılayabildiğimiz her şeyi kapsamak için kullanmıştır. Eğer gri bir fil görürseniz, grilik basitçe fildeki bir şey olamaz çünkü farklı ışık altında farklı renkte görünecektir. Grilik, Locke'un "ikincil nitelik" olarak adlandırdığı bir şeydir. Grilik, filin özellikleriyle duyu organımızın bu örnekte gözümüzün özelliklerinin bir bileşimi sonucu oluşur. Filin derisinin rengi, dokusu ve dışkısının kokusu onun ikincil nitelikleridir.

Büyüklük ve şekil gibi birincil nitelikler ise, Locke'a göre dünyadaki şeylerin gerçek özelliklerdir. Birincil niteliklere ait düşünceler gerçeğine benzer. Örneğin kare bir nesne görürseniz, o nesneye dair düşüncenizin oluşmasına neden olan gerçek nesne de karedir. Ancak kırmızı bir kare gördüyseniz, algınıza neden olan dünyadaki gerçek nesne kırmızı değildir. Gerçek nesneler renksizdir. Renge dair duyumlar, Locke'a göre, nesnelerin mikroskobik dokuları ile bizim görme duyumuz arasındaki etkileşimden gelir.

Ancak burada ciddi bir sorun vardır. Locke, bilim insanlarının tanımlamaya çalıştığı bir dış dünya olduğunu, ama ona sadece dolaylı bir erişimimiz olduğunu düşünür. Gerçek bir dünyanın varlığına inandığı için Locke bir realisttir. Bu gerçek dünya, hiç kimse onun farkında olmasa bile var olmaya devam eder. Locke için güçlük, dünyanın nasıl bir şey olduğunu bilmektir. Büyüklük ve şekil gibi birincil niteliklere dair düşüncelerimizin, gerçekliğin iyi birer resmi olduklarını düşünür. Ama bunu nasıl bilebilir? Deneyimin tüm bilgimizin kaynağı olduğuna inanan bir empirist olarak Locke'un, birincil niteliklere dair düşüncelerimizin gerçek dünyaya benzediği iddiası için iyi bir kanıta sahip olmuş olması gerekir. Ne var ki teorisi, gerçek dünyanın neye benzediğini nasıl bilebildiğini açıklamaz, çünkü gidip bunu kontrol edemeyiz. Peki o zaman büyüklük ve şekil gibi birincil niteliklere ait düşüncelerin dışarıdaki gerçek dünyanın niteliklerine benzediğinden nasıl bu kadar emin olabilir?

Berkeley daha tutarlı olduğu iddiasındaydı. Locke'tan farklı olarak dünyayı doğrudan *algılıyor* olduğumuzu düşünüyordu. Bunun nedeni, dünyanın sadece düşüncelerden oluşmasıydı. Tek yaşanan deneyimdi. Her şey deneyimden ibaretti. Başka bir deyişle, dünya ve içindeki her şey sadece insanların zihninde var oluyordu.

Deneyimlediğimiz ve düşündüğümüz her şey –sandalye, masa, 3 rakamı vesaire– Berkeley'e göre yalnızca zihinlerimizde var olur. Bir nesne, sizin ya da diğer insanların sahip olduğu düşüncelerin toplamından ibarettir. Bunun ötesinde herhangi bir varoluşa sahip değildir. Birileri onları görmezse veya duymazsa, nesneler var olmayı bırakırlar; çünkü nesneler insanların (ve Tanrı'nın) sahip olduğu düşüncelerin dışında veya ötesinde bir şey değildir. Berkeley, bu tuhaf görüşünü, Latince *Esse est percipi* –"Var olmak algılanmaktır"– ifadesiyle özetliyordu.

Dolayısıyla onları orada deneyimleyen bir zihin yoksa buzdolabının ışığı açık olamaz, ağaç da gürültü çıkaramaz. Bunlar, Berkeley'in immateryalizminden çıkarılabilecek açık sonuçlar gibi görünebilir. Fakat Berkeley nesnelerin sürekli bir var olup bir yok olduklarını düşünmüyordu. O bile bunun garip bir düşünce olduğunun farkındaydı. Berkeley düşüncelerimizin varoluşunun sürekliliğini Tanrı'nın sağladığına inanıyordu. Tanrı dünyadaki şeyleri sürekli algılıyor, bu sayede onlar da var olmaya devam ediyorlardı.

Yirminci yüzyılın başlarında yazılmış beş mısralık iki mizahi şiirde bu düşüncenin izlerine rastlanılır. Aşağıdaki ilk şiir, kimse onu algılamazsa ağacın var olmayı bırakacağı fikrinin tuhaflığını vurgular:

Bir zamanlar bir adam şöyle demişti:
"Kimse yokken Quad'da
Bu ağaç varolmayı sürdürecekse şayet
Tanrıdır son derece tuhaf bir şekilde
Onu düşünmek zorunda olan."

("Quad," Oxford kolejlerinde avlulardaki kare biçimli çim alanlara verilen addır). Bu kesinlikle doğru. Berkeley'in teorisinde kabul edilmesi en zor olan şey, birileri deneyimlemediği zaman bir ağacın orada olamayacak olmasıdır. Ve işte çözümü burada, Tanrı'dan gelen mesajda yatar:

Sevgili bayım, niye şaşırdınız acep
Oralardayım halbuki hep
Ağaç da var olur elbette
Ben onu gördükçe
Bendeniz Tanrı içten sevgilerimle.

Gelgelelim Berkeley'in açıklamakta açıkça zorlandığı şey, herhangi bir şey hakkında nasıl yanılabileceğimizdi. Eğer tek sahip olduğumuz düşüncelerse ve onların ardında bir dünya yoksa, o zaman gerçek nesnelerle görsel yanılsamalar arasındaki farkı nasıl açıklayacaktık? Gerçek dediğimiz şeyin deneyimi ile bir yanılsamanın deneyimi arasındaki farkın ne olduğu sorusuna Berkeley, "gerçeklik"i deneyimlediğimizde düşüncelerimizin birbiriyle çelişmeyeceği cevabını veriyordu. Örneğin suyun içinde bir kürek görürseniz, kürek kırıkmış gibi görünebilir. Locke gibi bir realist için hakikat, küreğin gerçekte düz olduğu, sadece kırık göründüğüdür. Berkeley için ise kırık bir kürek düşüncesine sahibizdir ancak bu, suya uzanıp küreğe dokunacak olursak sahip olacağımız düşüncelerle çelişirdi. Suya uzandığımızda küreğin düz olduğunu hissedecektik.

Berkeley gününün her saatini immateryalizmi savunarak geçirmemişti. Hayatında bundan çok daha fazlası vardı. Sosyal ve sempatik biriydi, hatta *Gulliver'in Gezileri* kitabının yazarı Jonathan Swift de arkadaşlarından biriydi. Berkeley ilerleyen yaşlarında Bermuda adasında bir okul açmayı planladı ve bu işi gerçekleştirmek için bolca kaynak da buldu. Ne yazık ki planı suya düştü, çünkü adanın anakara Bermuda'dan ne kadar uzak olduğunu ve oraya erzak taşımanın zorluğunu fark etmemişti. Yine de Berkeley öldükten sonra Batı yakasındaki bir okula Kaliforniya'daki Berkeley üniversitesine onun adı verildi. Bu da Berkeley'in Amerika'yı konu alan bir şiirine dayanıyordu. "Batıya doğru çizdi imparatorluk rotasını" dizesi üniversitenin kurucularından birini cezbetmişti.

Berkeley'in immateryalizminden de tuhaf olanı, ilerleyen yaşlarında Amerikan yerlilerine özgü bir ilaç olan çam katranıyla su karışımı katran suyunu tanıtma tutkusuydu. Bu su sözümona her hastalığı tedavi edebiliyordu. Hatta Berkeley onun harikalığını anlatan uzunca bir şiir bile yazmıştı. Katran suyunun popülerliği kısa sürdü. Hafif antiseptik özelliklere sahip olduğundan küçük rahatsızlarda işe yaramış olabilir ama şimdilerde rağbet gören bir tedavi yöntemi değil. Berkeley'in idealizmi de rağbet görmedi.

Berkeley sağduyuya ters düşen sonuçlara varacak olsa bile, bir argümanı gittiği yere kadar takip etmeye hazır filozoflardan biriydi. Voltaire'in ise bu tür bir düşünüre, hatta aslında filozofların birçoğuna ayıracak vakti yoktu.

16. BÖLÜM

Mümkün Dünyaların En İyisi
VOLTAIRE ve GOTTFRIED LEIBNIZ

Eğer dünyayı siz tasarlamış olsanız, şu anki gibi mi yapardınız? Büyük ihtimalle hayır. Ama on sekizinci yüzyılda bazı insanlar dünyamızın mümkün dünyaların en iyisi olduğunu düşünüyordu. Hatta İngiliz şair Alexander Pope (1688-1744) "Olan ne varsa, doğrudur" diye yazmıştı. Dünyadaki her şey belli bir nedenden dolayı öyledir: Olan her şey, gücü her şeye yeten Tanrı'nın eseridir ve onun yaptığı her şey iyidir. Dolayısıyla işler bazen kötü gidiyor gibi görünse de aslında öyle değildir. Hastalıklar, seller, depremler, orman yangınları, kuraklık, hepsi de Tanrı'nın planının bir parçasıdır.

Bizim hatamız ayrıntılara takılıp büyük resmi görememektir. Arkamıza yaslanıp dünyaya Tanrı'nın baktığı yerden bakabilseydik, dünyanın ne kadar mükemmel olduğunu, küçük parçaların mükemmel bir uyumla büyük resmi tamamladığını ve bize kötü görünen olayların aslında çok daha geniş bir planın parçası olduğunu görebilirdik.

Alexandre Pope'un bu iyimserliğini başkaları da paylaşıyordu. Alman filozof Gottfried Wilhelm Leibniz (1646-1716) aynı sonuca ulaşmak için kendisinin bulduğu "Yeter Neden İlkesi"ni kullandı. Leibniz, her şeyin mantıklı bir açıklaması olması gerektiğini düşünüyordu. Tanrı her açıdan mükemmel olduğu için dünyayı tam olarak yaptığı biçimde yaratmasının mantıklı nedenleri olmalıydı. Hiçbir şeyi şansa bırakmış olamazdı. Tanrı her açıdan mükemmel bir dünya yaratmamıştır çünkü Tanrı, olan ve olabilecek olan tek mükemmel varlıktır ve dünya mutlak anlamda mükemmel olsaydı Tanrı gibi olurdu. Ancak –bu sonuca ulaşmak için gereken en az miktarda kötülük içeren– mümkün dünyaların en iyisini yaratmış olmalıydı. Leibniz'e göre parçaları bir araya getirmenin bundan daha iyi bir yolu olamazdı: Hiçbir tasarım daha az kötülük kullanarak daha fazla iyilik üretemezdi.

Daha çok Voltaire adıyla bilinen François-Marie Arouet (1694-1778) ise konuya farklı bir açıdan yaklaştı. Her şeyin iyi gittiği yönündeki bu "kanıt" onu teselli etmekten uzaktı. Felsefi sistemlere ve tüm cevaplara sahip olduğunu düşünen filozoflara şüpheyle yaklaşıyordu. Fransız oyun yazarı, şair, romancı ve düşünür tüm Avrupa'da cesur görüşleriyle tanınıyordu. Jean-Antoine Houdon'ın yaptığı ünlü heykeli bu nüktedan ve cesur adamın tebessümünü, gülümseme çizgilerini yansıtır. Dini hoşgörüyü ve ifade özgürlüğünü yüksek sesle savunan, tartışma yaratan bir kişilikti. Bir keresinde, "söylediklerinizden tiksiniyorum, fakat bunları ifade edebilme hakkınızı ölümüne savunurum," dediği rivayet edilir. Bu sözleriyle hoşumuza gitmeyen fikirlerin bile ifade edilebilme hakkını kuvvetle savunmuş oluyordu. On sekizinci yüzyıl Avrupa'sında Katolik Kilisesi yayımlanacak metinleri sıkı denetim altında tutuyordu. Voltaire'in çoğu oyunu ve kitabı ya sansürlüydü ya da yakılmıştı. Hatta nüfuzlu bir aristokrata hakaret ettiği için Paris'teki Bastille hapishanesine atılmıştı. Bunların hiçbiri onu önyargılara ve ikiyüzlülüğe meydan okumaktan alıkoymadı. Bugün ise daha çok *Candide* (1759) romanının yazarı olarak tanınıyor.

Bu kısa felsefi romanda, Pope ve Leibniz'in ifade ettiği insanlığa ve evrene dair iyimser görüşleri yerle bir ediyordu. Bunu da o kadar eğlenceli bir biçimde yapıyordu ki kitabı çıkar çıkmaz çok satanlar arasına girdi. Voltaire, akıllıca davranarak başlık sayfasına adını koydurmamıştı, koydurmuş olsa dini inançlarla dalga geçtiği için yine hapsi boylayacaktı.

Kitabın ana karakteri Candide adında bir gençtir. Adının anlamı masumiyeti ve saflığı ifade eder. Kitabın başında bir uşak olan Candide, efendisinin kızı Cunegonde'ye karşı umutsuz bir aşk beslemektedir ancak sevdiği kızla uygunsuz bir durumda yakalanınca çalıştığı şatodan kovulur. Bundan sonra, Candide'in fantastik ve hızlı maceraları başlar. Candide, felsefe hocası Doktor Pangloss'la birlikte hayali ve gerçek ülkelere seyahat eder, en sonunda aşkı Cunegonde'a kavuşur. Ne var ki aradan geçen zamanda Cunegonde yaşlanmış ve çirkinleşmiştir. Candide ve Pangloss, korkunç olaylara tanık oldukları, hepsi de korkunç talihsizlikler yaşamış çeşitli karakterlerle karşılaştıkları bir dizi gülünç serüven yaşarlar.

Voltaire, kitaptaki özel felsefe hocası Pangloss'u Leibniz'in felsefesini karikatürize etmek için kullanır. Pangloss başına ne gelirse gelsin, doğal afet, savaş, tecavüz ya da kölelik, her tanık olduğu felaketi mümkün olan en iyi dünyada yaşadıklarının kanıtı sayar. Her felaket onun inançlarını sorgulamasına neden olacağına, her şeyin iyi olduğu, her ne olduğuysa en hayırlı sonuç için olduğu inancını pekiştirir. Voltaire, Pangloss'un gözünün önünde olanları görmeyi nasıl reddettiğini zevkle, uzun uzun anlatır, amacı Leibniz'in iyimserliğiyle dalga geçmektir. Ama Leibniz'in hakkını yememek gerekir. Leibniz kötülüğün olmadığını değil, var olan kötülüğün, mümkün dünyaların en iyisinin ortaya çıkması için gerekli olduğunu savunuyordu. Gelgelelim Voltaire dünyada çok fazla kötülük olduğu için Leibniz'in haklı olamayacağını söyler. Bu, en iyi sonuca ulaşmak için gereken asgari kötülük olamaz. Dünyada Leibniz'in haklı olamayacağı kadar çok acı ve keder vardır.

1755 yılında on sekizinci yüzyılın en kötü doğal afetlerinden biri meydana geldi: Lizbon depreminde 20.000'den fazla insan öldü. Portekiz şehri sadece depremden değil, aynı zamanda deprem sonrası oluşan tsunami ve günlerce süren yangınlarla tahrip oldu. Yaşanan bu felaket Voltaire'in Tanrı'ya olan inancını sarsmıştı. Böylesine korkunç bir olayın, nasıl daha büyük bir planın parçası olabileceğini anlayamıyordu. Yaşanan bunca acı çok anlamsızdı. İyi bir tanrı böyle bir şeyin olmasına neden izin verirdi? Hedefin neden Lizbon olduğunu da anlayamıyordu. Neden başka bir yer değil de orasıydı?

Candide'in en can alıcı bölümlerinden birinde Voltaire, iyimserlerin düşüncesine karşı çıkmak için bu gerçek trajediyi kullandı. Gezginlerimizin bindiği gemi Lizbon açıklarında fırtınaya yakalanıp batar. Yolcuların neredeyse tamamı ölür. Mürettebattan sağ kalan tek denizci görünüşe göre bir arkadaşını kasten boğmuştur. Buradaki bariz adaletsizliğe rağmen Pangloss, olan her şeyi kendi felsefi iyimserciliğinin süzgecinden geçirerek görmeye devam eder. Depremden hemen sonra harap olmuş Lizbon'a ulaşan Pangloss binlerce insanın öldüğünü ya da ölmek üzere olduğunu görür, ama yine de saçma bir şekilde her şeyin iyi olduğuna inanmaya devam eder. Kitabın geri kalanında işler özellikle Pangloss için daha da kötüleşir: Asılır, kesilir, sonunda bir kadırgada kürek mahkûmu olur. Yine de Leibniz'in var olan her şeyin önceden belirlenmiş bir uyum içinde olduğuna inanmakta haklı olduğu inancından dönmez. Hiçbir şey bu inatçı felsefe hocasını inançlarından vazgeçirmez.

Pangloss'un aksine Candide, tanık olduğu olaylar sonucunda yavaş yavaş değişmeye başlar. Yolculuğunun başında hocasının görüşlerini paylaşıyor olsa da kitabın sonunda deneyimleri onu her türlü felsefeye karşı şüpheci kılmıştır ve yaşamdaki sorunlara daha pratik çözümler aramaya karar verir.

Candide ve Cunegonde sonunda kavuşurlar, küçük bir çiftlikte Pangloss ve kitaptaki birkaç karakterle birlikte yaşamaya başlarlar. Kitaptaki karakterlerden biri olan Martin, hayatı çekilir hale getirmenin tek yolunun, felsefeyi bırakıp çalışmaya başlamak olduğunu düşünür. İlk kez el ele verirler ve herkes en iyi olduğu işi yapmaya başlar. Pangloss, başlarına gelen her kötülüğün onları bu mutlu sonuca götüren kaçınılmaz bir gereklilik olduğunu iddia etmeye başladığında, Candide, tüm bunlar çok iyi, tamam, ama "bahçemizi ekmemiz gerek" der. Hikâyenin son sözleridir bunlar ve okuyucuya güçlü bir mesaj vermeyi amaçlarlar. İfade, kitabın kıssadan hissesi, uzun şakanın esprili son cümlesidir. Bir anlamda Candide basitçe bahçenin ekilmesi ve bir şeylerle meşgul olunması gerektiğini dile getirir. Daha derin bir düzeyde ise bahçeyi ekmek, Voltaire'in sadece soyut felsefi sorunlar hakkında konuşmak yerine insanlığa yararlı bir şeyler yapmak için kullandığı benzetmedir. Kitaptaki karakterlerin mutlu olmak ve kendilerini geliştirmek için yapması gereken budur. Voltaire, bunun sadece Candide'in ve arkadaşlarının değil, hepimizin yapması gereken şey olduğunu da ima eder.

Voltaire filozoflar arasında pek rastlanmayan bir özelliğe sahipti, zengindi. Gençken parçası olduğu ortak bir girişim, devlet piyangosunda bir açık bulmuştu ve Voltaire kazanan numaraya sahip binlerce bilet satın almıştı. Sonrasında akıllıca yatırımlar yaparak daha da zenginleşti. Bu ona inandığı davaları savunabilmek için ekonomik özgürlük kazandırdı. Adaletsizliğe karşı savaşmak en büyük tutkusuydu. Yaptığı en etkileyici şeylerden biri de Jean Calas'ın itibarını savunmaktı. Jean Calas, kendi öz oğlunu öldürdüğü suçlamasıyla işkence görmüş, sonunda da infaz edilmişti. Calas tamamen masumdu: Oğlu intihar etmişti, ancak mahkeme kanıtları görmezden gelmişti. Voltaire mahkeme kararının geri alınması için uğraştı. Ne var ki, son nefesine kadar masum olduğunu söyleyen zavallı Jean Calas için artık teselli şansı yoktu, ama en azından "suç ortakları" serbest bırakıldı. Voltaire için "bahçemizi ekmek," uygulamada işte bu anlama geliyordu.

Voltaire'in, Pangloss'un Tanrı'nın mümkün dünyaların en iyisini yarattığı yönündeki "kanıt"ıyla dalga geçmesinden, *Candide*'in yazarının bir ateist olduğunu varsayabilirsiniz. Örgütlü bir din için vakti olmasa da aslında bir deistti. Tanrı'nın varlığına ve tasarımına dair görünür kanıtların doğada bulunduğunu düşünüyordu. Ona göre gece gökyüzüne bakmak bile bir Yaratıcının varlığını kanıtlayabilirdi. David Hume, bu fikre kuşkuyla yaklaştı. Bu tarz akıl yürütmelere karşı eleştirileri yıkıcıydı.

17. BÖLÜM

Hayali Saatçi
DAVID HUME

Aynada gözlerinizden birine bakın. Görüntüye odaklanan bir merceği, değişen ışığa uyum sağlayan bir irisi, onu koruyan göz kapakları ve kirpikleri vardır. Yan tarafa bakarsanız, göz yuvarınız göz çukurunda dönüyormuş gibi görünür. Bu görüntü oldukça güzeldir aynı zamanda. Peki bütün bunlar nasıl gerçekleşir? Gözlerimiz birer mühendislik harikasıdır. Bir göz şans eseri böyle olmuş olabilir mi?

Issız bir adada düşe kalka ilerleyip bir açıklığa geldiğinizi hayal edin. Bir sarayın yıkık duvarlarından, merdivenlerinden, yollarından ve avlularının arasından geçiyorsunuz. Tüm bu gördüklerinizin oraya öylece gelmediklerini biliyorsunuz. Biri bunları tasarlamış olmalı, bir tür mimar. Yolda yürürken bir saat bulursanız, onu bir saatçinin yaptığını, bir amacı olduğunu (saati söylemek) düşünürsünüz. Saatin küçük çarkları kendi kendilerine bir araya gelmemiştir. Biri tüm bunları düşünmüş olmalı. Bütün bu örnekler aynı şeyi söyler: Tasarlanmış gibi görünen nesneler neredeyse kesinlikle tasarlanmıştır.

Peki, biraz da doğayı düşünün: Ağaçları, çiçekleri, memelileri, kuşları, böcekleri, sürüngenleri ve hatta amipleri. Onlar da tasarlanmış gibi görünür... Elbette, canlı varlıkların mekanizması bir saatinkinden çok daha karmaşıktır. Memeliler oldukça karmaşık sinir sistemlerine, kan dolaşımına sahiptir ve genellikle yaşadıkları yere kusursuz bir uyum sağlamışlardır. İnanılmaz derecede güçlü ve zeki bir Yaratıcı tarafından yaratılmış olmalılardır. Bu yaratıcı –Kutsal Saatçi veya Mimar– Tanrı olmalıdır. David Hume'un eserlerini kaleme aldığı on sekizinci yüzyılda birçok kişi bu düşünceyi paylaşıyordu, günümüzde de böyle düşünen pek çok kişi vardır.

Tanrı'nın varlığını kanıtlamaya yönelik bu argüman sıklıkla Tasarım Argümanı olarak bilinir. On yedinci ve on sekizinci yüzyılda yeni bilimsel buluşlar da bu düşünceyi destekler görünüyordu. Mikroskoplar küçük su canlılarının karmaşık yapısını açığa seriyor, teleskoplar güneş sisteminin ve samanyolunun ne kadar güzel ve düzenli olduğunu gösteriyordu. Bunlar da büyük bir titizlikle bir araya getirilmiş görünüyordu.

Bu argüman İskoç filozof David Hume'u (1711-76) ikna etmemişti. Locke'un etkisiyle bilgiyi nasıl edindiğimizi ve akıl yoluyla öğrenebileceklerimizin sınırlarını düşünerek insanlığın doğasını ve evrendeki yerimizi açıklamaya çalıştı. Locke gibi, bilgimizin gözlemden ve deneyimden geldiğine inanıyordu. Bunun için dünyanın bazı niteliklerini gözlemleyerek Tanrı'nın varlığını kanıtlamaya çalışan argümanın üzerinde durdu.

Hume Tasarım Argümanının yanlış mantığa dayandığını söylüyordu. *İnsanın Anlama Yetisi Üzerine Bir Soruşturma* (1748) adlı eserinde, Tanrı'nın varlığını bu şekilde ispatlayabileceğimiz fikrine karşı çıkan bir bölüm vardı. Bu bölüm ve mucizelere dair görgü şahitlerinin aktardıklarına inanmanın mantıklı olmadığı argümanı, son derece tartışmalıydı. O zamanlar Britanya'da dini inançlara karşı açıkça konuşmak zordu. Tam da bu sebeple, Hume kendi döneminin en büyük düşünürlerinden biri olmasına rağmen hiçbir zaman üniversitelerde bir iş sahibi olamadı. Tanrı'nın varlığına dair bildik argümanlara sert bir saldırıda bulunduğu *Doğal Din Üzerine Diyaloglar*'ı (1779) ölümüne kadar yayımlatmamasını söyleyen dostları ona doğru tavsiyede bulunmuştu.

Tasarım Argümanı, Tanrı'nın varlığını kanıtlar mı? Hume kanıtlamadığını düşünüyordu. Bu argüman her şeyi bilen, her şeye gücü yeten ve mutlak iyi bir varlığın olması gerektiğine dair yeterli kanıt içermiyordu. Hume'un felsefesinin büyük bir kısmı, inançlarımıza desteklemek için verebileceğimiz türden kanıtlara odaklanıyordu. Tasarım Argümanı, dünyanın tasarlanmış gibi görünmesine dayanır. Hume, ise sırf tasarlanmış gibi görünüyor olması gerçekten tasarlanmış olmasını ya da tasarlayıcının Tanrı olmasını gerektirmez, diyordu. Peki, Hume bu sonuca nasıl ulaştı?

Bir bölümü bir perdenin arkasında gizli, eski tarz bir terazi düşünün. İki kefesinden yalnızca birini görebiliyorsunuz. Bu kefenin yükseldiğini görürseniz, tek bilebileceğiniz diğer kefedeki nesnenin daha ağır olduğudur. Göremediğiniz kefedeki nesnenin rengini bilemezsiniz, biçiminin küp mü ya da yuvarlak mı olduğunu, üzerinde bir şey yazıp yazmadığını ya da kürk gibi bir şeyle kaplı olup olmadığını söyleyemezsiniz.

Bu örnekte nedenleri ve sonuçları düşünürüz. "Kefenin yükselmesinin *neden*i nedir?" sorusuna verebileceğiniz tek cevap, "*neden*i, diğer kefedeki daha ağır olan şey"dir. *Neden*i gördüğünüz *sonuç*tan (kefenin yükselmesi) çıkarmaya çalışırsınız. Ancak daha fazla kanıt olmadan, başka bir şey söyleyemezsiniz. Söyleyeceğiniz her şey tahminden ibaret olacaktır ve perdenin arkasına bakmadığınız sürece tahmininizin doğru mu yanlış mı olduğunu bilmenizin yolu yoktur. Hume, etrafımızı saran dünyayla benzer bir durumda olduğumuzu düşünüyordu. Çeşitli nedenlerin sonuçlarını görürüz ve bu sonuçların gerçeğe en uygun açıklamasını bulmaya çabalarız. Bir göz, bir ağaç, bir dağ görürüz ve bunlar tasarlanmış gibi görünebilir pekâlâ. Ama olası tasarımcı hakkında ne söyleyebiliriz? Göz, en iyi nasıl çalışacağı düşünülerek yapılmış gibidir. Ancak bundan, gözü yapanın Tanrı olduğu sonucunu çıkaramayız. Peki neden?

Tanrı, genellikle, daha önce sözünü ettiğimiz üç özel gücü elinde tutan varlık olarak düşünülür: Her şeyi bilen, her şeye gücü yeten ve mutlak iyi. Gözlerimizin çok güçlü bir varlık tarafından yapıldığı sonucuna ulaşsak bile, bunu yapanın her şeye gücünün yeteceğine dair kanıt gösteremezsiniz. Ayrıca gözün de bazı kusurları vardır. Gözler bazen görmekte zorlanır ve birçok kişi bu yüzden gözlük takar. O zaman her şeyi bilen, her şeye gücü yeten, mutlak iyi Tanrı gözlerimizi bu şekilde tasarlamış olabilir mi? Belki de. Ama bir göze baktığımızda elde ettiğimiz kanıt bunu *göstermez*. En iyi ihtimalle, gözlerimizi çok zeki, çok güçlü ve becerikli bir varlığın yaptığını gösterir.

Hatta bunu bile göstermeyebilir. Başka olası açıklamalar da vardır. Gözlerimizin birlikte çalışan alt kademe tanrılardan oluşan bir ekip tarafından tasarlanmadığını nereden biliyoruz? En karmaşık makineleri ekip halinde çalışan insanlar yaparken, aynı durum neden göz ve diğer doğal nesneler için de –onların oluşturulduğunu varsayarak– geçerli olmasın ki? Pek çok bina profesyonel bir inşaat ekibi tarafından inşa ediliyor, bir göz neden farklı olsun? Belki de gözlerimizi şimdiye kadar çoktan ölmüş çok yaşlı bir tanrı yapmıştır. Belki de hâlâ kusursuz gözler tasarlamayı öğrenmeye çalışan çok genç bir tanrı tarafından tasarlandılar. Bu seçeneklerden birine karar vermek için kanıtımız olmadığından, sadece göze bakarak –belli ki tasarlanmış bir nesnedir– onun geleneksel güçlere sahip tek bir yaşayan Tanrı tarafından yapıldığından emin olamayız. Hume, bu konuda sağlıklı düşünmeye başladığınız takdirde ulaşabileceğiniz sonuçların oldukça sınırlı olduğunu söyler.

Hume'un saldırdığı bir diğer argüman, mucizelerden yola çıkan argümandır. Birçok din, mucizelerin olduğunu iddia eder. Ölüler dirilir, insanlar suyun üzerinde yürür, ölümcül hastalıklardan kurtulur; heykeller konuşur ya da ağlar, liste böyle uzayıp gider. Peki, sırf diğer insanlar bunu kabul ediyor diye biz de mucizelerin gerçekleştiğine inanmalı mıyız? Hume, inanmanız gerekmediğini söyler, bu konuya derin bir şüpheyle yaklaşırdı. Eğer biri, size, bir adamın mucizevi bir şekilde ölümcül bir hastalıktan kurtulduğunu söylerse, bu ne anlama gelir? Hume'a göre bir şeyin mucize sayılabilmesi için, bir doğa yasasına karşı gelmesi gerekirdi. Bir doğa yasası, "kimse öldükten sonra dirilmez," "heykeller asla konuşmaz" ya da "kimse su üzerinde yürüyemez" gibi bir şeydir. Bu yasaların geçerli olduğuna dair bol miktarda kanıt vardır. Ama bir insan mucizeye tanık olmuşsa, neden ona inanmamalıyız? Bir arkadaşınız koşarak odaya girseydi ve az önce suda yürüyen birini görmüş olduğunu söyleseydi, ona ne derdiniz?

Hume'a göre ne olduğuna dair her zaman daha mantıklı bir açıklama vardır. Eğer arkadaşınız size suda yürüyen birini gördüğünü söylüyorsa, sizi aldatıyor ya da yanılıyor olması gerçek bir mucizeye tanık olmuş olmasından daha büyük bir ihtimaldir. Bazı insanların ilgi merkezi olmayı sevdiklerini, bunun için de yalan söyleyebileceklerini biliriz. Bu, olası açıklamalardan biridir. Öte yandan herkes hata yapabilir. Çoğu zaman gördüklerimiz ve işittiklerimiz konusunda yanılırız. Gözümüzün önündeki açıklamadan kaçınıp olağanüstü bir şey gördüğümüze inanmak isteriz. Bugün bile geç vakitte işittikleri her açıklanamayan sesi fare ya da rüzgâr gibi sıradan sebepler yerine doğaüstü bir etkinliğe bağlayan, ortalıkta hayaletler gezindiğini düşünen pek çok insan vardır.

Dini inançları olan insanların kullandığı argümanları sürekli eleştirse de Hume hiçbir zaman açıkça ateist olduğunu söylemedi. Belki de değildi. Yayımlanmış görüşleri, evrendeki her şeyin ardında ilahi bir zekâ olduğu, ancak bu ilahi zekânın nitelikleri hakkında fazla bir şey söyleyemeyeceğimiz şeklinde okunabilir. Mantıklı bir akıl yürütme, bize bu "Tanrı'nın" sahip olması gereken nitelikler hakkında fazla bilgi vermez. Bazı filozoflar buna dayanarak Hume'un agnostik olduğunu düşünürler. Ancak o zamana kadar değilse bile, büyük ihtimalle hayatının sonuna doğru tam bir ateist olmuştu. 1776 yazında arkadaşları onu Edinburgh'da ziyarete geldiklerinde, Hume ölüm döşeğindeyken dine dönmeyeceğini açıkça belli etmişti. Tam tersine. Bir Hıristiyan olan James Boswell, ona, ölümden sonra olacaklar konusunda endişeli olup olmadığını sorduğunda Hume ona öldükten sonra bir hayatı olmayacağından emin olduğunu söylemişti. Ona, Epikuros'un verebileceği türden bir cevap verdi (bkz. 4. Bölüm). Doğmadan önce var olmadığı zaman konusunda nasıl endişelenmiyorsa, ölümden sonra ne olacağı konusunda da endişelenmiyordu.

Hume'un pek çok parlak çağdaşı vardı ve o neredeyse hepsini kişisel olarak tanıyordu. Onlardan biri de siyaset felsefesi alanını önemli ölçüde etkileyen Jean-Jacques Rousseau'ydu.

18. BÖLÜM

Özgür Doğmak
JEAN-JACQUES ROUSSEAU

1766 yılında uzun kürk manto giymiş küçük siyah gözlü bir adam Londra'daki Drury Lane Tiyatrosu'nda bir oyun izlemeye gitti. Kral III. George'un da aralarında olduğu seyircilerin çoğu sahnedeki oyundan çok bu yabancı ziyaretçiyle ilgileniyorlardı. Oysa *o*, odasında kilitli bırakmak zorunda kaldığı Alsas çoban köpeği yüzünden rahatsız ve endişeli görünüyordu. Bu adam, tiyatroda gördüğü türde bir ilgiden keyif almıyordu, kırlarda tek başına yabani çiçekleri aramak onu daha çok mutlu ederdi. Peki kimdi bu adam? Neden herkes onu böylesine ilginç buluyordu? Cevabı bu adamın büyük İsviçreli düşünür ve yazar Jean-Jacques Rousseau (1712-78) olmasıydı. Edebiyat ve felsefe alanında şöhretli Rousseau, David Hume'un davetiyle gittiği Londra'da günümüzde ünlü bir popstarın yaratacağı türden bir heyecan yaratıp kalabalıkları toplamıştı.

Katolik kilisesi o güne kadar Rouesseau'nun birkaç kitabını uygunsuz dini fikirler içerdiği gerekçesiyle yasaklamıştı. Rousseau, hakiki dinin kalpten geldiğine ve dini törenlere ihtiyaç duymadığına inanıyordu. Ama asıl başını derde sokan şey siyasi fikirleri oldu.

Toplum Sözleşmesi başlıklı kitabının başında, "insan özgür doğar, oysa her yerde zincire vurulmuştur" der. Devrimcilerin bu sözleri yürekten öğrenmeleri şaşırtıcı değildir. Fransız ihtilalinin pek çok lideri gibi Maximilien Robespierre de bu sözleri ilham verici bulmuştur. Devrimciler, fakirleri zenginlerin vurduğu zincirden kurtarmak istiyordu. Fakirler açlık çekerken, zengin efendileri lüks bir hayatın keyfini sürüyordu. Rousseau gibi devrimciler de, fakirler zar zor yiyecek bulabilirken, zenginlerin bu davranışı karşısında öfke duyuyordu. Eşitlik ve kardeşlikle birlikte hakiki özgürlük istiyorlardı. Gerçi on yıl önce ölen Rousseau'nun, "terör devri"nde düşmanlarını giyotine gönderen Robespierre'i onaylaması düşük bir ihtimaldi. Muhaliflerin kafasını kesmek, Rousseau'nunkindense

Machiavelli'nin düşünce şekline ruhen daha yakındı.

Rousseau'ya göre insan, doğası gereği iyidir. Bir ormanda kendi başımızın çaresine bakarak yaşasaydık, pek çok soruna sebep olmayacaktık. Fakat bu doğa durumundan çıkıp şehirlere yerleştiğimizde işler ters gitmeye başladı. Diğer insanlar üzerinde hâkimiyet kurmaya çalışmayı ve diğer insanların dikkatini çekmeyi saplantı haline getirdik. Hayata karşı bu rekabetçi yaklaşımın korkunç psikolojik etkileri oldu ve paranın icadı her şeyi daha da kötüleştirdi. Şehirlerde birlikte yaşamanın sonucunda kıskançlık ve açgözlülük ortaya çıktı. Yabani yaşamda, "soylu vahşi" bireyler sağlıklı, güçlü ve her şeyden önemlisi özgürdü ama uygarlık insanı kirletiyordu. Buna rağmen Rousseau, toplumu düzenlemek için daha iyi bir yol bulduğu konusunda iyimserdi; bu bireylerin gelişimine ve kendilerini eksiksiz bir biçimde gerçekleştirmelerine imkân tanıyan, herkesin ortak yarar için uyum içinde çalışacağı bir yoldu.

Toplum Sözleşmesi'nde (1762) ortaya koyduğu sorun, insanların, devletin yasalarına itaat ederken aynı zamanda birlikte toplumun dışında oldukları kadar özgür yaşamalarının bir yolunu bulmaktı. Bunun başarılması imkânsız gelebilir, muhtemelen öyledir de. Toplumun parçası olmanın bedeli bir çeşit kölelikse, bu ödenmesi gereken çok yüksek bir bedel olurdu. Özgürlük ile toplum tarafından dayatılan katı kurallar birbiriyle çakışır; kurallar, kimi eylemleri engelleyen zincirler haline gelebilir. Gelgelelim Rousseau bir çıkış yolu olduğuna inanıyordu. Onun çözümü, "Genel İrade" fikrine dayanıyordu.

Genel İrade, bütün topluluk ve bütün devlet için en iyi olan şeydir. İnsanlar korunma için birlikte yaşamayı seçtiğinde, görünüşe göre özgürlüklerinin çoğundan da vazgeçmeleri gerekir. Hobbes ve Locke da aynı şekilde düşünmüştü. Geniş bir topluluk içinde yaşarken gerçekten nasıl özgür kalabileceğinizi anlamak güçtür. İnsanları kontrol edecek yasalar, davranışlarını sınırlayacak kurallar olmak zorundadır. Ancak Rousseau, bir devlet içinde yaşayan bireyin, hem özgür olabileceğine *hem de* devletin yasalarına itaat edebileceğine inanır ve bu özgürlük ve itaat düşüncelerinin, karşıtlık içinde olmak yerine birleştirilebileceğini düşünür.

Rousseau'nun Genel İradeyle neyi kastettiği kolayca yanlış anlaşılabilir. Modern bir örnek verelim: İnsanların çoğu, sorulduğunda düşük vergi ödemeyi tercih ettiklerini söyler. Aslında bu, hükümetlerin seçilmek için kullandıkları bildik bir yoldur: Vergi oranını düşürme vaadi yeterlidir. İnsanlara, gelirlerinin yüzde yirmisini vergi olarak vermekle yüzde beşini vergi olarak vermek arasında bir seçim yapma şansı verilirse, pek çok kişi düşük oranda vergi vermeyi tercih edecektir. Ne var ki Genel İrade bu değildir. Sorulduğunda herkesin ne istediğini söylemesi, Rousseau'nun Herkesin İradesi olarak adlandıracağı şeydir. Bunun tersine Genel İrade, toplum içinde bencilce düşünen her kişi için değil, tüm toplum için iyi olan, herkesin istemek *zorunda* olduğu şeydir. Genel İradenin ne olduğunu anlamaya çalışırken kendi çıkarımızı göz ardı etmemiz ve bütün toplumun iyiliğine, ortak iyiliğe odaklanmamız gerekir. Eğer yol bakımı gibi birçok hizmet için vergi ödenmesine ihtiyaç duyulduğunu kabul edersek, vergilerin bunu mümkün kılmak için yeterince yüksek olması bütün topluluk için iyidir. Eğer çok düşük olursa, tüm toplum zarar görür. Bu durum için Genel İrade şudur: Vergiler, iyi seviyede hizmet sağlamaya yetecek yükseklikte olmalıdır.

İnsanlar bir araya gelip bir toplum oluşturduklarında, bir tür kişi haline gelirler. O zaman her birey, daha büyük bir bütünün parçası olur. Rousseau'ya göre insanların toplum içinde hakiki anlamda özgür kalabilmesinin yolu, Genel İradeyle aynı çizgide olan yasalara itaat etmekten geçer. Bu yasalar, zeki bir yasa koyucu tarafından oluşturulmuştur. Bu kişinin işi, bireylerin ötekinin zararına kendi bencil çıkarlarını kovalamalarından ziyade, onları Genel İradeyle aynı çizgide tutmaya yardımcı olacak bir yasal sistem yaratmaktı. Rousseau için hakiki özgürlük, topluluk çıkarının gereğini yapan bir grubun parçası olmaktır. Dilekleriniz herkes için en iyi olanla örtüşmelidir ve yasalar bencilce davranmaktan kaçınmanıza yardım etmelidir.

Peki, şehir-devletiniz için en iyisi olacak şeye itiraz ederseniz? Bir birey olarak, Genel İradeye uymak istemeyebilirsiniz. Rousseau'nun buna bir cevabı vardır. Ne var ki bu çoğu insanın duymak istemeyeceği türden bir cevaptır. Meşhur ve oldukça endişe verici açıklamasında, bir yasaya itaat etmenin toplumun çıkarına olduğunu kavrayamayan kişi "özgür olmaya zorlanmalı"dır, der. Özgürce seçim yaptığını hissederken gerçekte toplumun çıkarına olan bir şeye itiraz eden kişinin, Genel İradeye uyup onu doğrulamadığı sürece gerçek anlamda özgür olamayacağını söylüyordu. Birini özgür olmaya nasıl *zorlayabilirsiniz*? Sizi bu kitabın geri kalanını okumaya zorlasaydım, özgür bir seçim yapmış olmazdınız değil mi? Hiç kuşkusuz, birini bir şey yapmaya zorlamak, özgür bir seçim yapmasına izin vermenin karşıtıdır.

Gelgelelim, Rousseau için bu bir çelişki değildi. Yapacağı doğru şeyi belirleyemeyen bir kişi, uyum sağlamaya zorlanmak suretiyle daha özgür hale gelirdi. Toplumdaki herkes bu daha büyük grubun parçası olduğundan dolayı, kendi bencil bireysel seçimlerimize göre değil, Genel İradeye göre hareket etmemiz gerektiğini kabul etmemiz zorunludur. Bu görüşe göre Genel İradeyi kabul etmeye zorlansak bile ancak ona uyduğumuzda hakiki anlamda özgür oluruz. Bu Rousseau'nun inancıdır, ancak John Stuart Mill'in de (24. Bölüm) dahil olduğu sonraki pek çok düşünür siyasi özgürlüğün, bireyin mümkün olduğunca kendi seçimlerini yapma özgürlüğü olması gerektiğini savundu. İnsanlığın zincire vurulmuş olduğundan şikâyet eden ve birini bir şey yapmaya zorlamanın başka türde bir özgürlük olduğunu ima eden Rousseau'nun düşünceleri bir parça tekinsizdir gerçekten de.

Rousseau hayatının çoğunu, zulümden kaçmak için bir ülkeden diğerine seyahat ederek geçirmişti. Onun tersine Immanuel Kant, doğduğu kentten hemen hemen hiç ayrılmadı, buna rağmen düşüncelerinin etkisi tüm Avrupa'da hissedildi.

19. BÖLÜM

Pembe Çerçeveli Gerçeklik
IMMANUEL KANT (1)

Eğer pembe çerçeveli gözlükler takıyorsanız, görsel deneyiminizin her yönü renklenecektir. Onları takıyor olduğunuzu unutabilirsiniz, ama onlar hâlâ gördüklerinizi etkilemeye devam eder. Immanuel Kant (1724-1804), hepimizin dünyayı bunun gibi bir filtreden geçirerek anladığına ve böyle yaşadığına inanıyordu. Filtre, insan zihnidir. Her şeyi nasıl deneyimleyeceğimizi belirler ve o deneyime belirli bir şekil yükler. Algıladığımız her şey zaman ve mekân içinde gerçekleşir ve her değişimin bir nedeni vardır. Ancak Kant'a göre bunun sebebi, gerçekliğin nihai halinin böyle olması değildir:

Bu zihinlerimizin bir katkısıdır. Dünyanın olduğu biçimine doğrudan erişimimiz yoktur. Gözlükleri çıkartıp şeyleri gerçekte oldukları gibi göremeyiz. Bu filtreye bağlıyız ve onsuz herhangi bir şeyi deneyimlemek tamamıyla olanaksız olurdu. Tek yapabileceğimiz, onun orada olduğunun farkına varmak ve deneyimlediğimiz şeyi nasıl etkilediğini ve renklendirdiğini anlamaktır.

Kant'ın zihni oldukça düzenli ve mantıklıydı. Hayatı da öyleydi. Hiç evlenmedi ve her gününü katı bir düzene göre yaşadı. Hiç vakit kaybetmemek için uşağından onu sabah beşte uyandırmasını istemişti. Uyandıktan sonra biraz çay içer, bir pipo tüttürür ve işe koyulurdu. Oldukça üretken biriydi ve hayatı boyunca çok sayıda kitap ve makale yazdı. Daha sonra üniversitede ders verirdi. Öğleden sonra 16.30'da –her gün tamı tamına aynı saatte– yürüyüşe çıkar, caddeyi bir baştan bir başa tam sekiz kez turlardı. Öyle ki, evinin olduğu Königsberg (bugünkü Kaliningrad) kasabasının sakinleri, saatlerini onun yürüyüş zamanına göre ayarlarlardı.

Çoğu filozof gibi o da zamanını gerçeklikle ilişkimizi anlamaya çalışmakla geçirdi. Bu, özünde metafiziğin konusudur. Kant da gelmiş geçmiş en büyük metafizikçilerden biriydi. Özellikle düşüncenin sınırlarıyla, bilebileceğimiz ve anlayabileceğimiz şeylerin sınırlarıyla ilgileniyordu. Bu onun için bir saplantıydı. En ünlü kitabı *Saf Aklın Eleştirisi*'nde (1781), bu sınırları mantıksal olanın sınırlarını zorlayarak keşfetti. Bu kitabı okuması oldukça zordu: Kant'ın kendisi de kitabı kuru ve muğlak olarak tanımlıyordu, haklıydı da. Pek az insan kitabın tamamını anladığını iddia edebilir. Eserdeki akıl yürütmenin çoğu karmaşık ve ağır bir jargona sahiptir. Onu okumak, nereye gittiğinizi kestiremediğiniz ve gün ışığını nadiren gördüğünüz bir sözcük ormanında ilerlemeye benzer. Yine de ana argüman yeterince açıktır.

Gerçeklik neye benzer? Kant, şeylerin nasıl olduğuna yönelik eksiksiz bir resme hiçbir zaman sahip olamayacağımızı düşünmüştür. Kant'ın *noumena* dünyası dediği, görünüşlerin ardındaki şey (o her neyse) hakkında asla doğrudan bir şeyi öğrenemeyeceğiz. Bazen "noumenon" (tekil) sözcüğünü ve bazen de "noumena" (çoğul) sözcüğünü kullansa da bunu yapmamalıydı (Bu, Hegel'in de vurguladığı bir noktaydı. Bkz. 22. Bölüm): Gerçekliğin tek mi, yoksa çoğul mu olduğunu bilemeyiz. Açıkçası, bu noumenal dünya hakkında hiç ama hiçbir şey bilemeyiz; en azından, onun hakkında doğrudan bir bilgi edinemeyiz. Öte yandan çevremizdeki, duyularımız aracılığıyla deneyimlediğimiz dünyayı, *fenomenler* dünyasını *bilebiliriz*. Pencereden dışarı bakın. Görebileceğiniz fenomenler dünyasıdır – çimenler, arabalar, gökyüzü, binalar vesaire. Noumenal dünyayı değil, yalnızca fenomenler dünyasını görebilirsiniz; ancak noumenal dünya, tüm deneyimimizin arkasında gizlenmektedir. O, daha derin bir seviyede var olandır.

O halde, var olanın bazı yönleri daima kavrayışımızın ötesinde olacaktır. Yine de gayretli düşünmeyle, saf anlamda bilimsel yaklaşımdan elde edebileceğimizden daha çok şey anlayabiliriz. *Saf Aklın Eleştirisi*'nde Kant'ın kendi önüne koyduğu ana soru şuydu: "Sentetik a priori bilgi nasıl mümkündür?" Bu soru muhtemelen sizin için hiçbir anlam ifade etmiyordur. Kısaca açıklayacağım. Ana fikir, ilk bakışta göründüğü kadar zor değildir. Açıklanacak ilk sözcük "sentetik"tir. Kant'ın felsefi dilinde "sentetik," "analitik"in karşıtıdır. "Analitik," tanımı gereği doğru anlamına gelir. Dolayısıyla sözgelimi "tüm adamlar erkektir" ifadesi tanımı gereği doğrudur. Bunun anlamı, bu cümlenin doğru olduğunu gerçek adamlar hakkında herhangi bir gözlem yapmadan bilebilmenizdir. Hepsinin erkek olduğunu kontrol etmeye ihtiyacınız yoktur, zira erkek olmasalardı, adam olmazlardı. Bu sonuca varmak için hiçbir saha araştırmasına gerek yoktur, bunu koltukta oturduğunuz yerden çıkarabilirsiniz. "Adamlar" sözcüğü, erkek fikrini içerir. Bu durum, "tüm memeliler yavrusunu emzirir" cümlesine benzer. Yine memelilerin yavrularını emzirdiklerini bilmek için –bu, memeli tanımının bir parçası olduğundan– herhangi bir memeliyi incelemeniz gerekmez. Memeliye benzeyen ancak yavrusunu emzirmeyen bir şey bulduysanız, onun bir memeli olamayacağını bilirdiniz. Analitik ifadeler gerçekte sadece tanımlar hakkındadır, bu yüzden bize yeni bilgi vermezler. Onlar bir sözcüğü tanımladığımız halinde var olduğunu farz ettiğimiz şeyi açıklar.

Sentetik bilgi ise, tam tersine, deneyim ve gözlem gerektirir ve bize yeni bilgi verir. Bu, kullandığımız sembollerin veya sözcüklerin anlamında basitçe içerilmeyen bir şeydir. Örneğin limonların ekşi bir tadı olduğunu biliriz; ne var ki bunu ancak onları tattıktan sonra (ya da birisi, limon tatma deneyimini bizimle paylaştığı için) biliriz. Limonların ekşi bir tadı olduğu, tanımı gereği doğru değildir. Bu, deneyim aracılığıyla öğrenilen bir şeydir. Başka bir sentetik ifade, "tüm kediler kuyrukludur" şeklinde olabilir. Bu da, doğru olup olmadığını keşfetmek için araştırmanız gereken bir şeydir. Bakana ve görene kadar bir şey diyemezsiniz. Aslına bakarsanız bazı kediler, Manx kedileri, kuyruklu değildir. Bazı kediler kuyruklarını kaybetmiş olsalar da hâlâ kedidir. O halde tüm kedilerin kuyruklu olup olmadığı sorusu dünyayla ilgili bir olgu meselesidir. "Kedi"nin tanımıyla ilgili değildir. Söz konusu ifade, meselenin sadece tanım olduğu ve bu yüzden de analitik bir ifade olan "tüm kediler memelidir" cümlesinden bir hayli farklıdır.

Öyleyse sentetik apriori bilginin yeri neresidir? A priori bilgi gördüğümüz gibi deneyimden bağımsız bilgidir. Onu deneyimin *öncesinde*, yani deneyimini yaşamadan *önce* biliriz. On yedinci ve on sekizinci yüzyıllarda, herhangi bir şeyi bütünüyle a priori bilip bilmediğimiz hakkında bir tartışma vardı. Kabaca söylemek gerekirse, (Locke gibi) empiristler bilmediğimizi düşünürken, (Descartes gibi) rasyonalistler bildiğimizi düşünüyordu. Locke doğuştan bilginin olmadığını ve bir çocuğun zihninin boş bir levha olduğunu ifade ettiğinde a priori bilginin olmadığını öne sürüyordu. Bu, insana "a priori" ile "analitik"in aynı anlama geldiği izlenimini verir (ki bazı filozoflar için bu terimler birbirinin yerine kullanılabilirdi). Ama Kant için böyle değildi. O, dünyaya dair hakikati açığa çıkaran, bununla birlikte deneyimden bağımsız olarak ulaşılan bilginin mümkün olduğunu düşünüyordu. İşte bu yüzden, bu durumu tanımlamak için özel bir kategoriyi sentetik a priori bilgiyi öne sürdü. Sentetik a priori bilgiye ilişkin Kant'ın kendisinin de kullandığı bir örnek, 7+5=12 eşitliğiydi. Birçok filozofun, bu türden doğruların analitik, matematiksel sembollerin tanımıyla ilgili bir mesele olduğunu düşünmesine karşın, Kant 7+5'in 12'ye eşit olduğunu a priori olarak bilebileceğimize inandı (dünyadaki nesnelere ya da gözlemlere karşı bunu sınamaya ihtiyaç duymayız). Aynı zamanda yeni bir bilgi de verir, yani sentetik bir ifadedir.

Eğer Kant haklıysa, bu bir devrimdir. Ondan önce gerçekliğin doğasını araştıran filozoflar, gerçekliği basitçe, deneyimimize neden olan kavrayamayacağımız bir şey olarak ele aldılar. O zamanki zorluk, hakkında salt tahminden öte anlamlı bir şey söylemek için söz konusu gerçekliğe nasıl erişebileceğimizdi. Onun büyük içgörüsü, zihinlerimizin tüm deneyimimize renk veren özelliklerini aklın gücüyle keşfedebilecek olmamızdı. Koltukta oturup da derin derin düşünürken, gerçeklik hakkında doğru olması gereken, ancak sadece tanım gereği doğru olmayan keşifler yapabiliriz: Onlar bilgilendirici olabilirler. Kant, mantıksal argüman vasıtasıyla, dünyanın zorunlu olarak bize pembe görünmesi gerektiğini kanıtlamaya denk bir şey yaptığına inandı. Yalnızca pembe çerçeveli gözlükler taktığımızı kanıtlamadı, aynı zamanda bu gözlüklerin tüm deneyime kattığı, pembenin çeşitli tonlarıyla ilgili yeni keşifler de yaptı.

Kant gerçeklikle ilişkimize dair temel meselelere kendini tatmin eden cevapları verdikten sonra, dikkatini ahlak felsefesine yöneltti.

20. BÖLÜM

Ya Herkes Böyle Yapsaydı?
IMMANUEL KANT (2)

Kapınız vuruluyor. Yardıma ihtiyacı olduğu her halinden belli bir genç adam önünüzde dikiliyor. Yaralanmış ve kanaması var. Onu içeri alıyor, yardım ediyorsunuz, kendini rahat ve güvende hissetmesini sağlıyor, bir ambulans çağırıyorsunuz. Yapılması gerekeni yaptığınıza kuşku yok. Ancak Immanuel Kant'a göre ona yalnızca üzüldüğünüz için yardım ettiyseniz, bu, hiçbir suretle *ahlaki* bir eylem olmazdı. Acımanızın eyleminizin ahlaka uygunluğuyla ilgisi yoktur. Bu karakterinizin parçası olabilir, ancak doğru ve yanlışla hiçbir bağlantısı bulunmaz. Kant'a göre ahlak sadece *ne* yaptığınızla değil, onu *neden* yaptığınızla da ilişkilidir. Doğru davranışta bulunanlar, o davranışı sırf hissettiklerine dayanarak yapmazlar: Karar akla dayanmalıdır, nasıl hissederseniz hissedin size ödevinizin ne olduğunu söyleyen akla.

Kant ahlaka duyguların karıştırılmaması gerektiğini düşünürdü. Duygulara sahip olmamız ya da olmamamız büyük ölçüde şansa bağlıdır. Bazı insanlar merhamet ve empati duyar, bazıları duymaz. Bazıları zalimdir ve şefkat göstermekte zorlanır; bazıları paralarını ve varlıklarını bağışlayarak başkalarına yardımcı olmaktan zevk alır. Ama iyi olmak, aklını kullanan her insanın kendi seçimleri aracılığıyla ulaşması gereken bir şey olmalıdır. Kant'a göre, genç adama bunun ödeviniz olduğunu bildiğiniz için yardım ederseniz, o zaman bu ahlaki bir eylemdir. Bu doğru olan şeydir, çünkü aynı durumda kalan herkes böyle yapmalıdır.

Bu size garip gelebilir. Muhtemelen genç adama üzülen ve ona bu sebeple yardım eden birinin ahlaklı davranmış olacağını, belki de o kişiyi daha iyi biri kılan şeyin bu duyguyu hissetmesi olduğunu düşünüyorsunuz. Bu, Aristoteles'in de düşüneceği bir şeydi (bkz. 2. Bölüm). Ama Kant emindi. Eğer bir şeyi sadece nasıl hissettiğinize dayanarak yaparsanız, bu hiçbir biçimde iyi bir eylem olmaz. Genç adamı gördüğünde ona karşı tiksinti hisseden, ancak ödevi olduğu için yine de ona yardım eden birini hayal edin. Kant'ın gözünde bu kişi, şefkatle eyleme geçen birinden daha ahlaklı biri olacaktı. Bunun sebebi tiksinti duyan kişinin açıkça ödev duygusuyla hareket etmesiydi; çünkü duyguları onu ihtiyacı olan kişiye yardım etmemesi yönünde cesaretlendirerek tam tersi yönde davranmaya itecekti.

İyi Samiriyelinin hikâyesini düşünün. İyi Samiriyeli yol kenarında yatan yardıma muhtaç bir adama yardım eder. Samiriyeli dışında herkes adamın yanından geçip gider. Peki, iyi Samiriyeliyi iyi yapan nedir? Eğer Samiriyeli yardıma muhtaç adama bu davranışının kendisini cennete götüreceğini düşündüğü için yardım ettiyse, Kant'a göre bu hiçbir biçimde ahlaki bir eylem olmazdı. Bu, adamı bir şeylere ulaşmanın bir yolu, bir amaç için araç olarak kullanmak olurdu. Adama sırf merhametten yardım ettiyse, yukarıda gördüğümüz gibi bu da Kant'ın gözünde iyi olmayacaktı. Ama Samiriyeli, bunun ödevi ve benzer koşullarda herkesin yapması gereken şey olduğunu fark ettiği için adama yardım ettiyse, o zaman Kant iyi Samiriyelinin ahlaken iyi olduğunu kabul ederdi.

Kant'ın niyetle ilgili görüşünü duygularla ilgili görüşüne kıyasla kabul etmek daha kolaydır. Çoğumuz, birbirimizi yalnızca yaptığımız şeyle değil, daha çok yapmaya çabaladığımız şeyle yargılarız. Küçük çocuğunun caddeye fırlamasını engellemek için telaşla koşan bir ebeveynin size kazara çarpması halinde ne hissedeceğinizi düşünün. Bununla, biri size sırf eğlence olsun diye bilerek çarptığında hissedeceklerinizi karşılaştırın. Ebeveynin niyeti sizi incitmek değildir. Ama serserinin niyeti incitmektir. Ancak bir sonraki örneğin göstereceği gibi, iyi niyete sahip olmak, eyleminizi ahlaki kılmak için yeterli değildir.

Kapınız tekrar vuruluyor. Açıyorsunuz. Karşınızda solgun, endişeli, soluk soluğa kalmış en iyi arkadaşınız duruyor. Size, peşinde onu öldürmek isteyen birinin olduğunu söylüyor. Kovalayanın elinde bir bıçak var. Onu içeri alıyorsunuz, saklanmak için üst kata çıkıyor. Bir süre sonra kapı yeniden çalıyor. Bu seferki muhtemel katil ve çıldırmış gibi bakıyor. Arkadaşınızın nerede olduğunu bilmek istiyor. Evde mi? Dolapta mı saklanıyor? Nerede? Aslında yukarıda saklanıyor. Ama bir yalan uyduruyorsunuz. Onun parka gittiğini söylüyorsunuz. Katil olabilecek birini arkadaşınızı yanlış yerde araması için dışarıya yollamakla kesinlikle doğru şeyi yapmış olmalısınız. Muhtemelen arkadaşınızın hayatını kurtardınız. Bu ahlaki bir eylem olmak zorunda, öyle değil mi?

Kant'a göre değil. Kant –hiçbir koşulda– asla yalan söylenmemesi gerektiğini düşünüyordu. Katil olabilecek birinden arkadaşınızı korumak için bile olsa. Yalan söylemek her zaman ahlaki açıdan yanlıştır. Hiçbir istisnası yoktur. Hiçbir bahanesi yoktur. Bunun nedeni, işine geldiği durumda herkesin yalan söylemesi gerektiğini genel bir ilke yapamayacak oluşunuzdur. Söz konusu örnekte, eğer yalan söylediyseniz ve arkadaşınız da haberiniz yokken parka *gitmiş* ise, katile yardım etmekten suçlu olurdunuz. Arkadaşınızın ölmesi bir yerde sizin hatanız olurdu.

Kant'ın bizzat kullandığı bu örnek, bakış açısının ne kadar aşırı olduğunu gösterir. Doğruyu söylemede ya da herhangi bir ahlaki ödevde hiçbir istisna yoktu. Doğruyu söylemek *mutlak* bir ödev ya da Kant'ın deyişiyle, öyle yapmak hepimiz için Koşulsuz Buyruk'tur. Buyruk bir emirdir. Koşulsuz buyruklar, koşullu buyruklarla çelişir. Koşullu buyruklar, "eğer *x*'i istiyorsan, *y*'yi yap" biçimindedir. "Eğer hapse girmek istemiyorsan, çalma" ifadesi, bir koşullu buyruk örneğidir. Koşulsuz buyruklar farklıdır. Size emir verirler. Bu örnekte, koşulsuz buyruk kabaca şöyle olurdu: "Çalma!" Bu, size ödevinizin ne olduğunu bildiren bir emirdir. Kant, ahlaklılığın koşulsuz buyruklar sistemi olduğunu düşünüyordu. *Sonuçlar ve koşullar ne olursa olsun*, ahlaki ödev ahlaki ödevdir.

Kant, diğer hayvanlardan farklı olarak bizleri insan yapanın, kendi tercihlerimiz üzerine reflektif bir şekilde düşünebilmemiz olduğuna inandı. Eğer bilerek eylemde bulunamasaydık, makinelerden farksız olurduk. Bir insana "neden bunu yaptın?" diye sormak, hemen hemen her zaman anlamlıdır. Yalnızca içgüdüyle hareket etmeyiz, aynı zamanda aklımıza dayanarak hareket ederiz. Kant bunu eylemlerimizin kaynaklandığı "maksimler"le ifade ediyordu. Maksim altta yatan ilke, "neden bunu yaptın?" sorusunun cevabıdır. Kant, aslolanın eyleminizin altında yatan maksim olduğuna inanıyordu. Eylemin yalnızca evrenselleştirilebilir olan maksimlere dayanması gerektiğini iddia etti. Bir şeyin evrenselleştirilebilir olması için, o şey herkes için geçerli olmalıydı. Bu, yalnızca, sizinle aynı durumda kalan herkes için anlamlı olacak şeyi yapmanız demekti. Her zaman şu soruyu sorun: "Ya herkes böyle yapsaydı?" Kendiniz için özel bir durum yaratmayın. Kant, bunun uygulamadaki karşılığının başkalarını kullanmamak, insanlara saygı çerçevesinde, onların otonomilerini, kendileri için mantıklı kararlar alan bireyler olarak kapasitelerini hesaba katarak davranmak gerektiği olduğunu düşündü. İnsan onuruna ve bireyin değerine gösterilen bu saygı modern insan hakları teorisinin özüdür. Bu, Kant'ın ahlak felsefesine yaptığı büyük bir katkıdır.

Bir örnek üzerinden bunu anlamak daha kolaydır. Bir dükkânınız olduğunu ve meyve sattığınızı hayal edin. İnsanlar sizden alışveriş yaptığında her zaman kibarsınızdır ve para üstünü noksansız verirsiniz. Böyle davranırsınız, çünkü belki de bunun işiniz için iyi olduğunu ve insanların bu sayede dükkânınıza daha sık gelerek para harcayacaklarını düşünürsünüz. Eğer para üstünü noksansız vermenizin tek gerekçesi buysa, bu, istediğinizi elde etmek için insanları kullanmanın yollarından biridir. Kant, herkesin herkese bu şekilde yaklaşmasını mantıksal açıdan öneremeyeceğiniz için, bunun ahlaki bir davranış biçimi olmadığına inanıyordu. Ama eğer başkalarını aldatmamanın ödeviniz olduğunun farkına vardığınız için para üstünü noksansız verirseniz, o zaman bu ahlaki bir eylem olur. Ahlaki bir eylemdir, çünkü "başkalarını aldatma" maksimine dayanmaktadır. Kant'a göre bu, her duruma uyarlayabileceğimiz bir maksimdir. İnsanları aldatmak, istediğinizi elde etmek için onları kullanmanın bir yoludur. Bu ahlaki bir ilke olamaz. Eğer herkes herkesi aldatsaydı, tüm güven duygusu alaşağı olurdu. Kimse bir başkasının söylediğine inanmazdı.

Kant'ın kullandığı başka bir örneği alalım: Beş parasız kaldınız. Bankalar size borç para vermiyor, satabileceğiniz hiçbir şeyiniz yok ve eğer kiranızı ödemezseniz sokakta kalacaksınız. Çıkar bir yol buluyorsunuz. Bir arkadaşınıza gidiyor ve ondan biraz borç istiyorsunuz.

Yapamayacağınızı bilmenize rağmen ona parayı geri ödeyeceğiniz sözünü veriyorsunuz. Bu son çareniz, kiranızı ödemenin başka bir yolunu bulamıyorsunuz. Bu, kabul edilebilir olur muydu? Kant, parayı geri verme niyeti olmadan arkadaşınızdan borç almanın gayriahlaki olması *gerektiğini* ileri sürer. Akıl bize bunu gösterebilir. Herkesin ödeyemeyeceğini bilmesine rağmen başkasından borç alması ve geri ödeyeceği sözünü vermesi saçma olurdu. Bu da evrenselleştirilebilir bir maksim değildir. "Herkes böyle yapsaydı, ne olurdu?" sorusunu tekrar sorun. Eğer herkes bunun gibi tutamayacağı sözler verseydi, söz vermenin hiçbir değeri kalmazdı. Herkes için doğru değilse, sizin için de doğru değildir. Bu yüzden böyle yapmamalısınız. Yaparsanız, yanlış yapmış olursunuz.

Duygudan çok sakin bir akıl yürütmeye dayalı, doğru ile yanlış üzerine bu türden bir düşünme, Aristoteles'inkinden oldukça farklıdır (bkz. 2. Bölüm). Aristoteles için hakiki anlamda erdemli kişi ölçülü duygulara sahip kişidir, bunun sonucu olarak doğru şeyi yapar. Kant için ise duygular, birinin doğru şeyi yapıyormuş gibi görünmek yerine gerçekten doğru şeyi yaptığını görmemizi zorlaştırarak meseleyi bulanıklaştırır. Ya da bunun üzerine daha olumlu bir cila atalım: Kant, ahlakı –iyi edimler için onları güdüleyecek duygulara sahip olsunlar ya da olmasınlar– her rasyonel insan için geçerli kıldı.

Kant'ın ahlak felsefesi, bir sonraki bölümün konusu olan Jeremy Bentham'ınkiyle taban tabana zıttır. Kant, sonuçları ne olursa olsun bazı eylemlerin yanlış olduğunu savunurken, Bentham önemli olanın sonuçlar, hatta yalnızca sonuçlar olduğunu öne sürdü.

21. BÖLÜM

Kolay Yoldan Mutluluk
JEREMY BENTHAM

University College London'ı ziyaret ederseniz, Jeremy Bentham'ı (1748-1832) ya da bedeninden geriye kalanları, cam bir vitrinin içinde bulmak sizi şaşırtabilir. Dizlerinin üstünde "Benekli" adını verdiği en sevdiği bastonuyla oturmuş size bakar. Kafası balmumundandır. Gerçek kafası eskiden sergilenmiş olsa da, sonradan mumyalanmış ve tahta bir kutuya konmuştur. Bentham gerçek bedeninin –ona oto-ikon diyordu– bir heykelden çok daha iyi bir anıt olacağını düşünmüştü. Bu yüzden 1832 yılında öldüğünde, naaşıyla ne yapılacağına dair talimatlar bırakmıştı. Lenin'in bedeni mumyalanmış ve sergilenmek üzere özel bir mozoleye konmuş olsa da Bentham'ın bu fikri hiçbir zaman fazla rağbet görmedi.

Bentham'ın bunun dışındaki fikirleri daha pratikti. Örneğin daire planlı hapishane fikri, panoptikon'u ele alalım. Bu hapishaneyi, "haydutları öğütüp namuslu yapan bir makine" olarak tanımlamıştı. Ortasındaki nöbetçi kulesi, birkaç gardiyanın, izlenip izlenmediklerini bilmeyen çok sayıda mahkûmu gözetlemesine olanak veriyordu. Bu tasarım ilkesi bazı modern hapishanelerde, hatta birkaç kütüphanede de kullanılmaktadır. Bu, toplumsal reform için yapmış olduğu birçok projeden biriydi.

Bundan çok daha önemli ve etkili olanı, Bentham'ın nasıl yaşamamız gerektiğiyle ilgili teorisidir. Faydacılık veya En Büyük Mutluluk İlkesi olarak da bilinen bu düşünceye göre, yapılması doğru olan şey, en fazla mutluluğu sağlayacak şeydir. Ahlaka yönelik bu yaklaşımı öneren ilk kişi olmamasına karşın (örneğin Francis Hutcheson bunu ondan daha önce yapmıştı), Bentham bunun pratikte nasıl uygulanabileceğini ayrıntılarıyla açıklayan ilk kişiydi. İngiltere yasalarını daha büyük mutluluk getirmelerini mümkün kılacak biçimde düzenlemek istedi.

Peki mutluluk nedir? Bu kelime farklı insanlar tarafından farklı şekillerde kullanılır. Bentham'ın bu soruya cevabı oldukça netti.

Mutluluk nasıl hissettiğimizle ilgilidir. Acının yoksunluğu ve hazdır. Daha çok haz ya da acıdan daha fazla haz, daha çok mutluluk demektir. Ona göre insanoğlu basittir. Bize verilen bu hayatta acı ve haz, en büyük yol göstericilerimizdir. Keyifli deneyimlerin peşinde koşar, acı verecek şeylerden uzak dururuz. Haz kendinde iyi olan tek şeydir. İstediğimiz her şeyi bize haz vereceği ya da acıdan kaçınmamıza yardım edeceğine inandığımız için isteriz. Örneğin bir dondurmayı, sırf ona sahip olmak iyi bir şey olduğu için istemezsiniz. Dondurmanın amacı yediğinizde büyük olasılıkla size haz verecek olmasıdır. Aynı şekilde kendinizi yakmaktan da acı verici olacağı için kaçınmaya çalışırsınız.

Mutluluğu ölçmeyi nasıl beceririz? Gerçekten mutlu olduğunuz bir anı düşünün. Nasıl hissetmiştiniz? Mutluluğunuza puan verebilir misiniz? Mesela on üzerinden yedi ya da sekiz ya da on puanlık bir mutluluk muydu? Venedik'ten ayrılırken deniz taksisine bindiğim bir günü hatırlıyorum. O gün dokuz buçuk, hatta belki de on puanlık bir mutluluk hissetmiştim. Sürücü hızla ilerlerken gölden sıçrayan su damlaları yüzümü ıslatmış, eşim ve çocuklar heyecan içinde gülerken, güneş şahane bir manzaraya karşı batmıştı. Bu çeşit deneyimleri bu şekilde puanlandırmak hiç de garip değildir aslında. Bentham hazzın ölçülebileceğine, farklı hazların da aynı birimlerle, aynı ölçekte karşılaştırılabileceğine tamamen inanıyordu.

Mutluluğu ölçmek için kullandığı yönteme vermiş olduğu ad "Mutluluksal Kalkülüs"tü. İlk adım, belli bir eylemin ona ne kadar haz vereceğini bulmaktı. Hazzın ne kadar süreceğini, ne yoğunlukta olacağını, başka hazlara yol açma olasılığını hesaba katın. Eylemlerinizin neden olabileceği acının bir kısmını çıkarın. Geriye, eylemin yol açacağı mutluluk değeri kalır. Bentham bunu yararlılık manasına da gelen eylemin "faydası" olarak adlandırmıştı, çünkü ona göre bir eylem ne kadar çok haz getirirse topluma o kadar yararlıydı. Teorisinin faydacılık olarak bilinmesinin nedeni budur. Bir eylemin faydasını diğer olası eylemlerin puanlarıyla karşılaştırın ve en büyük mutluluğu getirecek olanı seçin. Oldukça kolay.

Peki haz kaynakları nelerdir? Herhalde şiir okumak gibi mutluluk veren bir şeyden haz almak, çocukça bir oyun oynamak veya dondurma yemekten daha iyidir, değil mi? Bentham'a göre değildi. Hazzın nasıl üretildiğinin önemi yoktu. Ona göre, eğer sizi eşit derecede mutlu ediyorsa, hayal kurmak bir Shakespeare oyunu izlemekle aynı değerdeydi. Bentham yaşadığı dönemin dikkat gerektirmeyen oyunlarından biri olan raptiye oyunuyla şiiri örnek olarak verir. Önemli olan tek şey alınan hazdı. Haz oranı aynıysa eylemin değeri de aynıdır: Faydacı görüşe göre, raptiye oyunu, ahlaki anlamda şiir okumak kadar değerlidir.

20. Bölümde gördüğümüz gibi Immanuel Kant, her durumda geçerli "yalan söylememe" gibi bazı ödevlerimiz olduğunu ileri sürmüştü. Gelgelelim Bentham, yaptıklarımızın doğruluğu ve yanlışlığının olası sonuçlara indirgenmesi gerektiğine inanır. Bunlar şartlara göre değişebilir. Yalan söylemek her zaman yanlış olmayabilir. Yalan söylemenin, doğru bir şey yapmak manasına geldiği zamanlar olabilir. Her şey hesaba katıldığında, eğer yalan söylemek, söylememekten daha büyük bir mutluluğa neden olacaksa, o şartlar altında ahlaken doğru bir eylem olarak kabul edilebilir. Örneğin bir arkadaşınız yeni kot pantolonunun yakışıp yakışmadığını sorarsa, Kant'ın düşüncesini takip eden birinin, arkadaşınızın hoşlanmayacağı türden bir cevap olmasına rağmen doğruyu söylemesi gerekir. Faydacı biri ise küçük bir yalan söylemenin daha büyük mutluluk getirip getirmeyeceğini hesaplayacaktır. Daha çok mutluluk getirecekse, yalan doğru cevap olacaktır.

Faydacılık on sekizinci yüzyılın sonunda ortaya atılan radikal bir teoriydi. Radikal olmasının bir nedeni de mutluluğu hesaplamada herkesin mutluluğunun eşit olmasıydı. Bentham'ın sözleriyle, "herkes bir sayılır, hiç kimse birden fazla değildir." Hiç kimse özel muamele görmemelidir. Bir aristokratın hazzı, bir işçinin elde edeceği hazdan daha fazla değildir. O dönemde ise toplum düzeni daha farklıydı. Aristokratlar toprağın nasıl kullanılacağı konusunda büyük nüfuza sahipti ve pek çoğunun babadan oğula geçen, Lordlar Kamarasında oturma ve İngiliz yasalarını belirleme hakkı vardı. Beklenebileceği gibi bazıları Bentham'ın eşitlik vurgusundan rahatsızlık duydu. Üstelik hayvanların mutluluğunun konuyla bağlantılı olduğu görüşü o dönem için daha da radikal sayılabilirdi. Hayvanlar da haz ve acı hissedebileceği için Bentham'ın mutluluk denkleminin bir parçasıydılar. Hayvanların düşünemeyip, konuşamıyor olması önemli değildi (Kant'a göre önemli olmasına karşın); Bentham'ın düşüncesinde bunlar ahlaki özelliklerle ilgili nitelikler değildi. Önemli olan, onların acı ve haz kapasiteleriydi. Bu, Peter Singer'inki gibi günümüzde hayvan hakları için verilen mücadelelerin temelini oluşturur (bkz. 40. Bölüm).

Ne yazık ki, bütün olası haz nedenlerini eşit tutan vurgusuyla Bentham'ın genel yaklaşımı acımasızca eleştirilir. Robert Nozick (1938-2002) şöyle bir düşünce deneyi ortaya atmıştır. Acı ve kedere dair bütün tehlikeleri ortadan kaldıran, ama size yaşıyormuş yanılsamasını veren bir sanal gerçeklik makinesi hayal edin. Makineye kısa bir süre için bağlandığınızda, artık gerçekliği doğrudan deneyimleyemediğinizi unutacak ve kendinizi yanılsamaya kaptıracaksınız. Bu makine sizin için bütünüyle haz verici bir deneyim yelpazesi üretiyor. Bir rüya makinesine benziyor. Örneğin dünya kupasında galibiyet golünü attığınızı ya da rüya gibi bir tatil yaptığınızı hayal edebilirsiniz. Size en çok haz verecek her şey, bu makinede simüle edilebilir. Bu makine açıkça mutlu ruh halinizi azami dereceye çıkartacağından, Bentham'ın analizine göre, tüm yaşamınızı makineye bağlamanız gerekir. Hazzı artırmanın ve acıyı hafifletmenin en iyi yolu bu olacaktır. Pek çok insan zaman zaman böyle bir makineyi denemekten keyif duyabilir, ancak mutlu bir ruh halinden daha fazla değer verdikleri şeyler olduğu için hayat boyu makineye bağlı kalmayı reddederdi. Bu da Bentham'ın eşit miktarda haz getirecek her yolun aynı değerde olduğu savında yanıldığını gösterir. Herkes yalnızca hazzı artırma ve acıyı hafifletme arzusuyla hareket etmez. Bu mesele, onun parlak öğrencilerinden ve sonraki eleştirmenlerinden biri olan John Stuart Mill tarafından da ele alındı.

Bentham, kendi dönemiyle yakından ilgiliydi, çevresindeki toplumsal sorunlara çözüm bulmaya merak salmıştı. Georg Wilhelm Friedrich Hegel ise geri çekilip insanlık tarihinin bütününe kuşbakışı bakabileceğini öne sürmüştü, bu tarih yalnızca en etkili zihinlerin kavrayabildiği bir düzene göre gelişiyordu.

22.BÖLÜM

Minerva'nın Baykuşu
GEORG WILHELM FRIEDRICH HEGEL

Minerva'nın baykuşu ancak gün batarken uçmaya başlar. Georg Wilhelm Friedrich Hegel'in (1770-1831) görüşüdür bu. Peki, ne anlama gelir? Aslında "bu ne anlama gelir?" sorusu, Hegel'in eserlerini okuyanların kendilerine sık sık sordukları bir sorudur. Hegel'in yazıları korkunç bir zorluk taşır. Bunun bir nedeni tıpkı Kant'ınkiler gibi çoğunlukla oldukça soyut bir dille ifade edilmeleri ve Hegel'in sıklıkla kendi bulduğu terimleri kullanmasıdır. Hiç kimse, hatta muhtemelen Hegel bile tümünü anlamamıştır. Baykuşla ilgili ifade anlaşılması en kolay kısımlardan biridir. Bu onun, bize, insanlık tarihinin akışına dair bilgeliğin ve anlamanın, günün olaylarını gece çöktüğünde gözden geçiren biri gibi olup bitmiş olana dönüp baktığımızda, ancak geç bir aşamada tam anlamıyla geleceğini anlatmanın bir yoludur.

Minerva, Roma bilgelik tanrıçasıdır ve genellikle bilge baykuşla ilişkilendirilir. Hegel'in bilge mi yoksa budala mı olduğu çok tartışılmıştır, ama etkili olduğuna kuşku yoktur. Tarihin belirli bir yolla geliştiğine ilişkin görüşü Karl Marx'a (bkz. 27. Bölüm) esin kaynağı olmuş, Marx'ın düşünceleri yirminci yüzyılın başlarında Avrupa'daki devrimleri harekete geçirdiği için bu sayede tarihte olanları kesinlikle değiştirmiştir. Öte yandan Hegel birçok filozofu da kızdırmıştır. Bazı filozofların onun çalışmalarını, terimleri özensizce kullanma tehlikesine örnek olarak ele aldıkları bile olmuştu. Bertrand Russell (bkz. 31. Bölüm) Hegel'in eserlerini küçümseme noktasına gelmiş, A. J. Ayer ise (bkz. 32. Bölüm), Hegel'in cümlelerinin çoğunun gerçekte hiçbir şey ifade etmediğini belirtmiştir. Ayer için Hegel'in yazıları anlamsız şiir kadar bilgilendirici ama onlar kadar bile çekici değildi. Peter Singer'ın da (bkz. 40. Bölüm) dahil olduğu diğerleri, Hegel'in düşüncesinde muazzam bir derinlik bulmuş ve yazılarındaki güçlüğün, uğraştığı düşüncelerin oldukça özgün ve güç kavranabilir olmasından kaynaklandığını iddia etmişlerdir.

Hegel 1770 yılında, bugün Almanya sınırları içinde bulunan Stuttgart şehrinde doğdu ve monarşinin yıkılıp yeni bir cumhuriyetin kurulduğu Fransız Devrimi çağında büyüdü. Fransız Devrimini "muhteşem şafak" diye adlandırmış ve diğer öğrencilerle birlikte, olayları anmak için devrim anısına bir ağaç dikmişti. Bu siyasi istikrarsızlık ve radikal dönüşüm zamanı, hayatının geri kalanı boyunca onu etkiledi. Temel varsayımların altüst olabileceği, ilelebet sabit kalacak gibi görünen şeylerin değişebileceği duygusunun gerçeğe dönüştüğü zamanlardı. Bunun sağladığı bir içgörü de sahip olduğumuz düşüncelerin yaşadığımız zamanla doğrudan ilişkili olduğu ve kendi tarihsel bağlamlarının dışında tamamen anlaşılamadığı yönündedir. Hegel, kendi yaşadığı zaman diliminde tarihte can alıcı bir aşamaya ulaşılmış olunduğuna inandı. Kişisel düzeyde ise bilinmezlikten şöhrete doğru ilerledi. Varlıklı bir aileye özel öğretmen olarak iş hayatına başladıktan sonra okul müdürü olarak çalıştı. Sonunda Berlin'deki üniversitede profesör olmuştur. Kitaplarının bazıları, felsefesini daha iyi anlamaları için öğrencilerine yardım etme amacıyla yazılmış ders notlarıydı. Ölümüne kadar, döneminin en iyi ve hayranlık verici filozofu oldu. Yazılarının ne kadar güç olabileceği göz önüne alındığında, bu oldukça şaşırtıcıdır. Ama bir grup hevesli öğrencisi, onun öğrettiklerini anlamaya ve tartışmaya, siyasi ve metafizik çıkarımlarını göstermeye kendilerini adamıştı.

Immanuel Kant'ın (bkz. 19. Bölüm) metafiziğinden fazlasıyla etkilenen Hegel, Kant'ın noumenal gerçekliğin fenomenal dünyanın ötesinde yattığı yönündeki görüşünü reddediyordu. Deneyimimize yol açanın algının ötesinde yatan *noumena* olduğunu kabul etmek yerine, gerçekliği şekillendiren zihnin gerçeklik *olduğu* sonucuna varmıştı. Onun ötesinde bir şey yoktur. Fakat bu, gerçekliğin sabit bir durumda kaldığı anlamına gelmez. Hegel için her şey bir değişim süreci içindedir ve bu değişim, öz-farkındalıkta, içinde yaşadığımız dönem tarafından sabitlenen öz-farkındalık durumunda aşamalı bir ilerleme biçimini alır.

Bütün tarihi, kendi üzerine katlanan uzun bir kâğıt parçası olarak düşünün. Bu yüzden, orada olup biteni biz, o kendini tümüyle açığa serene kadar gerçekten anlayamayız. Ne de kâğıdın son parçasında yazılı olanı, kâğıt açılıncaya kadar bilebiliriz. Açılma biçiminin temelinde bir yapı mevcuttur. Hegel'e göre gerçeklik, her zaman kendini anlama amacına doğru ilerler. Tarih hiçbir anlamda rastgele değildir. Bir yere doğru gitmektedir. Geriye dönüp baktığımızda, böyle gelişmek zorunda olduğunu göreceğiz. Bu ilk duyduğunuzda tuhaf bir düşüncedir. Bunu okuyan çoğu kişinin Hegel'in görüşünü paylaşmayacağını biliyorum. Tarih, çoğumuz için Henry Ford'un tanımladığına daha yakındır: "Olayların durmadan birbirini izleyip durması." Bütünsel bir plan olmaksızın gerçekleşen bir olaylar dizisi. Tarihi araştırabilir, olayların olası nedenlerini keşfedebilir, gelecekte ne olabileceğine ilişkin tahminde bulunabiliriz. Gelgelelim bu, tarihin Hegel'in düşündüğü şekilde kaçınılmaz bir örüntüye sahip olduğu anlamına gelmez. Onun bir yere doğru gittiği anlamına da gelmez; dahası, aşamalı olarak kendinin farkına varması anlamına kesinlikle gelmez.

Hegel'in tarih üzerine çalışması, felsefesinden ayrı bir etkinlik değildi, onun bir parçasıydı; felsefenin ana parçasıydı. Tarih ile felsefe onun için birbirine geçmiştir. Her şey daha iyi bir şeye doğru yönelmektedir. Bu özgün bir düşünce değildi. Dinler genellikle tarihi, İsa'nın ikinci kez dünyaya gelmesi gibi bir son noktaya gittiğini söyleyerek açıklar. Hegel bir Hıristiyandı, ancak açıklaması geleneksellikten uzaktı. Hegel için nihai sonuç, İsa'nın ikinci kez dünyaya gelişi değildi. Hegel'e göre tarihin bir son hedefi vardı ve bunu daha önce hiç kimse gerçekten kavramamıştı. Bu, aklın yürüyüşü yoluyla Tinin kaçınılmaz olarak, aşama aşama kendisinin bilincine varmasıdır.

Peki ama Tin nedir ve Hegel için kendinin bilincine varmak ne anlama gelir? Almancada

Tin için kullanılan sözcük, *Geist*'tır. Bilim insanları onun tam anlamı hakkında hemfikir değildir; kimisi "zihin" olarak çevirmeyi tercih eder. Hegel onunla, tüm insanlığa ilişkin tek bir zihin gibi bir şeyi kastediyor görünür. Hegel bir idealistti – Tin ya da Zihnin temel olduğunu ve fiziksel dünyada ifadesini bulduğunu düşünüyordu (onun aksine materyalistler, fiziksel maddenin temel olduğuna inanıyordu). Hegel, dünya tarihini, bireysel özgürlükte aşamalı artışlar üzerinden anlattı. Bireysel özgürlük, başkalarının değilse de bazı insanların özgürlüğü yoluyla herkesin o topluma katkıda bulunmasına izin veren siyasi bir devlette özgür olacağı bir dünyaya doğru ilerliyoruz.

Hegel düşüncede ilerlemeyi sağladığımız yollardan birinin, bir düşünce ile karşıtı arasındaki çatışma olduğunu düşünüyordu. Hegel, kendi diyalektik yöntemini takip ederek hakikate yaklaşabileceğimizi söyler. Önce bir düşünce –tez– ortaya atılır. Sonra karşısına karşıtı konur. Bu, ilk düşünceye meydan okuyan, onun antitezi olan görüştür. İki konumun bu çatışmasından, her ikisini de hesaba katan daha karmaşık üçüncü bir konum, ikisinin sentezi ortaya çıkar. Sonrasında bu durum sıklıkla süreci tekrar başlatır. Yeni sentez bir teze dönüşür, karşısına bir antitez çıkarılır. Tin kendi kendisini eksiksiz bir biçimde anlayana dek süreç devam eder.

Tarihin temel itiş gücü, kendi özgürlüğünü anlayan Tin haline gelir. Hegel bu ilerlemenin izini, eski Çin ve Hindistan'daki tiranik yönetimler altında yaşayan, özgür olduklarını bilmeyen halklardan kendi zamanına kadar sürer. Söz konusu Doğulularda yalnızca mutlak güce sahip yöneticiler özgürlüğü deneyimliyordu. Hegel'e göre sıradan insanların özgürlüğe dair hiçbir farkındalıkları yoktu. Eski Persler özgürlüğün değerini anlama konusunda biraz daha gelişmişlerdi. Yunanlar tarafından yenilmeleri bu ilerlemeyi getirmişti. Yunanlar, daha sonra da Romalılar, özgürlüğün farkına kendilerinden önce gelenlerden daha fazla varmışlardı. Gelgelelim kölelik devam etmişti. Bu, yalnızca zengin ve güçlülerin değil, bir bütün olarak insanlığın özgür olması gerektiğini tam anlamıyla kavrayamadıklarını gösteriyordu. *Tinin Fenomenolojisi* (1807) adlı kitabının meşhur bir pasajında Hegel, efendi ile köle arasındaki mücadeleyi tartışıyordu. Efendi, öz-bilinçli bir birey olarak kabul görmek ister ve bunu başarmak için köleye ihtiyaç duyar. Fakat kölenin de kabul görmeyi hak ettiğini onaylamaz. Eşit olmayan bu ilişki, birinin öleceği bir mücadeleye yol açar. Ancak bu süreç kendi kendini baltalayıcıdır. Efendi ve köle en sonunda birbirlerine ihtiyaçları olduğunu ve birbirlerinin özgürlüğüne saygı duymaları gerektiğini kabul ederler.

Hegel gerçek özgürlüğün ancak tinsel değerin farkındalığını tetikleyen Hıristiyanlıkla birlikte olası olduğunu öne sürmüştü. Onun zamanında tarih kendi amacını gerçekleştirmiştir. Tin kendi özgürlüğünün farkına varmış, sonuç olarak toplum, aklın ilkeleri tarafından düzenlenmiştir. Bu onun için çok önemliydi: Hakiki özgürlük sadece tam anlamıyla düzenlenmiş bir toplumdan doğardı. Pek çok Hegel okuyucusunu endişelendiren şey, onun hayal ettiği ideal toplum çeşidinde, güçlü düzenleyicinin toplum görüşüne uymayanların, özgürlük adına bu "rasyonel" yaşam şeklini kabul etmeye zorlanacak oluşudur. Bu kişiler, Rousseau'nun paradoks içeren ifadesiyle "özgür olmaya zorlanacak"lardır (bkz. 18. Bölüm).

Tüm tarihin son ürününün, gerçekliğin yapısına ilişkin bir farkındalığa erişen Hegel'in kendisi olduğu ortaya çıkıyordu. Kitaplarından birinin son sayfalarında bunu gerçekleştirdiğini düşünüyor gibidir. Bu, Tinin kendini ilk kez anladığı noktaydı. O halde Platon (bkz. 1. Bölüm) gibi Hegel de filozoflara özel bir konum verir. Hatırlayacaksınız Platon ideal cumhuriyetini filozof kralların yönetmesi gerektiğine inanmıştı. Hegel ise, tersine, filozofların, belirli türden bir kendini-anlamaya eriştiklerini düşünür. Bu aynı zamanda gerçekliği ve tarihin tümünü anlamadır. Delphi'deki Apollon Tapınağı'na kazınmış "Kendini tanı" ifadesini hayata geçirmenin bir başka yoludur. Hegel insani olayların nihai gelişme örüntüsünü fark edecek kişilerin filozoflar olduğuna inanıyordu. Filozoflar diyalektiğin aşamalı bir uyanış üretme yolunu kavrarlar. Birden her şey onlar için açık hale gelir ve insanlık tarihinin bütünün amacı meydana çıkar. Tin, yeni bir kendini anlama safhasına girer. En azından teori böyle der.

Hegel'in pek çok hayranı vardı ama Arthur Schopenhauer onlardan biri değildi. Hegel'in, konusuna dürüst ve ciddi yaklaşmadığı için onun gerçek bir filozof olmadığını bile düşünüyordu. Schopenhauer'a göre Hegel'in felsefesi saçmalıktı. Hegel'e gelince, o da Schopenhauer için "mide bulandırıcı ve cahil" tanımını yapıyordu.

23.BÖLÜM

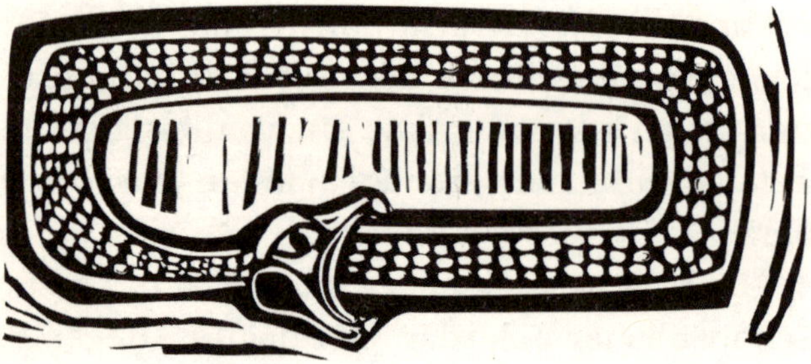

Gerçekliğe Anlık Bakışlar
ARTHUR SCHOPENHAUER

Hayat acılarla dolu ve hiç doğmamış olmak daha iyi olurdu. Pek az kimse bu kadar kötümser bir bakış açısına sahiptir, ama Arthur Schopenhauer (1788-1860) böyle biriydi. Ona göre hepimiz bir kısır döngünün içinde sürekli bir şeyler istiyor, onları elde ediyor, daha sonra başka şeyler istemeye başlıyorduk. Bu durum ölünceye kadar son bulmazdı. İstediğimiz şeyi elde etmiş göründüğümüzde, bu sefer de başka bir şeyi istemeye başlıyorduk. Milyoner olsaydınız, mutlu olacağınızı düşünebilirsiniz, ama bu mutluluk da çok uzun sürmez. Sahip olmadığınız başka bir şey istersiniz. İnsanoğlu böyledir. Asla tatmin olmayız, sahip olduklarımızdan daha fazlasını arzulamayı hiç bırakmayız. Tüm bunlar oldukça iç karartıcıdır.

Her şeye rağmen Schopenhauer'in felsefesi, bunun akla getirdiği kadar karanlık değildir. Gerçekliğin hakiki doğasını anlayabilseydik çok farklı davranacağımızı, insan olmanın bazı tatsız yanlarından kurtulabileceğimizi düşünür. Onun mesajı Buda'nınkine çok yakındı. Buda, tüm hayatın acılarla dolu olduğunu, ama daha derin bir düzeyde "ben" diye bir şeyin olmadığını düşünüyordu: Eğer bunu anlarsak, aydınlanma yaşayabiliriz. Benzerlik tesadüf değildi. Çoğu Batı filozofunun aksine Schopenhauer Doğu felsefesini derinlemesine okumuştu. Hatta masasının üzerinde, onu en çok etkileyen filozoflardan biri olan Immanuel Kant'ın heykelciğinin yanında bir de Buda heykelciği vardı.

Buda ve Kant'tan farklı olarak, Schopenhauer kasvetli, zor ve kibirli bir adamdı. Berlin'de bir hoca olarak iş imkânı bulduğunda dehasından o kadar emindi ki vereceği derslerin Hegel'inkiyle tam olarak aynı saatte olması için ısrar etmişti. Bu hiç iyi bir fikir değildi, çünkü Hegel öğrenciler tarafından çok sevildiği için, Schopenhauer'in derslerine çok az kişi katılmıştı. Schopenhauer daha sonra üniversiteyi bıraktı ve hayatının geri kalanını ona miras kalan parayla geçirdi.

En önemli kitabı *İrade ve Tasarım Olarak Dünya* ilk olarak 1818 yılında yayımlandı; fakat eser üzerinde yıllarca çalışmaya devam ederek 1844 yılında çok daha uzun bir versiyonunu ortaya koydu. Eserinin merkezindeki temel fikir oldukça yalındır. Gerçekliğin iki yüzü vardır. Gerçeklik hem İrade hem de Tasarım olarak var olur. İrade var olan her şeyde mutlak surette bulunan kör bir itici güçtür. Bitkileri ve hayvanları büyüten enerjidir; aynı zamanda, mıknatısların kuzeyi göstermesini ya da kimyasal bileşenlerde kristallerin oluşmasını sağlayan kuvvettir. Doğanın her bir parçasında mevcuttur. Diğer yüz, yani Tasarım olarak Dünya, bizim deneyimlediğimiz haliyle dünyadır.

Tasarım olarak Dünya, zihinlerimizde kurduğumuz bir gerçeklik inşasıdır. Kant'ın *fenomenal* dünya dediği şeydir bu. Etrafınıza bir bakın. Muhtemelen pencereden ağaçları, insanları ya da arabaları görüyorsunuz veya önünüzdeki bu kitabı. Belki de kuşları, trafiği ya da başka bir odadaki gürültüleri işitebilirsiniz. Duyularınız aracılığıyla deneyimlediğiniz, Tasarım olarak Dünyadır. Her şeye bu yolla anlam verirsiniz ve bu sizin bilincinizi gerektirir. Zihniniz, deneyiminizi tüm bunlara bir anlam verecek şekilde düzenler. Tasarım olarak Dünya, içinde yaşadığımız dünyadır. Bununla birlikte Kant gibi Schopenhauer de deneyimimizin ötesinde, görünüşler dünyasının ötesinde daha derin bir gerçekliğin var olduğuna inanıyordu. Kant bunu noumenal dünya olarak adlandırıyordu ve bu dünyaya doğrudan hiçbir erişimimiz olmadığını düşünüyordu. Schopenhauer açısından İrade olarak Dünya biraz Kant'ın noumenal dünyasına benziyordu, fakat yine de önemli farklılıklar vardı.

Kant *noumenon* kelimesinin çoğulu olan *noumena* hakkında yazdı. Gerçekliğin birden fazla parçası olabileceğini düşünüyordu. Kant'ın bunu nasıl bildiği ise açık değildir; özellikle noumenal dünyanın erişimdışı olduğunu söylediği düşünülürse. Schopenhauer ise tersine, noumenal gerçekliğin bölünmüş olduğunu varsayamayacağımızı düşünüyordu; çünkü böyle bir bölünme için uzay ve zaman gerekliydi ki Kant'a göre uzay ve zaman gerçeklikte var olmaktan ziyade, bireysel zihnin katkısıyla var oluyordu. Bunun yerine Schopenhauer İrade olarak Dünyayı, olan her şeyin arkasındaki tek, birleşmiş, yönsüz bir kuvvet olarak tanımladı. İrade olarak bu Dünyayı biz, kendi eylemlerimiz ve sanatı deneyimlememiz aracılığıyla bir an için görebiliriz.

Bu kitabı okumayı bırakın ve ellerinizi başınıza koyun. Ne oldu? Sizi izleyen biri, ellerinizin yukarı doğru kalktığını ve başınızın üzerinde durduğunu görecektir sadece. Eğer aynaya bakarsanız bunu siz de görebilirsiniz.

Bu, fenomenal dünyanın, yani Tasarım olarak Dünyanın bir betimlemesidir. Gerçi Schopenhauer'e göre, bedenimizi hareket ettirme deneyimimizin içsel bir yanı vardır; bu, genel anlamda fenomenal dünya deneyimimizden daha farklı biçimde hissedebileceğimiz bir şeydir. İrade olarak Dünyayı doğrudan deneyimlemeyiz, ancak istemli eylemlerde bulunduğumuzda, bedensel eylemlerde bulunmayı *isteyip* gerçekleştirdiğimizde ona çok yaklaşırız. Bu nedenle, gerçekliği tarif etmek için "İrade" sözcüğünü seçmişti. Fakat sadece insan söz konusu olduğunda bu enerjinin bir şeyi istemli olarak yapmakla bağlantısı vardır – bitkiler istemli bir şekilde büyümezler, kimyasal reaksiyonlar istemli bir şekilde gerçekleşmez. Dolayısıyla "İrade" sözcüğünün, burada alışıldık anlamından farklı bir şekilde kullanıldığını fark etmek önemlidir.

Biri bir şey "istediği" zaman, zihninde bir amaç vardır: Bir şey yapmaya çalışıyordur. Fakat Schopenhauer'in gerçekliği İrade olarak Dünya düzeyinde tanımladığında kastettiği şey bu değildir. İrade (büyük harfle İ) amaçsızdır ya da zaman zaman söylediği gibi "kör"dür. Belirli bir sonuç elde etmeye yönelik değildir. Bir amacı ya da hedefi yoktur. Bir şeyleri bilinçli isteme edimlerimizde olduğu kadar, her doğal fenomende de mevcut olan büyük enerji dalgalanmasıdır sadece. Schopenhauer'a göre ona yön verecek bir tanrı yoktur. Ne de İradenin kendisi Tanrı'dır. Tüm gerçeklik gibi insan da bu anlamsız kuvvetin parçasıdır.

Yine de hayatı katlanılabilir kılan bazı deneyimler vardır. Bunlar çoğunlukla sanattan gelir. Sanat, kısa bir süreliğine de olsa, sonsuz çabalama ve arzu döngüsünden kaçınabileceğimiz sakin bir durak sağlar. Bunu en iyi yapan sanat dalı müziktir. Schopenhauer'e göre bunun böyle olması, müziğin bizzat İradenin bir kopyası olmasından kaynaklanır. Schopenhauer'a göre bu, müziğin bizleri böylesine derinden etkileme gücünü açıklar. Bir Beethoven senfonisini doğru ruh halindeyken dinlediğinizde yalnızca duygusal açıdan uyarılmazsınız: Gerçekliği olduğu haliyle bir an için görürsünüz.

Başka hiçbir filozof, güzel sanatlara bu kadar merkezi bir yer vermemiştir; bu nedenle, Schopenhauer'in çeşitli alanlardan yaratıcı insanlar tarafından sevilmesi şaşırtıcı değildir. Besteciler ve müzisyenler onu severler, çünkü Schopenhauer tüm sanatlar arasında müziğin en önemlisi olduğuna inanır. Fikirleri Lev Tolstoy, Marcel Proust, Thomas Mann ve Thomas Hardy gibi roman yazarlarını da cezbetmiştir. Hatta Dylan Thomas, Schopenhauer'in İrade Olarak Dünyayı tasvirinden esinlenerek bir şiir yazmıştı: "Yeşil fitilden doğru çiçeği koşturan o güç."* Schopenhauer sadece gerçekliği ve onunla olan ilişkimizi tasvir etmedi. Ayrıca nasıl yaşamamız gerektiğiyle ilgili görüşlere de sahipti. Hepimizin tek bir enerjinin parçası olduğumuzu ve bireylerin sadece Tasarım olarak Dünya seviyesinde yaşadığını fark ettiğinizde, bunun yaptığınız şeyleri değiştirmesi gerekir. Schopenhauer'e göre diğer insanlara zarar vermek, aslında bir bakıma kendine zarar vermek anlamına gelir. Tüm ahlakın temelidir bu. Eğer seni öldürürsem, hepimizi birleştiren yaşam gücünün bir parçasını yok etmiş olurum. Kişi bir başkasına zarar verdiğinde bu, bir yılanın dişlerini kendi etinin içine geçirdiğini bilmeden kendi kuyruğunu ısırmasına benzer. Dolayısıyla Schopenhauer'in öğrettiği temel ahlak, merhamet ahlakıdır. Tam olarak anlaşıldığında, başka insanların benim dışımda olmadığını söyler bu. Size ne olduğu beni ilgilendirir; çünkü bir bakıma siz de hepimizin parçası olduğu İrade olarak Dünyanın bir parçasısınız.

Bu, Schopenhauer'in bilindik ahlaki konumudur. Gerçi kendisinin diğer insanlara karşı bizlere telkin ettiği gibi bir duyarlılığa sahip olup olmadığı şüphelidir. Bir keresinde, kapısının önünde gevezelik yapan yaşlı bir kadın onu o kadar sinirlendirmişti ki, kadını merdivenlerden aşağı itmişti. Kadın yaralanmış,

* Çeviri Can Yücel. –ed. n

mahkeme Schopenhauer'e kadına ömür boyu tazminat ödeme cezası vermişti. Yaşlı kadın birkaç yıl sonra öldüğü zaman Schopenhauer hiç de merhamet göstermedi ve ölüm kâğıdının üzerine, dalga geçmek amacıyla Latince şu dizeyi yazdı: *obit anus, obit onus* (Yaşlı kadın gider, sorumluluk biter).

Arzu döngüsünü kabullenmenin daha sıra dışı bir yöntemi de vardır. Ona yakalanmamak için basitçe dünyaya tamamen yüz çevir ve bir çileci ol: Yoksul ve iffetli bir hayat sür. Bu, ona göre varoluşla başa çıkmanın ideal yoludur. Pek çok Doğu dini de bunu salık verir. Gelgelelim Schopenhauer yaşlandıkça sosyal hayattan elini eteğini çekmiş olsa da hiçbir zaman çileci bir hayat sürmedi. Yaşamının büyük bölümünde çevresinde insanların olmasından zevk aldı, aşk ilişkileri yaşadı ve güzel yemekler yedi, öyle ki insanın içinden ona ikiyüzlü demek geçer. Gerçekten de yazılarındaki kötümserlik damarı o kadar derindir ki, bazı okuyucular, eğer gerçekten samimi olmuş olsaydı, intihar etmesi gerekirdi diye düşünmüşlerdir.

Victoria döneminin büyük filozofu John Stuart Mill ise onun aksine iyimserdi. Tutarlı düşünmenin ve tartışmanın, toplumsal değişime neden olabileceğini ve daha iyi bir dünyayı beraberinde getirebileceğini öne sürüyordu. Bu dünyada daha fazla insan mutlu ve tatmin edici hayatlar sürdürebilecekti.

24. BÖLÜM

Büyümek için Yer Açın
JOHN STUART MILL

Çocukluğunuz boyunca diğer çocuklardan ayrı tutulduğunuzu hayal edin. Zamanınızı oyun oynayarak geçireceğinize, özel hoca eşliğinde Yunanca ve cebir öğreniyor ya da oldukça zeki yetişkinlerle konuşuyorsunuz. Acaba nasıl biri olurdunuz?

John Stuart Mill'in (1806-73) başına gelen az çok böyle bir şeydi. Ona bir eğitim deneği gibi davranıldı. Babası, Jeremy Bentham'ın dostu olan James Mill, bir çocuğun zihninin beyaz bir sayfa kadar boş olduğunu düşünen John Locke'la aynı fikri paylaşıyordu. James Mill, bir çocuk doğru yetiştirilirse onun bir dâhiye dönüşme şansının olduğunu düşünüyordu. Dolayısıyla James, oğlu John'a evde eğitim verdi ve yaşıtı olan çocuklarla oyun oynayarak zaman harcamadığından ve onlardan kötü alışkanlıklar edinmediğinden emin oldu. Ama bu çok çalışmak, zorla ezberlemek ya da bunun gibi bir şey değildi. James, Sokrates'in sorgulama yöntemini kullanarak, oğluna papağan gibi ezber yaptırmak yerine onun öğrendiği fikirleri kendi kendine keşfetmesini sağlamayı istiyordu.

Şaşırtıcı bir şekilde, John üç yaşındayken Eski Yunanları öğrenmeye başladı. Altı yaşındayken bir Roma tarihi yazdı, yedi yaşındayken Platon'un diyaloglarını orijinal dilinde anlamayı başardı. Sekiz yaşında Latince öğrenmeye başladı. 12 yaşında tarihten, ekonomiden ve politikadan anlıyor, karmaşık matematik problemlerini çözebiliyor ve bilime karşı tutkulu ve üst düzey bir ilgi duyuyordu. O bir harika çocuktu. Henüz yirmili yaşlarında çağının en parlak düşünürlerinden biriydi ama yaşadığı tuhaf çocukluğun etkisini hiçbir zaman üzerinden atamadı ve yaşamı boyunca yalnız ve biraz mesafeli kaldı.

Yine de bir tür dâhiye *dönüşmüştü*. Demek ki, babasının deneyi işe yaramıştı. Adaletsizliklere karşı mücadele verdi, ilk feministlerden biriydi (doğum kontrol yöntemlerini desteklediği için tutuklandı), politikacıydı, gazeteci ve büyük bir filozoftu; belki de on dokuzuncu yüzyılın en büyük filozofuydu.

Mill bir faydacı olarak yetişmişti ve Bentham'ın bunda etkisi büyüktü. Mill ailesi, her yaz Bentham'ın Surrey kırsalındaki evinde kalırdı. Her ne kadar Mill, Bentham'ın doğru eylem her zaman en fazla mutluluğu üretir fikrine katılsa da, hocasının haz olarak mutluluk açıklamasının çok ham olduğuna inanıyordu. Bu nedenle genç adam, teoriye ilişkin kendi versiyonunu geliştirdi ve yüksek ve aşağı hazlar arasında bir ayrım yaptı.

Seçme şansı verildiğinde, çamurlu ağılında yuvarlanıp yem kabındaki yiyecekleri midesine indiren hoşnut bir domuz mu, yoksa mutsuz bir insan mı olmak isterdiniz? Mill, mutlu bir domuz yerine üzgün bir insan olmayı seçeceğimizin açık olduğunu düşündü. Fakat bu, Bentham'ın düşündüğü şeye tersti. Hatırlayacağınız gibi Bentham önemli olan tek şeyin haz verebilen deneyimler olduğunu söylüyordu, bunların nasıl oluştuğu önemsizdi. Mill buna katılmıyordu. Farklı türde hazlara sahip olabileceğimizi ve bazılarının diğerlerinden çok daha iyi olduğunu düşünüyordu. Öyle ki, aşağı hazzın miktarı ne kadar büyük olursa olsun, yüksek bir hazzın en ufak miktarıyla boy ölçüşemezdi. Aşağı düzeyde hazlar, örneğin bir hayvanın deneyimleyebileceği hazlar, kitap okumak ya da bir konser dinlemek gibi daha yüksek, zihinsel hazlarla asla karşılaştırılamazdı. Mill daha da ileri gitti ve memnun bir aptal olmaktansa, memnuniyetsiz bir Sokrates olmanın daha iyi olduğunu söyledi. Bunun nedeni filozof Sokrates'in düşünmekle, bir aptalın elde edebileceğinden çok daha incelikli hazlara ulaşabilmesiydi.

Mill'e neden inanalım? Buna cevabı, hem aşağı hem de yüksek hazları deneyimlemiş birinin, daha yüksek olanları tercih edeceği olmuştu. Domuz, okuyamaz ya da klasik müzik dinleyemez; dolayısıyla onun bu konu hakkındaki fikri hesaba katılmaz. Eğer domuz okuyabilseydi, çamurda yuvarlanmak yerine okumayı tercih ederdi.

Mill'in düşündüğü şey buydu. Ancak bazı insanlar, Mill'in, herkesin çamurda yuvarlanmak yerine onun gibi kitap okumayı tercih edeceğini varsaydığını söylüyordu. Daha da kötüsü, Mill farklı mutluluk niteliklerinden (yüksek ve aşağı) ve bunların farklı niceliklerinden bahsettiği için, ne yapacağınızı nasıl hesaplayacağınızı bilmek çok daha zorlaşıyordu. Bentham'ın yaklaşımının en büyük erdemlerinden biri basitliğiydi, her türlü hazzın ve acının aynı değerle ölçülmesiydi. Mill, yüksek ve aşağı hazların farklı değerlerini hesaplamak için bir değişim oranı ortaya koymamıştı.

Mill, kendi faydacı düşüncesini hayatın her alanına uygulamıştı. İnsanın, biraz da ağaçlara benzediğini düşünüyordu. Eğer bir ağaca büyüyebilmesi için yeterince yer vermezseniz, eğri büğrü ve zayıf olur. Fakat doğru bir yerde potansiyeline ulaşabilir, uzayabilir ve yayılabilir. Benzer şekilde, doğru koşullar altında insanlar da büyür ve bu sadece söz konusu birey için değil, tüm toplum için iyi sonuçlara neden olur – mutluluğu en yüksek dereceye çıkarır. 1859 yılında yayımladığı kısa, ama büyüleyici kitabında, her insana, uygun gördüğü gibi gelişebilmesi için bir yer vermenin, toplumu düzenlemenin en iyi yolu olduğu görüşünü savundu. Kitabın adı *Özgürlük Üzerine*'dir ve bugün hâlâ yaygın şekilde okunmaktadır.

Paternalizm, baba anlamına gelen Latince kelime *pater*den gelir; birini, kendi iyiliği için bir şey yapmaya zorlamak anlamını taşır (gerçi anne anlamındaki Latince *mater* kelimesinden gelen maternalizm de olabilirdi pekâlâ). Eğer çocukken size sebze yedirilmişse, bunun ne olduğunu çok iyi bilirsiniz. Yeşil sebze yemek bir çocuk için çoğu zaman hoş değildir, ama aileniz bunun sizin iyiliğiniz için olduğunu söyler. Mill, paternalizmin çocuğa uygulandığı zaman iyi olduğunu düşünüyordu: Çocukların korunması ve çeşitli yollarla davranışlarının kontrol edilmesi gerekir. Bununla birlikte, uygar toplumlarda yetişkinlere yönelik bir paternalizm kabul edilemezdi. Bunun için tek mazeret, bir yetişkinin kendi eylemleriyle başka birine zarar verme tehlikesi taşıması ya da ciddi psikiyatrik sorunlarının olmasıdır.

Mill'in mesajı basitti. Bu, Zarar İlkesi olarak bilinir. Her yetişkin, kendisini memnun eden şekilde yaşama özgürlüğüne sahip olmalıdır, ancak bu süreçte başkası zarar görmemelidir. Pek çok insanın, devletin görevlerinden birinin insanlara iyi ahlaki değerler benimsetmek olduğunu varsaydığı Victoria dönemi İngiltere'sinde bu meydan okuyan bir düşünceydi. Mill bu görüşe katılmıyordu. Daha büyük mutluluğun, nasıl davranacakları konusunda daha büyük bir özgürlüğe sahip insanlardan geleceğini düşünüyordu. Mill'in tek endişesi devletin insanlara ne yapacaklarını söylemesi değildi. "Çoğunluğun tiranlığı" dediği şeyden, toplumsal baskıların pek çok insanın olmak ya da yapmak istediği şeyin önüne engel koymasından da nefret ediyordu.

Başkaları, sizi neyin mutlu edeceğini bildiklerini düşünebilir. Ama genelde yanılırlar. Kendi hayatınızla ne yapmak istediğinizi en iyi kendiniz bilirsiniz. Bilmiyorsanız bile tek bir yaşam biçimine uymaya zorlanmak yerine, kendi hatalarınızı yapmanın daha iyi olduğunu düşünüyordu Mill. Bireysel özgürlüğün artmasının kısıtlanmasından daha fazla mutluluk yaratacağına inandığı için bu fikir, onun faydacılığıyla tutarlıydı.

Mill'e göre (kendisi de onlardan biriydi), dâhiler, gelişmek için geri kalanımızdan daha fazla özgürlüğe ihtiyaç duyar. Nasıl davranmaları gerektiğiyle ilgili toplumsal beklentilere nadiren uyarlar ve sıklıkla eksantrik görünürler. Eğer onların gelişimine ket vurursanız, o zaman hepimiz kaybederiz çünkü topluma yapabilecekleri katkıları yapamaz hale gelirler. Dolayısıyla mümkün en büyük mutluluğa ulaşmak istiyorsanız, bırakın insanlar kendi hayatlarına istedikleri gibi yön versinler; elbette eylemleriyle diğer insanlara zarar vermemek şartıyla. Eğer yaptıkları şeyi gücendirici buluyorsanız, bu onların yaşamına müdahale etmek için geçerli bir sebep değildir. Mill bu noktayı çok net göstermiştir: Gücendiricilik zarar vermekle karıştırılmamalıdır.

Mill'in yaklaşımının bazı rahatsız edici sonuçları vardır. Diyelim ki, ailesi olmayan ve her gece iki şişe votka içmeye karar veren bir adam var. Bu kadar içki içmenin onu öldüreceğini görmek çok da zor değildir. Yasalar araya girerek onu durdurmalı mı? Mill "hayır" der, başka birine zarar vermediği sürece olmaz. Onunla tartışabilirsiniz, ona kendisini mahvettiğini söyleyebilirsiniz. Ne var ki hiç kimse onu kendi seçtiği yolu değiştirmeye zorlamamalı ya da devlet onun içerek hayatını mahvetmesini engellemeye çalışmalıdır. Bu, onun özgür seçimidir. Eğer bir çocuğa baksaydı, bu onun özgür seçimi olmazdı; ancak ona bağlı olan kimse olmadığı için istediğini yapabilmelidir.

Nasıl yaşayacağımız konusunda özgür olduğumuz gibi, Mill istediğimiz gibi düşünmekte ve konuşmakta da özgür olmamız gerektiğini düşünüyordu. Açık tartışmalar toplum için çok yararlıydı çünkü insanları, inandıkları şeyler hakkında düşünmeye zorluyorlardı. Görüşlerinizi karşı görüşlere sahip insanların meydan okumasına açmazsanız, muhtemelen onları gerçekten savunamayacağınız "ölü dogmalar," önyargılar olarak kabul etmek durumunda kalırsınız. Şiddeti teşvik edecek noktaya gelmemesi koşuluyla ifade özgürlüğünü savundu. Bir gazeteci, "mısır tüccarları fakirlerin açlıktan ölmesine neden oluyor" diye yazma özgürlüğüne sahip olmalıydı. Ne var ki bir mısır tüccarının evinin basamaklarında durup aynı sözcüklerin yazılı olduğu bir pankartı kızgın bir kalabalığın önünde sallarsa o zaman şiddeti teşvik ettiği anlamına gelirdi, dolayısıyla Mill'in Zarar İlkesi gereği yasaklanmalıydı.

Pek çok kişi Mill'e katılmıyordu. Bazıları, Mill'in özgürlüğe yaklaşımının bireylerin kendi hayatları hakkında ne hissettiği konusuna fazla önem verdiğini düşünüyordu (örneğin Rousseau'nun özgürlük kavramından çok daha fazla bireyselcidir, bkz. 18. Bölüm). Kimileri ise, onun, ahlakı sonsuza dek bozacak fazla müsamahakâr bir topluma giden kapıları açtığını düşünüyordu. Çağdaşlarından biri olan James Fitzjames Stephen, birçok insanın dar bir kanala girmeye zorlanması gerektiğini ve nasıl yaşayacakları konusunda onlara çok fazla seçenek verilmemesi gerektiğini iddia ediyordu, çünkü başıboş bırakıldığında, çoğu kişi kendi adına kötü ve yıkıcı kararlar verirdi.

Mill'in, yazdığı döneme göre özellikle radikal düşüncelere sahip olduğu bir alan feminizmdi. On dokuzuncu yüzyılda, İngiltere'de, evli kadınların kendi mallarının olmasına izin verilmezdi. Onları kocalarının şiddeti ve tecavüzünden koruyan pek az yasa vardı. Mill, *Kadınların Boyun Eğmesi* (1869) adlı kitabında, farklı cinsiyetlerin, hem kanunen hem de genel olarak toplumda eşit muamele görmesi gerektiğini savundu. Etrafındaki bazı insanlar, kadınların doğal olarak erkeklerden daha aşağı varlıklar olduğunu iddia ediyordu. Mill, kadınların tam potansiyellerine erişmeleri çoğu kez engellenirken, bunu nasıl bilebileceklerini sordu: Yüksek eğitimden ve birçok meslekten uzak tutuluyorlardı. Mill, cinsiyetler arasında daha fazla eşitlik olmasını istiyordu. Evliliğin, denkler arasındaki bir arkadaşlık olması gerektiğini savunuyordu. Dul bir hanım olan Harriet Taylor'la evliliği böyleydi. İlerleyen yaşlarda yaptığı bu evlilik her ikisine de büyük mutluluk getirmişti. Harriet'in ilk kocası hayattayken ikisi çok yakın arkadaşlardı (belki de sevgiliydiler), ancak Mill onun ikinci eşi olabilmek için 1851 yılına dek beklemek zorunda kalmıştı. Harriet, *Özgürlük Üzerine* ve *Kadınların Boyun Eğmesi* adlı kitaplarını yazmasına yardımcı oldu; ne yazık ki yayımlanmalarından önce öldü.

Özgürlük Üzerine ilk kez 1859 yılında yayımlandı. Aynı yıl belki daha da önemli başka bir kitap yayımlandı: Charles Darwin'in *Türlerin Kökeni* adlı eseri.

25. BÖLÜM

Akılsız Tasarım
CHARLES DARWIN

"Büyükanneniz tarafından mı, yoksa büyükbabanız tarafından mı maymunlarla akrabasınız?" Bu, Piskopos Samuel Wilberforce'un Thomas Henry Huxley'e 1860'ta Oxford Doğal Tarih Müzesinde yaptıkları ünlü bir tartışmada küstahça sorduğu sorudur. Huxley, Charles Darwin'in (1809-82) düşüncelerini savunuyordu. Wilberforce'un sorusu, hem hakaret hem de şaka olsun diye sorulmuştu. Ama geri tepti. Huxley alçak sesle, "Tanrım onu bana teslim ettiğin için teşekkür ederim" diye mırıldandı, sonra bilimsel düşüncelerle dalga geçerek tartışmaktan kaçınan bir insan yerine, bir maymunla akraba olmayı tercih edeceğini söyledi. Aslında her iki taraftan –belki yakın zamanda değil, ama geçmişte– maymunsu atalardan geldiğini söyleyebilirdi de. Bu Darwin'in iddiasıydı. Herkesin aile ağacında maymunlar varlardı.

Bu görüş, *Türlerin Kökeni* adlı kitabı 1859 yılında yayımlandığı andan itibaren ortalığı fazlaca karıştırmıştı. Bundan sonra insanların, hayvan krallığının geri kalanından tamamen farklı olduğunu düşünmek mümkün değildi. İnsanlar artık özel değildi: Her hayvan gibi doğanın bir parçasıydı. Bu sizi şaşırtmamış olabilir ama Victoria döneminde yaşayanların çoğu için şaşırtıcıydı.

Maymunlara ne kadar yakın olduğumuzu anlamak için bir şempanze ya da gorille birkaç dakika geçirmek ya da aynaya dikkatle bakmanın yeterli olacağını düşünebilirsiniz. Ama Darwin'in döneminde aşağı yukarı herkes, insanların diğer hayvanlardan çok farklı olduğunu düşünüyor ve onlarla uzaktan akrabalık fikrini çok saçma buluyordu. Darwin'in fikrinin delice ve şeytan işi olduğunu düşünen çok insan vardı. Bazı Hıristiyanların, Yaratılış Kitabında, Tanrı'nın bütün hayvanları ve bitkileri altı günde nasıl yarattığını anlatan hikâyenin gerçek olduğuna inançları tamdı. Tanrı, dünyayı ve içindeki her şeyi tasarlamış ve her şeye ebediyen ona uygun olacak yeri vermişti. Bu Hıristiyanlar, hayvan ve bitki türlerinin Yaratılıştan beri aynı kaldığına inanıyordu. Bugün bile evrimin bizi bulunduğumuz noktaya getiren süreç olduğuna inanmayan insanlar vardır.

Darwin filozof değil, bir biyolog ve jeologdu. Neden bu kitabın bir bölümünde yer aldığını merak ediyor olabilirsiniz. Bunun sebebi, doğal seçilim yoluyla evrim teorisinin ve teorinin modern versiyonlarının bilim insanları kadar insanlık hakkında düşünen filozofları da etkilemiş olmasıdır. Evrim teorisi tüm zamanların en etkili bilimsel teorisidir. Çağdaş dönemin filozoflarından Daniel Dennett onun için, "şimdiye kadar akla gelmiş en iyi fikir" der. Teori, insanların ve onların çevresindeki hayvanların ve bitkilerin şu anki hallerine nasıl geldiklerini ve halen nasıl değiştiklerini açıklar.

Bu bilimsel teorinin bir sonucu da Tanrı'nın olmadığı fikrine inanmanın hiç olmadığı kadar kolay bir hale gelmesi oldu. Zoolog Richard Dawkins, "*Türlerin Kökeni* kitabının yayımlandığı tarih olan 1859'dan önce ateist olmayı hayal bile edemem" der. Elbette 1859 yılından önce de ateistler vardı –17. Bölümün konusu olan David Hume muhtemelen onlardan biriydi– ama sayıları sonradan artmıştı. Evrimin doğru olduğuna inanmak için ateist olmanız gerekmez: Pek çok inançlı insan, Darwincidir. Ama hem Darwinci olup *hem de* Tanrı'nın bütün türleri tamı tamına bugün oldukları gibi yarattığına inanamazsınız.

Darwin genç bir adamken HMS *Beagle* gemisiyle beş yıl süren bir yolculuğa çıktı ve Güney Amerika, Afrika ve Avustralya'yı ziyaret etti. Bu, herhangi biri için olacağı gibi onun da hayatının macerasıydı. Bu seyahatten önce, gelecek vaat eden bir öğrenci değildi ve kimse onun insan düşüncesine bu kadar çarpıcı bir katkı yapacağını beklemiyordu. Okulda bir dâhi değildi. Babası, oğlunun ailesi için bir vakit kaybı ve utanç kaynağı olacağına inanıyordu, çünkü Darwin zamanının çoğunu fare avlayıp vurmakla geçiriyordu. Gençken Edinburgh'ta tıp eğitimine başladı ama başarılı olamadı ve papaz olmak için Cambridge Üniversitesinde teoloji eğitimine yöneldi. Boş zamanlarında bitki ve böcek toplayan hevesli bir doğa bilimciydi, ama tarihin en büyük biyologlarından biri olacağına dair hiçbir belirti yoktu. Birçok açıdan, bir parça şaşkın biri gibiydi. Ne istediğini gerçekten bilmiyordu. Ne var ki *Beagle* yolculuğu onu tamamen değiştirdi.

Gezi, kısmen geminin ziyaret ettiği yerlerin kıyılarını haritalamak amacıyla, dünyanın çevresinde yapılacak bilimsel bir keşif gezisiydi. Gerekli niteliklere sahip olmamasına rağmen Darwin, geminin resmi botanikçisi olarak işe girdi, ama gittikleri her yerde taşları, fosilleri ve hayvanları da detaylı bir şekilde inceledi. Bu küçük gemi, hızla Darwin'in topladığı örneklerle doldu. Neyse ki koleksiyonunun çoğunu araştırmaya hazır halde depolanması için İngiltere'ye gönderebildi.

Gezinin tartışmasız en değerli bölümü Güney Amerika'dan 500 mil uzaklıkta, Pasifik Okyanusunda yer alan bir grup volkanik ada olan Galapagos Adalarını ziyaret etmeleriydi. *Beagle* Galapagos Adalarına 1835'te ulaştı. Burada, dev kaplumbağalar ve deniz seven iguanalar gibi incelenecek bir sürü ilginç hayvan vardı. Her ne kadar o sırada henüz Darwin için çok açık olmasa bile, teorisinin en önemli bölümünü ispinozlar oluşturuyordu. Bu küçük kuşlardan birkaç tanesini avladı ve onları daha ayrıntılı incelenmeleri için İngiltere'ye gönderdi. Daha sonraki ayrıntılı incelemeler, bu kuşun on üç farklı türü olduğunu gösterdi. Aralarındaki küçük farklılıklar genellikle gagalarındaydı.

Darwin, İngiltere'ye döndükten sonra rahip olma planlarından vazgeçti. Seyahati süresince gönderdiği fosiller, bitkiler ve ölü hayvanlar onu bilim dünyasında oldukça ünlü biri yapmıştı. Artık tam zamanlı bir doğa bilimci olmuştu ve uzun yıllar evrim teorisi üzerinde çalıştı. Aynı zamanda, genellikle kayalara ve gemilerin gövdesine yapışan kaya midyesi üzerine dünya çapında bir uzman oldu. Düşündükçe, hayvanların doğal bir süreçte evrim geçirdiğine ve sabit kalmak yerine devamlı değiştiklerine daha çok inanmaya başladı. Sonunda, çevrelerine daha iyi uyum sağlayan bitki ve hayvanların, çeşitli özelliklerini yeni nesillere aktarabilmeye yetecek kadar uzun süre hayatta kalma olasılığının daha yüksek olduğunu ortaya koydu. Uzun sürede bu örüntü, bulundukları çevrede yaşamak için tasarlanmış görünen hayvanları ve bitkileri meydana getiriyordu. Galapagos Adaları evrimin en önemli kanıtlarından bazılarını sağlamıştı. Örneğin tarihin bir noktasında ispinozlar, muhtemelen kuvvetli bir rüzgârla taşınarak anakaradan bu adalara ulaşmıştı. Binlerce kuşaktan sonra, adaların her birindeki kuşlar yaşadıkları yere yavaş yavaş uyum sağlamıştı.

Aynı türdeki bütün kuşlar birbirinin aynı değildi. Genellikle birçok farklılık vardı. Örneğin bir kuş diğerinden daha sivri bir gagaya sahipti. Eğer bu gaga türü kuşların daha uzun hayatta kalmasını sağlıyorsa, üreme şansı daha fazla oluyordu. Örneğin tohumları eşelemek için uygun gagaya sahip olan bir kuş, etrafta pek çok tohumun olduğu adada daha rahat yaşayabilirdi, ama ana besin kaynağının kırılması gereken kabuklu yemişler olduğu bir adada sıkıntı çekiyordu. Gaga biçiminden dolayı yemek bulmakta zorlanan kuş, çiftleşecek ve soyunu devam ettirecek kadar uzun hayatta kalamazdı. Bu durumda gaga biçiminin sonraki kuşaklara geçme şansı azalırdı. Yemek bulmaya uyumlu gaga yapısı olan kuşların, özelliklerini yeni nesillere geçirme şansı daha fazlaydı. Bol tohum olan adalarda, tohum yemek için uygun gagası olan kuşlar baskın hale geliyordu. Binlerce yıl boyunca bu, adaya gelen ilk türden oldukça farklı yeni bir türün ortaya çıkmasına neden oluyordu. Uygun gaga yapısına sahip olmayan kuşlar zamanla ortadan kalkıyordu. Farklı şartlara sahip bir adada ise, çok az farklı da olsa, başka bir ispinoz türü ortaya çıkıyordu. Uzun zaman dilimleri içinde, kuşların gagaları giderek çevrelerine daha iyi uyum sağlıyordu. Farklı adalardaki farklı koşullar, hayatta kalan kuşların o çevreye en iyi uyum sağlayanlar oldukları anlamına geliyordu.

Darwin'den önce de, Darwin'in büyükbabası Erasmus Darwin de dahil, hayvanların ve bitkilerin evrim geçirdiğini öne sürenler olmuştu. Charles Darwin'in eklediği şey ise doğal seçilim yoluyla uyum sağlama teorisidir, bu süreç çevrelerine en iyi uyum sağlamış canlıların özelliklerini sonraki nesillere aktarmak üzere hayatta kalmasına yol açar.

Hayatta kalma mücadelesi her şeyi açıklar. Bu sadece farklı türler arasındaki bir mücadele değildir. Aynı türün üyeleri de birbirlerine karşı hayatta kalma mücadelesi verir. Kendi özelliklerini gelecek nesle aktarmak için hepsi bir mücadele içindedir. İşte bu, akıllı bir zihin tarafından yapılmış gibi görünen hayvanların ve bitkilerin temel özelliklerinin nasıl ortaya çıktığını gösterir.

Evrim akılsız bir süreçtir. Arkasında bilinç ya da Tanrı yoktur ya da en azından, arkasında bunun gibi bir şeyin olmasına *ihtiyacı* yoktur. Kişisel değildir; otomatik olarak çalışmaya devam eden bir makinedir. Nereye gideceğini bilmeyen, ortaya çıkardığı hayvanlar ve bitkiler hakkında düşünmeyen kör bir süreçtir. Onları umursamaz da. Ürünlerini –bitkiler ve hayvanlar– gördüğümüz zaman, biri tarafından zekice tasarlanmış olmadıklarını düşünmek zordur. Darwin'in teorisi daha basit ve ayrıntılı bir açıklama sağlar. Ayrıca yaşadıkları çevreye adapte olan farklı türlerle birlikte neden bu kadar fazla canlı türü olduğunu açıklar.

1858 yılında Darwin bulgularını henüz yayımlamamıştı. Kitabı üstünde çalışıyor, her şeyin düzgün olmasını istiyordu. Başka bir doğa bilimci, Alfred Russel Wallace (1823-1913), Darwin'in evrim teorisine çok benzeyen kendi teorisinin taslağını Darwin'e yazdı. Bu rastlantı Darwin'i fikirlerini ortaya çıkarmaya itti ve teorinin ilk sunumu Londra'da Linean Derneğinde oldu. Sonrasında ise 1859 yılında *Türlerin Kökeni* yayımlandı. Darwin hayatının büyük bir bölümünü bu teoriye adadıktan sonra, Wallace'ın kendisinden önce oraya ulaşmasını istemedi. Kitap onu hemen meşhur etti.

Kitabı okuyan bazı insanlar ikna olmamıştı. Örneğin *Beagle*'ın kaptanı, bir hava tahmin sistemi mucidi ve bilim insanı Robert FitzRoy, Kutsal Kitaptaki Yaratılış hikâyesine inanmaktaydı. Dini inançları çürüten bir şeyin parçası olmaktan dehşete düşmüş ve Darwin'in gemisine hiç binmemiş olmasını dilemişti. Bugün bile yaratılışçılar Kutsal Kitaptaki hikâyenin doğru olduğuna ve hayatın kökenini anlattığına inanırlar. Ama bilim insanları arasında Darwin'in teorisinin temel evrim sürecini açıkladığına yönelik çok yoğun bir güven vardır. Bunun bir nedeni, Darwin'den sonra da teoriyi ve teorinin yeni biçimlerini destekleyen yığınla gözlemin olmasıdır. Örneğin genetik, kalıtımın nasıl işlediğine dair detaylı bir açıklama yapmıştır. Genler, kromozomlar ve belirli özelliklerin geçişindeki kimyasal süreçler hakkında bilgi sahibiyiz. Fosil kanıtlar da bugün Darwin'in zamanında olduğundan çok daha ikna edicidir. Bütün bu sebeplerden dolayı doğal seçilim ile evrim teorisi sadece bir "hipotez" olmaktan çok daha fazlasıdır: Onu destekleyen azımsanmayacak ağırlıkta kanıt olan bir hipotezdir.

Darwinizm, geleneksel Tasarım Argümanını şu ya da bu şekilde yok etmiş ve pek çok insanın dini inançlarını sarsmış olabilir. Ancak Darwin'in kendisi bile Tanrı'nın varlığına ilişkin sorular karşısında açık fikirli görünür. Meslektaşı bir bilim insanına yazdığı mektubunda, bu mesele üzerinde bir sonuca gerçekten de varamayacağımızı belirtmişti: "Konunun bütünü, insan zihni için fazla derin." Ve ekler: "Bir köpeğin Newton'un zihni hakkında yorum yapmasından farkı yok."

Dini inanç hakkında yorum yapmaya hazır ve bu konuyu, Darwin'in aksine, ömrü boyunca çalışmalarının merkezi haline getiren bir düşünür Søren Kierkegaard'dı.

26. BÖLÜM

Fedakârlık
SØREN KIERKEGAARD

İbrahim Tanrı'dan bir mesaj alır. Hakikaten korkunç bir mesajdır bu: Tek oğlu İshak'ı kurban etmelidir. İbrahim duygusal bir kargaşa içine girer. Oğlunu sevmektedir ama dini bütün bir insandır ve Tanrı'nın emirlerine itaat etmesi gerektiğini bilir. Eski Ahit'teki Yaratılıştan alınan bir hikâyede, İbrahim oğlunu Moriah Dağının tepesine götürüp adak taşına yatırır, Tanrı'nın istediği gibi oğlunu bıçağıyla kurban edecektir. Ancak son anda, Tanrı bir melek gönderip onu durdurur. Bunun yerine, İbrahim yakınlardaki çalılara yakalanmış bir koçu kurban eder. Tanrı,

İbrahim'in sadakatini oğlunun yaşamasına izin vererek ödüllendirir.

Bu mesajı olan bir hikâyedir. Buradan ahlaki olarak çıkarılacak olan genellikle, "inançlı ol, Tanrı'nın sana dediklerini yap, her şey daha iyiye gidecektir" olduğu düşünülür. Temel mesele, Tanrı'nın sözlerinden şüphe etmemektir. Ancak Danimarkalı filozof Søren Kierkegaard (1813-55) için konu o kadar basit değildi. *Korku ve Titreme* (1842) adlı kitabında, İbrahim'in aklından geçenleri, evinden İshak'ı öldüreceğine inandığı dağa giderken yolda üç gün boyunca hissettiği korkuyu, acıyı ve sorgulamayı hayal etmeye çalışmıştır.

Kierkegaard oldukça garip biriydi ve yaşadığı yer olan Kopenhag'a kolayca uyum sağlayamamıştı. Bu ufak tefek adam, gündüzleri sık sık şehrin sokaklarında bir dostuyla sohbet ederken görülüyor ve kendini Danimarkalı Sokrates olarak görmekten hoşlanıyordu. Geceleri ise mumlarla çevrili masasının başında durarak yazı yazıyordu. En garip davranışlarından biri, bir oyuna ara verildiği zaman salona girip, herkesin sanki zaten oyunun başından beri oradaymış, eğleniyormuş gibi düşünmesini sağlamaktı; oysa oyunu hiç izlememiş, tüm o vakit boyunca evinde yazmakla uğraşır olurdu. Bir yazar olarak çok çalışırdı ancak özel hayatında acı verici bir seçim yapmak zorunda kaldı.

Genç bir kadına, Regine Olsen'e gönlünü kaptırmış ve ona evlenme teklif etmişti. Regine kabul etti. Ne var ki Kierkegaard, evlenmek için fazla karamsar ve dindar olduğundan endişe ediyordu. Belki de Danca "mezarlık" anlamına gelen "Kierkegaard" soyadının hakkını veriyordu. Regine'e, onunla evlenemeyeceğini yazdı ve nişan yüzüğünü geri gönderdi. Bu kararı verdiği için kendini çok kötü hissetmiş, sonrasında gecelerce yatağında ağlamıştı. Regine, doğal olarak yıkılmış ve geri dönmesi için ona yalvarmıştı. Kierkegaard bunu reddetti. Bu olaydan sonra, yazılarının çoğunun nasıl yaşanılacağına karar verme ve doğru kararı verdiğinizi bilmenin zorluğu üzerine olması tesadüf değildir.

Karar verme, en ünlü eserinin başlığına yerleşmişti: *Ya/Ya da*. Bu kitap, okuyuculara *ya* sefa sürmek ve güzelliği kovalamak *ya da* geleneksel ahlaki kurallara bağlı kalmak arasındaki seçimi sunmaktaydı, estetik ile etik arasındaki bir seçimi. Gelgelelim, çalışmasında sürekli geldiği nokta Tanrı inancıydı. İbrahim'in hikâyesi meselenin kalbidir. Kierkegaard için Tanrı'ya inanmak basit bir karar değildir, hatta karanlığa adım atmayı gerektirir ve inanca dayanarak karar vermek, ne yapmanız gerektiğini söyleyen geleneksel fikirlere ters düşebilir.

Eğer İbrahim durmayıp oğlunu öldürseydi, bu ahlaki açıdan yanlış bir şey olurdu. Bir babanın temel görevi oğluna bakmaktır ve kesinlikle onu adak taşına yatırıp dini bir ayinde boğazını kesmemelidir. Tanrı'nın İbrahim'den istediği şey, ahlakı görmezden gelmesi ve gözünü karartmasıdır. Kutsal Kitapta İbrahim, normal anlamda doğru ve yanlışı görmezden geldiği ve oğlu İshak'ı bile kurban etmeye hazır olduğu için hayran olunacak biri olarak gösterilir. Peki ama korkunç bir hata yapmış olamaz mıydı? Mesaj gerçekten Tanrı'dan gelmemiş olsaydı ne olurdu? Belki de bir halüsinasyondu, belki de İbrahim delirmiş ve gaipten sesler duymaya başlamıştı. Nasıl emin olabilirdi? Eğer Tanrı'nın verdiği emri değiştireceğini başta bilseydi, İbrahim için işler daha kolay olurdu. Ama bıçağını oğlunun kanını dökmek için kaldırdığında, gerçekten onu öldüreceğine inanıyordu. Kutsal Kitapta anlatılan sahneye göre asıl vurgulanmak istenen budur. İnancı son derece etkileyicidir, *çünkü* geleneksel etik kaygılar yerine Tanrı'ya güvenmişti. Aksi takdirde inanç olmazdı. İnanç risk içerir; ayrıca irrasyoneldir, akla dayanmaz.

Kierkegaard bir babanın daima oğlunu korumak zorunda olması gibi genelgeçer toplumsal görevlerin bazen en yüksek değerde olmadığına inanıyordu. Tanrı'ya itaat etme görevi, iyi bir baba olma görevinin, aslında diğer bütün görevlerin üstüne çıkar. İnsani bakış açısından, İbrahim oğlunu kurban etmeyi düşünecek kadar katı kalpli ve gayriahlaki görünebilir. Ancak Tanrı'nın emri, bu emir her ne olursa olsun, oyunu kazanan iskambildeki as gibidir. Destede daha yüksek bir kart yoktur ve insan etiği artık anlamlı değildir. Bununla birlikte, inanç uğruna etikten uzaklaşan bir kişi acı verici bir karar verir, her şeyi tehlikeye atar, yaptığı şeyin nasıl bir yararı olacağını ya da ne olacağını bilmez, mesajın gerçekten Tanrı'dan gelip gelmediğinden emin olamaz. Bu yolu seçenler tamamen yalnızdır.

Kierkegaard Hıristiyandı, ancak Danimarka kilisesinden nefret ediyor ve etrafındaki kayıtsız Hıristiyanların davranışlarını kabul edemiyordu. Onun için din, kilisede şarkı söylemek için bir bahane değil, yürek burkan bir seçimdi. Ona göre Danimarka kilisesi Hıristiyanlığı çarpıtıyordu ve gerçekten Hıristiyan değildi. Doğal olarak bu düşünceleri onu sevilen biri haline getirmedi. Sokrates gibi o da eleştirilerinden ve sert ifadelerinden hoşlanmayan insanları kızdırdı.

Bu bölümde buraya dek, Kierkegaard'ın neye inandığını kendimden emin bir biçimde kaleme aldım. Gelgelelim, kitaplarında gerçekten neyi kastettiğini yorumlamak bu kadar kolay değildir. Bu bilerek yaptığı bir şeydi. Kierkegaard sizi, kendi başınıza düşünmeye çağıran bir yazardır. Nadiren kendi ismiyle yazar, genelde takma isim kullanırdı. Sözgelimi, *Korku ve Titreme* kitabını Johannes de Silentio adıyla yazmıştı, yani Sessiz John. Bu, yalnızca kitapları Kierkegaard'ın yazmış olduğunu saklamak için değildi, yazarın kim olduğunu pek çok kişi hemen tahmin ediyordu ki muhtemelen onun da istediği buydu. Kitabı için uydurduğu yazarlar, dünyaya kendi bakış açılarından bakan karakterlerdi. Bu, Kierkegaard'ın tartıştığı durumları okuyucuya anlatmak ve onları da tartışmanın içine çekmek için kullandığı tekniklerden biridir. Dünyayı o karakterin gözlerinden görürsünüz ve onun hayata dair farklı yaklaşımlarının değerini belirlemek size düşer.

Kierkegaard'ın yazdıklarını okumak roman okumak gibidir, fikirlerini geliştirmek için sıklıkla kurgusal anlatıyı kullanır. *Ya/Ya da* kitabında (1843), kitabın hayali editörü Victor Eremita, ikinci el bir masadaki gizli çekmecede duran bir el yazması bulduğunu anlatır. El yazması, kitabın ana metnidir. Güya iki farklı kişi tarafından yazılmıştır, bunları A ve B olarak tanımlar. İlki, hayatı can sıkıntısından kurtulma etrafında dönen ve yeni heyecanlar arayan zevk meraklısı biridir. Genç bir kadını ayartma hikâyesi günlük tarzında anlatılır. Bu kısa hikâye bazı açılardan Kierkegaard'ın Regine ile olan ilişkisine ayna tutar. Zevk düşkünü bu karakter, Kierkegaard'ın aksine, yalnızca kendi hisleriyle ilgilenmektedir. *Ya/Ya da* kitabının ikinci kısmı ise, âdeta bir yargıç tarafından yazılmış gibidir, ahlaki yaşam tarzını savunur. İlk kısmın üslubu, A'nın ilgilerini yansıtır: Sanat, opera ve baştan çıkarmayla ilgili kısa pasajlardan oluşmaktadır. Bu bölümde sanki yazar, düşüncelerini uzun süre bir konuya veremiyormuş gibidir. İkinci kısım ise yargıcın hayata bakış açısını yansıtacak şekilde daha ciddi, uzun ve sıkıcı bir üslupla yazılmıştır.

Bu arada, eğer reddedilen zavallı Regine Olsen için üzülüyorsanız, Kierkegaard'la yaşadığı inişli çıkışlı ilişkiden sonra bir devlet memuruyla evlendi ve görünen o ki, hayatının geri kalanında yeterince mutlu yaşadı. Kierkegaard ise asla evlenmedi ve hatta Regine'den ayrıldıktan sonra bir kız arkadaşı bile olmadı. Regine onun gerçek aşkıydı ve başarısız olan ilişkileri, kısa ve ıstırap dolu hayatında yazdığı neredeyse her şeyin kaynağıydı.

Birçok filozof gibi Kierkegaard'ın da değeri kısa hayatı –henüz 42 yaşındayken öldü– süresince tamamen anlaşılmadı. Kitapları, herhangi bir rehberin yokluğunda ne yapacağımıza karar vermenin getirdiği keder üzerine olan düşüncelerinden etkilenen Jean-Paul Sartre gibi (bkz. 33. Bölüm) varoluşçularla birlikte yirminci yüzyılda ünlü oldu.

Öznel bakış açısı, seçimler yapan bireyin deneyimi Kierkegaard için çok önemliydi. Karl Marx ise daha kapsamlı bir görüşü benimsemiştir. Hegel gibi Marx'ın da tarihin ve ona yön veren güçlerin nasıl açığa çıktığına dair geniş bir vizyonu vardı. Kierkergaard'ın aksine, din yoluyla herhangi bir kurtuluş umudu görmüyordu.

27. BÖLÜM

Dünyanın Bütün İşçileri, Birleşin!
KARL MARX

On dokuzuncu yüzyılda İngiltere'nin kuzeyinde binlerce pamuk atölyesi vardı. Uzun bacalarından çıkan koyu dumanlar sokakları kirletir ve her yeri is kaplardı. İçerideki erkek, kadın ve çocuklar, makinelerin dönmesini sürdürmek için çok uzun saatler –çoğunlukla günde 14 saat– çalışırdı. Köle sayılmazlardı, fakat maaşları çok düşük, koşullar zor ve çoğunlukla tehlikeliydi. Eğer dikkatlerini kaybederlerse makinelere yakalanabilir, uzuvlarını kaybedebilir, hatta ölebilirlerdi. Bu tür durumlarda uygulanan tıbbi yardım çok temeldi. Çok az seçenekleri vardı, çalışmazlarsa aç kalırlardı.

Ayrılırlarsa, başka bir iş bulamayabilirlerdi. Bu koşullar altında çalışan insanlar uzun yaşamazdı ve hayatlarında kendilerinin diyebilecekleri çok nadir anlar vardı.

Bu süreçte atölye sahipleri gitgide zenginleşti. Esas kaygıları kâr etmekti. Sermayeleri (daha fazla para kazanmak için kullanabilecekleri para), binaları ve makineleri, az çok kendi malları sayılacak işçileri vardı. İşçilerin ise hemen hemen hiçbir şeyi yoktu. Tüm yapabildikleri, çalışma kabiliyetlerini satmak ve atölye sahiplerinin zenginleşmesine yardım etmekti. Emekleriyle atölye sahiplerinin satın aldığı hammaddelere değer katıyorlardı. Pamuk fabrikaya girdiğinde, çıktığı halinden çok daha az değerdeydi. Fakat satıldıktan sonra pamuğa eklenen bu değerin çoğu, fabrika sahiplerine gidiyordu. İşçilere gelince, fabrika sahipleri onlara mümkün olan en düşük ücreti veriyor, genellikle sadece hayatta kalmalarına yetecek kadar ödeme yapıyordu. İşçilerin iş güvenliği yoktu. Eğer yaptıkları şeye olan talep düşerse, işten atılır ve başka iş bulamazlarsa ölüme terk edilirlerdi. Alman filozof Karl Marx (1818-83), 1830'larda yazmaya başladığında, Sanayi Devriminin yarattığı bu sert koşullar sadece İngiltere'de değil, tüm Avrupa'da etkisini göstermekteydi. Bu durum Marx'ı öfkelendiriyordu.

Marx bir eşitlikçiydi: İnsanlara eşit davranılması gerektiğini düşünüyordu. Fakat kapitalist sistemde –çoğunlukla miras kalan bir servetten dolayı– parası olanlar, gitgide daha zenginleşiyordu. Bu sırada, emeklerini satmaktan başka yapacak bir şeyleri olmayan insanlar sefil hayatlar yaşıyor ve sömürülüyorlardı. Marx için tüm insanlık tarihi, bir sınıf mücadelesi olarak açıklanabilirdi: Zengin kapitalist sınıf (burjuvazi) ile çalışan sınıf ya da proletarya arasındaki mücadele. Burjuvazi ile proletarya arasındaki bu ilişki, insanoğlunun potansiyeline ulaşmasını engelliyor, çalışmayı tatmin edici bir etkinlik yerine acı dolu bir şeye çeviriyordu.

Muazzam bir enerjiye sahip ve sorun yaratmasıyla ünlü olan Marx, hayatının çoğunu fakirlik içinde geçirdi, zulümden kurtulmak için Almanya'dan Paris'e, sonra da Brüksel'e yerleşti. Nihayet Londra'yı mesken tutmuştur. Burada yedi çocuğu, eşi Jenny ve kendisinden gayrimeşru bir çocuk sahibi olduğu temizlikçisi Helene Demuth'la yaşadı. Dostu Friedrich Engels, gazetelerde yazabileceği işler bulması için ona yardım etti ve hatta Marx'ın gayrimeşru oğlunu, durumu örtbas etmek için evlat edindi. Bununla birlikte, Marx ailesinin nadiren yaşamını sürdürebilecek kadar parası oluyordu. Çoğu zaman hastaydılar, açtılar ve üşüyorlardı. Çocuklarından üçü trajik bir şekilde yetişkinlik çağına gelmeden öldü.

Hayatının sonraki yıllarında Marx, günlerinin çoğunu, çalışmak ve yazmak için Londra'daki British Museum'un okuma odasında geçirecek, diğer günlerde de Soho'daki kalabalık dairesinde kalıp, kendi el yazısı çok kötü olduğu, hatta bazen kendisi bile okuyamadığı için düşüncelerini eşine yazdıracaktı. Bu zor koşullarda muazzam sayıda, elliden fazla kalın cildi dolduracak kadar kitap ve makale üretti. Düşünceleri, kimileri için iyi, pek çok kişi için ise şüphesiz kötü yönde, milyonlarca insanın hayatını değiştirdi. Gerçi kendi zamanında eksantrik bir figür, belki de biraz çılgın biri gibi görünüyor olmalıydı. Ne kadar etkili olacağını az insan öngörebildi.

Marx kendini işçilerle özdeşleştiriyordu. Toplumun tüm yapıları onları eziyordu. Tam olarak insanca yaşayamıyorlardı. Kısa bir süre sonra fabrika sahipleri, üretim sürecini küçük birimlere ayırmaları halinde daha fazla ürün elde edebileceklerinin farkına vardılar. Böylece her işçi, üretim hattındaki belirli bir işte uzmanlaşabilirdi. Fakat bu, işçilerin hayatını, onları sıkıcı ve sürekli tekrarlayan eylemlerde bulunmaya zorlayarak daha da tatsız hale getirdi. Bütün üretim sürecini görmüyor ve ancak karınlarını doyuracak kadar kazanıyorlardı. Yaratıcı olmak yerine yıpranıyorlar, fabrika sahiplerinin zenginleşmesinden başka bir amacı olmayan dev bir makinenin dişlilerine dönüşüyorlardı. Sanki gerçekte insan değillerdi, sadece üretim hattının devam etmesi ve kapitalistlerin daha fazla kâr –işçilerin emeğiyle yaratılan, Marx'ın "artı değer" dediği şey– koparmalarını sağlamak için doyurulması gereken karınlar olarak görülüyorlardı:

Tüm bunların işçiler üzerindeki etkisi, Marx'ın *yabancılaşma* dediği şeydi. Bu sözcükle birkaç şey demek istiyordu. İşçiler yabancılaşmışlardı ya da gerçekte insan olarak oldukları şeyden uzaklaşmışlardı. Yaptıkları şeyler de onları yabancılaştırmıştı. Ne kadar çok çalışırlarsa, o kadar fazla üretirlerdi ve kapitalistler için daha fazla kâr sağlarlardı. Nesnelerin kendisi bile işçilerden intikam alır gibiydi.

Gelgelelim, hayatları sefil ve tamamen ekonomik koşullarla belirlenmiş olsa da bu insanlar için hâlâ biraz umut vardı. Marx, kapitalizmin sonunda kendi kendini ortadan kaldıracağına inanıyordu. Proletarya, eninde sonunda şiddetli bir devrimle yönetimi devralacaktı. Er ya da geç, dökülen tüm bu kandan, insanların artık sömürülmediği, yaratıcı ve işbirliği içinde olabildikleri daha iyi bir dünya doğacaktı. Herkes topluma bir şekilde katkıda bulunacak ve toplum da bunun karşılığını verecekti: Marx'ın görüşü, "herkesten yeteneğine göre, herkese ihtiyacına göre"ydi. İşçiler fabrikaların kontrolünü ellerine alarak, herkesin ihtiyaç duyduğunu almaya yetecek kadar şeye sahip olduğundan emin olacaklardı. Kimsenin aç kalmasına ya da uygun giyecek veya barınağı olmadan yaşamasına gerek olmayacaktı. Bu gelecek, komünizm, işbirliğinin yararlarının paylaşılmasına dayanan bir dünyaydı.

Marx, toplumun gelişim yönüne ilişkin çalışmasının, bu geleceğin kaçınılmaz olduğunu gösterdiğine inanıyordu. Tarihin yapısı içerisine inşa edilmişti. Fakat bir parça yardım gerekebilirdi ve 1848'de Engels'le birlikte yazdığı *Komünist Manifesto*'da, dünya işçilerini birleşmeye ve kapitalizmi devirmeye davet etti. Jean-Jacques Rousseau'nun *Toplum Sözleşmesi*'nin (bkz. 18. Bölüm) baştaki satırlarını tekrarlayarak, işçilerin zincirlerinden başka kaybedecek hiçbir şeyleri olmadığını ilan ediyordu.

Marx tarihle ilgili düşüncelerinde Hegel'den (22. Bölüm) etkilendi. Hegel, görmüş olduğumuz gibi, her şeyin altında yatan bir yapının olduğunu ve aşamalı olarak bir şekilde kendinin bilincinde olacak bir dünyaya doğru ilerlediğimizi ifade etmişti. Marx, Hegel'den ilerlemenin kaçınılmazlığıyla birlikte, tarihin bir örüntüye sahip olduğu, olayların birbirini izlemesinden ibaret olmadığı fikrini aldı. Ancak Marx'ın yorumunda ilerleme, altta yatan ekonomik güçler nedeniyle gerçekleşiyordu.

Marx ve Engels, sınıf mücadelesinin yerine, kimsenin toprak sahibi olmadığı, miras bırakılmayan, eğitimin ücretsiz olduğu ve kamu fabrikalarının herkesin ihtiyacını karşıladığı bir dünya vaat etmiştir. Din ya da ahlaka da gerek olmayacaktı. Din, daha sonra meşhur olan ifadesiyle, "halkın afyonu"ydu: İnsanları, gerçekte baskı altında olduklarını fark edemeyecekleri şekilde uyutan bir uyuşturucu gibiydi. Devrimden sonraki yeni dünyada insanlar, insanlıklarını gerçekleştirebilecekti. Yapıp ettikleri anlamlı olacak ve herkese yararlı olacak şekilde işbirliği yapacaklardı. Devrim, tüm bunları başarmanın yoluydu, bu da, zenginler öylece servetlerinden vazgeçmeyecekleri için şiddet anlamına geliyordu.

Marx, geçmişteki filozofların dünyayı sadece yorumlamış olduklarını düşünüyordu, oysa onun istediği dünyayı değiştirmekti. Bu, birçoğu ahlaki ve siyasi reformlar üzerinde durmuş olan ondan önceki filozoflara bir parça haksızlıktı. Ancak onun düşünceleri, birçoğundan daha etkili oldu. Düşünceleri çabucak yayıldı, 1917'de Rusya'da ve başka yerlerde görülen gerçek devrimlere ilham verdi. Ne yazık ki –Rusya ve bazı komşularını içine alarak kurulmuş devasa bir devlet olan– Sovyetler Birliği'nin, yirminci yüzyılda Marksist çizgide oluşturulmuş diğer komünist devletlerin çoğuyla birlikte baskıcı, etkisiz ve yozlaşmış olduğu anlaşıldı. Üretim süreçlerini ulusal ölçekte düzenlemek, hayal edilebileceğinden çok daha zordu. Marksistler, bunun, Marksist düşüncenin kendisine zarar vermediğini iddia eder. Bazıları hâlâ

Marx'ın toplum hakkındaki düşüncelerinin temelde doğru olduğuna inanır ancak komünist devletlerin yöneticileri bu devletleri gerçek anlamda komünist çizgide yönetmemişlerdir. Başkaları ise insan doğasının bizi, Marx'ın hesaba katmadığı kadar rekabetçi ve kendimiz için açgözlü yaptığına işaret ederler: Onların görüşüne göre, insanların komünist bir devlette tam anlamıyla işbirliği yapması mümkün değildir, bizler öyle yaratılmamışızdır.

1883 yılında veremden öldüğünde, az sayıda insan Marx'ın kendinden sonraki tarih üzerindeki etkisini öngörebilmişti. Düşünceleri de Londra Highgate Mezarlığında onunla birlikte gömülecekmiş gibi görünüyordu. Engels'in, mezarı başındaki "Adı yüzyıllar boyunca yaşayacak, eseri de!" ifadesi hayal gibi görünüyordu.

Marx'ın ana ilgi alanı ekonomik ilişkilerdi. Onun görüşüne göre, olduğumuz ve olabileceğimiz her şeyi bu ilişkiler biçimlendiriyordu. Pragmatist filozof William James, bir düşüncenin "nakit değeri" hakkında yazarken oldukça farklı bir şey kastediyordu. James'e göre bu, basit bir deyişle düşüncenin yol açtığı eylem, dünyada yarattığı farktı.

28. BÖLÜM

Ne Olmuş?
C.S. PEIRCE VE WILLIAM JAMES

Bir sincap, büyük bir ağacın gövdesine sıkıca tutunmuştur. Ağacın diğer tarafında, gövdesine sokulmuş bir avcı vardır. Avcı ne zaman soluna doğru hareket etse, pençeleriyle ağaca tutunan sincap da kendi soluna doğru hareket ederek ağacın etrafında ilerler. Avcı sincabı bulmaya çalışır, fakat sincap her seferinde avcının görüş alanının dışında kalmayı başarır. Aynı durum saatlerce aynı şekilde devam eder, avcı bir an bile olsa sincabı göremez. Bu durumda, avcının sincabın *etrafında döndüğü*nü söylemek doğru mudur? Bunun üzerine bir düşünün. Avcı gerçekten avının *etrafında dönmüş* müdür?

Cevabınızın "neden bilmek istiyorsun?" olması mümkündür. Amerikalı filozof ve psikolog William James (1842-1910), aynı örnek üzerine tartışmakta olan bir grup arkadaşına rastlar. James, sizin cevabınıza sempatiyle yaklaşırdı. Arkadaşları cevap üzerinde hemfikir olamasalar da meseleye ilişkin ortaya çıkarılabilecek mutlak bir doğru varmışçasına tartışıyorlardı. Bazıları "evet, avcı sincabın etrafında dönüyor*du*," diğerleri ise, "hayır, kesinlikle dönmüyordu" diyordu. James'in, cevabı bulmalarına yardımcı olabileceğini düşündüler. James'in cevabı kendi *pragmatist* felsefesine dayanıyordu.

Söylediği şuydu: Eğer etrafında dönmekten kastınız, adamın sincabın önce kuzeyinde, sonra doğusunda, sonra güneyinde ve sonra da batısında bulunması ise ki bu da "etrafında dönmek" fiilinin anlamlarından bir tanesidir, o zaman avcının sincabın etrafında döndüğü doğrudur. Bu anlamda, avcı gerçekten sincabın etrafında dönmektedir. Ancak eğer, avcının önce sincabın karşısında, sonra sağında, ardından arkasında, en sonunda da solunda bulunmasını kastediyorsanız, karşımızda "etrafında dönme"nin başka bir anlamı vardır ve sorunun cevabı "hayır"dır. Sincabın karnı her zaman avcıya dönüktür, bu anlamda avcı sincabın etrafında dönmemektedir. Aralarında ağaç, yüzleri sürekli birbirlerine dönük, birbirlerini görmeksizin döne döne dans ediyor gibidirler.

Bu örnekle işaret edilen şey, pragmatizmin pratik sonuçlarla, düşüncenin "nakit değeri"yle ilgilendiğini göstermektir. Eğer cevap beraberinde bir şey getirmiyorsa, o zaman neye karar verdiğiniz gerçekten de önemli değildir. Bütün mesele, niye bilmek istediğinize ve bunun fiilen nasıl bir fark yaratacağına bağlıdır. Bu yaklaşımda, soruyla ilgili özel insani ilgi ve "etrafında dönmek" fiilini farklı bağlamlarda tam olarak nasıl kullandığımız dışında bir hakikat yoktur. Eğer pratik bir fark yoksa, meseleye dair bir hakikat de yoktur. Hakikat, bir şekilde "orada bir yerde," onu bulmamızı bekleyen bir şey değildir. James için hakikat, basitçe işe yarayan, hayatlarımız üzerinde yararlı etkisi olan şeydi.

Pragmatizm, on dokuzuncu yüzyılın sonlarında Amerika Birleşik Devletleri'nde popüler olan felsefi bir yaklaşımdır. Bu yaklaşım, felsefeyi daha bilimsel kılmak isteyen Amerikalı filozof ve bilim insanı C.S. Peirce'le ("pörs" diye telaffuz edilir) başladı. Peirce (1839-1914), bir ifadenin doğru olması için onu destekleyecek bazı olası deney veya gözlemlerin olması gerektiğine inanıyordu. Eğer "cam kırılgandır" derseniz bu, ona bir çekiçle vurmanız durumunda ufak parçalara ayrılacağı anlamına gelir. "Cam kırılgandır" ifadesini doğru kılan budur. Cama vurduğunuzda ne olacağıyla ilgili bu olgu dışında, camın sahip olduğu görünmez bir "kırılganlık" niteliği yoktur. "Cam kırılgandır" ifadesi, bu pratik sonuçlardan ötürü doğru bir ifadedir. "Cam saydamdır" da doğru bir ifadedir, çünkü camdan baktığınızda arkasını görebilirsiniz ve bunun nedeni camın gizemli bir özelliği değildir. Peirce, pratikte herhangi bir fark yaratmayan soyut teorilerden nefret eder, anlamsız olduklarını düşünürdü. Doğru, ideal olarak yürütmek istediğimiz bütün deneyleri ve soruşturmaları gerçekleştirebilmemiz durumunda en nihayetinde varacağımız şeydir. Bu, 32. Bölümün konusunu oluşturan, A.J. Ayer'in mantıksal pozitivizmine çok yakındır.

Peirce'ün çalışmaları yaygın bir şekilde okunmadı, ama William James'inkiler okundu. O mükemmel bir yazardı – ünlü kardeşi, roman ve kısa hikâye yazarı Henry James kadar iyi, belki ondan da iyiydi. İkisinin de Harvard Üniversitesinde ders verdikleri dönemde, James zamanının çoğunu Peirce'le pragmatizm üzerine tartışarak geçirdi. James pragmatizmin, makalelerinde ve derslerinde popüler hale getirdiği kendine has bir biçimini geliştirdi. Onun için pragmatizm şöyle özetlenebilir: Doğru, işe yarayandır. Gerçi "işe yarayan" derken ne demek istediği bir parça muğlaktır. İlk dönem psikologlardan biri olsa da, sadece bilimle değil, ahlaki anlamda doğru ve yanlış ve dinle de ilgileniyordu. Aslında en çok tartışılan yazıları dinle ilgiliydi.

James'in yaklaşımı geleneksel doğruluk görüşünden oldukça farklıdır. Bu görüşe göre doğruluk, olgulara uygunluk göstermek anlamına gelir. Bu uygunluk teorisine göre, bir cümleyi doğru yapan şey, onun dünyanın nasıl olduğunu tam olarak betimlemesidir. "Kedi minderin üzerindedir" cümlesi, minderin üzerinde bir kedi olduğu zaman doğrudur, olmadığı zaman, örneğin kedi dışarı çıkmış bahçede fare arıyorsa yanlıştır. James'in pragmatik doğruluk teorisine göre, "minderin üzerinde kedi var" cümlesini doğru yapan şey, ona inanmanın bizim için pratik olarak kullanışlı sonuçlar üretmesidir. Bizim için işe yarar. Böylece örneğin minderin üzerinde kedi olduğuna inanmak, kedi başka bir yere gidinceye kadar evcil faremizle minderin üzerinde oynamayacağımızı bilmemiz sonucunu doğurur.

"Minderin üzerinde kedi var" gibi bir örneği kullandığımızda, bu pragmatik doğruluk teorisinin sonuçları özellikle şaşırtıcı ya da önemli görünmez. Ancak bunu bir de "Tanrı vardır" cümlesinde deneyelim. James'in bu konuda ne söylemesini beklerdiniz?

Tanrı'nın var olduğu doğru mu? Ne düşünüyorsunuz? Başlıca cevaplar "evet, Tanrı'nın var olduğu doğrudur," "hayır, Tanrı'nın var olduğu doğru değildir" ya da "bilmiyorum" olur. Bunu okumadan önce soruma cevap vermek zorunda kalsaydınız, muhtemelen bu cevaplardan birini verirdiniz. Bu konumların adları vardır: Teizm, ateizm ve bilinemezcilik. "Evet, Tanrı'nın var olduğu doğrudur" diyenler, genellikle bir yerlerde üstün bir varlığın var olduğunu ve "Tanrı vardır" ifadesinin, yaşayan hiç insan olmasa, hatta insanoğlu hiç var olmamış olsa bile doğru olacağını kasteder. "Tanrı vardır" ya da "Tanrı yoktur," hem doğru hem de yanlış ifadelerdir. Fakat onları doğru ya da yanlış yapan onlar hakkında ne düşündüğümüz değildir. Onlar hakkında ne düşünürsek düşünelim, bu ifadeler ya doğru ya da yanlıştır. Onları düşünürken, sadece doğru cevabı bulmayı umarız.

James, "Tanrı vardır" ifadesinin oldukça farklı bir analizini sundu. Söz konusu ifadenin doğru olduğunu düşünüyordu. Onu doğru yapan şey, sahip olması yararlı bir inanç olmasıdır. Bu sonuca varırken Tanrı'nın varlığına inanmanın faydalarına odaklandı. Bu onun için önemli bir konuydu ve bundan dolayı, dinsel inancın sahip olabileceği geniş kapsamlı etkileri incelediği *Dinsel Deneyim Türleri* (1902) adını taşıyan bir kitap yazdı. James için "Tanrı vardır" ifadesinin doğru olduğunu söylemek, inanan için, ona inanmanın iyi olduğunu söylemektir. Bu, benimsenmesi şaşırtıcı bir konumdur. 12. Bölümde incelediğimiz, bilinemezcilerin Tanrı'nın varlığına inanmaktan fayda sağlayacaklarını söyleyen Pascal'ın argümanını andırır. Gerçi Pascal, "Tanrı vardır" ifadesinin, insanlar Tanrı'ya inanarak kendilerini daha iyi hissettikleri ya da bu inançtan dolayı daha iyi insanlar oldukları için değil Tanrı gerçekten var olduğu için doğru olduğuna inanırdı. Onun giriştiği bahis, bilinemezcileri kendi düşündüğü şeyin doğru olduğuna inandırmanın bir yoluydu sadece. James içinse Tanrı'ya inancın "tatminkâr bir şekilde işe yaradığı" varsayımı, "Tanrı vardır" ifadesini de doğru kılar.

Bunu daha da netleştirmek için "Noel Baba vardır" cümlesini ele alalım. Bu doğru mudur? Gerçekten, kırmızı yüzlü neşeli ve tombul bir adam her noelde hediye dağıtmak için bacanızdan içeri girer mi? Eğer bunun gerçek olduğuna inanıyorsanız, bu paragrafın gerisini okumayın. Gerçi gerçekten var olsa güzel olurdu diye düşünseniz bile, Noel Babanın var olduğunu *düşünmüyor* olduğunuzu tahmin ediyorum. İngiliz filozof Bertrand Russell (bkz. 31. Bölüm), William James'in pragmatik doğruluk teorisinin, onun "Noel Baba vardır" ifadesinin doğru olduğuna inanması gerektiği anlamına geldiğini söyleyerek bu teoriyle dalga geçmiştir. Bunu söylemesinin nedeni, James'in bir cümleyi doğru kılan şeyin, ona inanmanın inanan kişi üzerindeki etkisi olduğunu düşünmesiydi. En azından çoğu çocuk için, Noel Babaya inanmak harikadır. Noeli onlar için çok özel bir güne dönüştürür; daha iyi davranmalarını sağlar; noelden önceki günlerde odaklanabilecekleri bir şey verir. Onlar için işe yarar. Dolayısıyla ona inanmak bir şekilde işe yaradığı için, bu durum onu, James'in teorisine göre doğru kılıyor görünür. Sorun şu ki, doğru olsaydı iyi olacak olan şey ile gerçekten doğru olan şey arasında bir fark vardır. James, böyle bir durumda, Noel Babaya inanmak çocuklar için işe yarıyor olsa da, herkes için işe yaramadığını belirtebilirdi. Eğer aileler Noel Babanın noel arifesinde hediye dağıttığına inansaydı, çıkıp çocukları için hediye almaya gitmezlerdi. "Noel Baba vardır" inancında bir aksaklık olduğunu anlamak için noel sabahını beklemek yeterli olurdu. Fakat bu, küçük çocuklar için Noel Babanın olması doğru, çoğu yetişkin içinse yanlıştır mı demek? Bu durum da doğruyu öznel, dünyanın nasıl olduğundan ziyade bizim bir şey hakkında nasıl hissettiğimize ilişkin bir meseleye dönüştürmez mi?

Başka bir örnek ele alalım. Diğer insanların zihinleri olduğunu nereden biliyorum? Hiçbir içsel yaşamı olmayan bir çeşit zombiden ibaret olmadığımı kendi deneyimlerimden biliyorum. Kendi düşüncelerim, niyetlerim vb var. Bununla birlikte, etrafımdaki insanların da düşüncelerinin olup olmadığını nasıl söyleyebilirim? Belki de bilinçsizler. Kendilerine ait zihinleri olmaksızın otomatik bir şekilde hareket eden zombiler olamazlar mı? Burada söz konusu olan, filozofları uzun zaman endişelendiren Diğer Zihinlerin Varlığı Problemidir. Çözmesi zor bir bilmecedir bu. James'in cevabı, diğer insanların zihinlerinin olduğunun doğru olması gerektiğidir. Aksi takdirde, diğer insanlar tarafından kabul edilme ve takdir edilme arzumuzu tatmin edemezdik. Bu tuhaf denebilecek bir argümandır. James'in pragmatizminin hüsnükuruntu –gerçekten doğru olup olmadığına bakmaksızın, doğru olması arzu edilen şeye inanma– olduğu izlenimini verir. Birileri sizi övdüğünde, sırf hoşunuza gittiği için, onların robot değil de bilinç sahibi varlıklar olduğunu düşünmek, onları bilinç sahibi varlıklar yapmaz. Pekâlâ içsel bir yaşamdan yoksun olabilirler.

Yirminci yüzyılda Amerikalı filozof Richard Rorty (1931-2007) bu tarzdaki pragmatik düşünmeyi devam ettirmiştir. James gibi o da sözcükleri dünyayı bir biçimde yansıtan sembollerden ziyade, bir şeyler yaparken kullandığımız araçlar olarak düşünüyordu. Sözcükler dünyayı kopyalamamızı değil, onunla başa çıkmamızı sağlar. "Doğru, çağdaşlarınızın yanınıza kâr kalmasına izin verdikleri şeydir" ve tarihin hiçbir dönemi gerçekliği bir diğerinden daha doğru yakalamaz diyordu. Rorty'ye göre, insanlar dünyayı tanımlarken, bir Shakespeare oyununu yorumlayan edebiyat eleştirmenleri gibidirler: Oyunun, hepimizin kabul etmesi gereken tek bir "doğru" okuması yoktur. Farklı insanlar, farklı zamanlarda, metni farklı şekillerde yorumlarlar. Rorty herhangi bir bakış açısının daimi doğruluğunu reddetmiştir. Ya da en azından, benim onun çalışmalarına dair yorumum budur. Muhtemelen Rorty, avcının ağacın çevresinde koşturan sincabın etrafında dönüp dönmediği sorusunun "doğru" cevabı olmadığı gibi, bunun da doğru bir yorumu olmadığını düşünürdü.

Friedrich Nietzsche'nin eserlerinin doğru bir yorumunun olup olmadığı da ilginç bir sorudur.

29. BÖLÜM

Tanrı'nın Ölümü
FRIEDRICH NIETZSCHE

"Tanrı öldü," Alman filozof Friedrich Nietzsche'nin (1844-1900) en ünlü sözüdür. Fakat Tanrı nasıl ölebilir ki? Tanrı'nın ölümsüz olduğu varsayılır. Ölümsüz varlıklar ölemez. Sonsuza dek yaşarlar. Bir bakıma mesele de budur... Tanrı'nın ölümü bu nedenle kulağa garip gelir. Nietzsche, Tanrı'nın ölemeyeceği fikriyle oynuyordu. Tanrı'nın bir zamanlar gerçekten yaşadığını ama artık öldüğünü kastetmiyordu. Tanrı'ya inanmayı bırakmanın akılcı olduğundan söz ediyordu. Nietzsche, "Tanrı öldü" ifadesini *Şen Bilim* kitabında (1882) elinde fenerle her yerde Tanrı'yı arayan, ama bulamayan bir karakterin ağzından söylüyordu. Köylüler bu adamın deli olduğunu düşünür.

Nietzsche olağanüstü bir adamdı. Henüz yirmi dört yaşındayken Basel Üniversitesine profesör olarak atandığında, önünde onu saygın bir akademik kariyer bekliyor gibi görünüyordu. Fakat bu eksantrik ve özgün düşünür, uyumlu biri değildi, hayatı kendisi için zorlaştırmak hoşuna gidiyor gibiydi. Sonunda 1879 yılında, kısmen hastalığından dolayı üniversiteden ayrıldı. İtalya, Fransa ve İsveç'e seyahat etti. O dönemde pek kimsenin okumadığı ama günümüzde hem felsefi hem de edebi eserler olarak ün kazanmış kitaplarını yazdı. Sonrasında ruh sağlığı bozuldu ve hayatının son zamanlarını bir akıl hastanesinde geçirdi.

Fikirlerini düzenli bir biçimde sunan Immanuel Kant'ın aksine, Nietzsche okuyucularına her açıdan yaklaşıyordu. Yazılarının çoğu kısa, parça parça paragraflardan ve tek cümlelik yorumlardan oluşuyordu. Bir kısmı ironik, bir kısmı içten, çoğu ise kibirli ve kışkırtıcıydı. Bazen Nietzsche'nin size bağırdığını hissedersiniz, bazen de kulağınıza fısıldadığını. Sıklıkla, okuyucularının onunla işbirliği yapmasını ister, sanki sen ve ben işlerin nasıl yürüdüğünü biliyoruz ama bu aptallar yanılsamalardan mustarip der gibidir. Sürekli geri döndüğü bir tema ahlakın geleceğidir.

Eğer Tanrı ölürse, sonra ne olur? Nietzsche kendine bu soruyu sorar. Cevabı ise, bizi ahlak için bir temelden yoksun bıraktığıdır. Doğru ya da yanlışa, iyi ya da kötüye dair düşüncelerimiz bir tanrının olduğu dünyada anlam kazanır. Tanrı'nın olmadığı bir dünyada anlamsızdırlar. Tanrı'yı ortadan kaldırırsanız, o zaman nasıl yaşamamız, neye değer vermemiz gerektiğine dair açık ilkelerin var olma olasılığını da ortadan kaldırmış olursunuz. Bu sert bir mesajdır ve çağdaşlarının çoğu bunu duymak bile istemez. Nietzsche kendisini bir "ahlak karşıtı" olarak tanımlar; kasten kötü şeyler yapan biri değil, ahlakın ötesine geçmemiz gerektiğine inanan biridir: Kitaplarından birinin başlığı gibi, "iyinin ve kötünün ötesinde" olmalıyız.

Nietzsche için Tanrı'nın ölümü, insanlık için yeni olanakların kapısını aralamaktadır. Bunlar, hem korkutucu hem de heyecan vericidir. Olumsuz tarafı, insanların nasıl yaşamak ya da nasıl olmak zorunda oldukları hakkında güvenlik ağının veya kuralların bulunmamasıydı. Dinin ahlaki eylemlere anlam verip onları sınırladığı yerde, Tanrı'nın yokluğu her şeyi mümkün kılıyor ve bütün sınırları ortadan kaldırıyordu. Olumlu tarafı ise, en azından Nietzsche'nin bakış açısından, artık bireylerin kendi değerlerini kendileri için yaratabilmeleriydi. Kendi yaşam tarzlarını geliştirerek yaşamlarını sanat eserlerine dönüştürebilirlerdi.

Nietzsche, bir kez Tanrı'nın olmadığını kabul ettiğinizde, Hıristiyanlığın doğru ya da yanlış görüşüne sarılamayacağınızı görmüştür. Bu kendi kendini aldatmak olacaktır. Kültürünün miras aldığı, merhamet, iyilik ve diğer insanların çıkarlarını düşünmek gibi değerlere bütünüyle meydan okunabilirdi. Nietzsche'nin bunu yapma şekli, bu değerlerin kökenleri hakkında tahminde bulunmak olmuştur.

Nietzsche'ye göre zayıf ve muhtaç birine göz kulak olmak gibi Hıristiyan erdemlerinin, şaşırtıcı kökenleri vardı. Merhamet ve iyiliğin kesinlikle iyi olduğunu düşünebilirsiniz. Muhtemelen iyiliği överek ve bencilliği hor görerek büyüdünüz. Nietzsche, sahip olduğumuz düşünme ve hissetme örüntülerinin bir tarihi olduğunu öne sürer. Sahip olduğumuz kavramlara nasıl sahip olduğumuzun tarihini ya da "soykütüğü"nü bir kez bildiğimizde, onların tüm zamanlar için sabit ve nasıl davranmamız gerektiği hakkında bir şekilde nesnel olgular olduğunu düşünmek güç olur.

Ahlakın Soykütüğü kitabında Nietzsche, eski Yunanlarda, çok güçlü aristokrat kahramanların hayatlarını iyilik, cömertlik ve yanlış bir şey yapmaktan duyulan suçluluk duygusu yerine şeref, utanç ve savaşta kahramanlık etrafında şekillendirdiği durumu tasvir ediyordu. Bu hayat, Yunan şair Homeros'un *Odysseia* ve *İlyada*'da tasvir ettiği dünyadır. Bu kahramanlar dünyasında güçsüz olanlar yani köleler ve zayıflar, güçlüleri kıskanırdı. Köleler, kıskançlık ve hınçlarını güçlülere yöneltirdi. Bu olumsuz hislerden yeni bir değerler kümesi yaratmışlardı. Aristokratların kahramanlık değerlerini tersine çevirdiler. Köleler aristokratlar gibi gücü ve kudreti kutlamak yerine, cömertliği ve zayıfa yönelik kaygıyı erdeme dönüştürdü. Nietzsche'nin deyimiyle bu köle ahlakı güçlünün eylemlerini kötü, kendisi gibi olanların hislerini iyi görür.

İyilik ahlakının kökenlerinin kıskançlık hissinde bulunduğu düşüncesi meydan okuyucuydu. Nietzsche, zayıflara yönelik Hıristiyan merhamet ahlakı yerine, aristokratların değerlerini, güçlü savaşçı kahramanların kutlanmasını üstün tutuyordu. Hıristiyanlık ve ondan türeyen ahlak, her bireye eşit değere sahipmiş gibi davranır, Nietzsche ise bunun ciddi bir hata olduğunu düşünür. Beethoven ve Shakespeare gibi sanatçı kahramanları, sürüden çok daha üstündü. Görünüşe göre mesajı, en başında kıskançlıktan doğan Hıristiyanlık değerlerinin, insanlığı köstekledeğidir. Belki de ödenmesi gereken bedel, zayıfların ayaklar altında ezilmesiydi ama bu, güçlünün önünde açılan zafer ve başarı uğruna ödemeye değer bir bedeldi.

Böyle Dedi Zerdüşt (1883-1892) kitabında Nietzsche, *Übermensch* ya da "Üst-İnsan" hakkında yazmıştır. Kitapta geleneksel ahlaki kuralların kendini engellemesine izin vermeyen, onların ötesine geçip yeni değerler yaratan, gelecekteki hayali bir kişiden söz ediyordu. Belki de Charles Darwin'in evrim teorisinden etkilenerek, *Übermensch*i insanlığın gelişimindeki bir sonraki adım olarak görmüştür. Bu bir parça endişe vericidir, çünkü kendilerini kahraman olarak görenleri destekliyor ve başka insanların çıkarlarını düşünmeden onların akıllarına eseni yapmalarını istiyor görünür. Daha da kötüsü, bu, Nazilerin Nietzsche'nin eserlerinden aldıkları ve üstün ırk hakkındaki çarpık görüşlerini desteklemek için kullandıkları bir fikirdi, ancak birçok araştırmacı Nazilerin Nietzsche'nin gerçekte yazdığı şeyi çarpıttığını iddia eder.

Ne yazık ki akıl sağlığını kaybettikten sonra ve ölümünün ardından otuz beş yıl boyunca Nietzsche'nin eserlerinin kontrolü kız kardeşi Elizabeth'te kaldı. Kız kardeşi, Yahudi düşmanı bir Alman milliyetçisiydi. Ağabeyinin defterlerini gözden geçirirken onayladığı satırları seçiyor, Almanya'yı eleştiren ya da kendi ırkçı fikirlerini desteklemeyen her şeyi dışarıda bırakıyordu. *Kudret İradesi/Güç İstenci* adıyla yayımlanan, Nietzsche'nin düşüncelerinin bu kopyala-yapıştır versiyonu, onun yazılarını

Nazilerin propaganda malzemesi haline getirdi ve Nietzsche, Üçüncü Reich'ta onaylanan bir yazar oldu. Eğer daha uzun yaşamış olsaydı, bununla bir ilgisinin olma ihtimali son derece düşük olurdu. Bununla birlikte, eserlerindeki pek çok satırda, güçlünün zayıfı yok etme hakkını savunduğu da inkâr edilemez. Kuzuların yırtıcı kuşlardan nefret ettiğini söylemesi şaşırtıcı değildir. Fakat bu, yırtıcı kuşların kuzuları kapıp kaçırıp yemesini hor görmemiz gerektiği anlamına gelmez.

Aklı kutsayan Immanuel Kant'ın aksine, Nietzsche her zaman, insani değerleri şekillendirmede duyguların ve irrasyonel güçlerin oynadığı rolü vurguladı. Görüşlerinin bilinçdışı arzuların doğasını ve gücünü inceleyen Sigmund Freud'u etkilediğine kuşku yoktur.

30. BÖLÜM

Gizlenen Düşünceler
SIGMUND FREUD

Kendinizi gerçekten bilebilir misiniz? Kadim filozoflar bilebileceğinize inanırdı. Peki, ya yanılıyorlarsa? Ya zihninizin, içine giremeyesiniz diye kapıları sürekli kilitli tutulan odalar gibi, asla doğrudan erişemeyeceğiniz bazı kısımları varsa?

Görünüşler yanıltıcı olabilir. Sabahın erken saatlerinde güneşi izlediğinizde, ufkun ötesinden yükseliyor gibi görünür. Gün boyunca gökyüzünü boydan boya kat eder ve sonunda batar. Bu, bizi, güneşin dünyanın etrafında döndüğünü düşünmeye iter. Yüzyıllar boyunca insanlar bunun böyle olduğuna inandı. Ama öyle değildi. On altıncı yüzyılda gökbilimci Nicolaus Copernicus, diğer gökbilimcilerin daha önce bu konuda şüpheleri olmuş olsa da bunu fark eden ilk kişiydi. Kopernik Devrimi, yani dünyanın güneş sisteminin merkezinde olmadığı fikri şok etkisi yarattı.

On dokuzuncu yüzyılın ortalarında, daha önce gördüğümüz üzere (25. Bölüm), bir sürprizle daha karşılaştık. O zamana kadar insanlar, hayvanlardan tamamen farklı ve Tanrı tarafından tasarlanmış gibi görünüyordu. Fakat Charles Darwin'in doğal seçilim yoluyla evrim teorisi, insanların şempanzelerle ortak atalara sahip olduğunu ve Tanrı tarafından tasarlandığımızı varsaymaya gerek olmadığını gösterdi. Bu tasarımın sorumlusu gayrişahsi bir süreçti. Darwin'in teorisi, nasıl maymunumsu yaratıklardan geldiğimizi ve onlara ne kadar yakın olduğumuzu ortaya koyuyordu. Darwinci devrimin etkileri günümüzde hâlâ hissedilir.

Sigmund Freud'a göre (1856-1939), insan düşüncesindeki üçüncü büyük devrim, kendi keşfiyle bilinçdışı gerçekleşmişti. Yaptığımız pek çok şeyin içimizde saklı arzular tarafından yönlendirildiğini fark etti. Onlara doğrudan erişemeyiz, ama bu onların yaptıklarımızı etkilemesini engellemez. Yapmak istediğimiz, fakat yapmak istediğimizin farkında olmadığımız şeyler vardır. Bu bilinçdışı arzular, yaşamlarımız ve toplumu düzenleme biçimimiz üzerinde derin bir etkiye sahiptir. Bunlar, insan uygarlığının en iyi ve en kötü yanlarının kaynağıdır. Benzer bir düşünce Friedrich Nietzsche'nin eserlerinde bulunur ancak bu keşfin sahibi Freud'dur.

Kariyerine nörolog olarak başlamış bir psikiyatr olan Freud, Avusturya'nın hâlâ Avusturya-Macaristan İmparatorluğunun bir parçası olduğu dönemde Viyana'da yaşadı. Orta sınıfa mensup Yahudi bir babanın oğlu olan Freud, on dokuzuncu yüzyıl sonlarında bu kozmopolit şehirde, iyi eğitimli ve köklü ailelerden gelen çok sayıda genç adamdan biriydi. Gelgelelim, birkaç genç hastayla yürüttüğü çalışmalar dikkatini gittikçe ruhun bazı bölümlerine doğru çekti. Bu bölümlerin, hastaların davranışlarını yönettiğine ve farkında olmadıkları mekanizmalar yoluyla hastalardaki problemleri yarattığına inanıyordu. Histeri ve diğer nevroz çeşitleri onu cezbediyordu. Çoğunluğu kadın olan bu histeri hastaları sıklıkla uykularında yürüyor, halüsinasyonlar görüyor ve hatta felç geçiriyorlardı. Ne var ki tüm bunlara neyin sebep olduğu bilinmiyordu. Doktorlar, bu belirtileri ortaya çıkaran fiziksel bir neden bulamamıştı. Freud, hastaların kendi problemlerine dair anlattıklarını ve kişisel hikâyelerindeki bilgileri dikkatle inceleyerek, bu insanların problemlerinin gerçek kaynağının bir çeşit rahatsızlık verici hatıra ya da arzu olduğu sonucuna vardı. Bu anı ya da arzu bilinçdışıydı ve hastalar ona sahip olduklarından habersizdi.

Freud, hastalarını kanepeye yatırır ve akıllarına ne gelirse söyletirdi. Bu, düşüncelerinin açığa çıkmasını tetiklediği için hastaların kendilerini sıklıkla çok daha iyi hissetmelerine yol açardı. Düşüncelerin akmasına izin veren bu "serbest çağrışım," önceden bilinçdışı olanı bilinçli hale getirerek şaşırtıcı sonuçlar ortaya çıkarıyordu. Freud hastalarından rüyalarını anlatmalarını da isterdi. Bir şekilde bu "konuşma tedavisi," hastaların sorunlu düşüncelerinin kilidini açıp bazı belirtilerin ortadan kalkmasını sağlıyordu. Sanki konuşma eylemi, yüzleşmek istemedikleri düşüncelerin neden olduğu baskıyı rahatlatıyordu. Bu, psikanalizin doğuşuydu.

Bilinçdışı arzuları ve hatıraları olanlar, sadece nevrozlu ve histerik hastalar değildir. Freud'a göre onlar hepimizde vardır. Bu, toplumsal yaşamın nasıl mümkün olduğunu gösterir. Gerçekte ne hissettiğimizi ve ne yapmak istediğimizi kendimizden saklarız. Bu düşüncelerden bazıları şiddet içerir, pek çoğu ise cinsel içeriklidir. Açığa çıkarılamayacak kadar tehlikelidirler. Zihin onları *bastırır*, bilinçdışının derinliklerinde tutar. Bunların çoğu, biz henüz küçük bir çocukken şekillenir. Bir çocuğun hayatındaki ilk olaylar yetişkinlikte yeniden ortaya çıkabilir. Örneğin Freud, erkeklerin hepsinin, babalarını öldürmek ve anneleriyle birlikte olmak gibi bilinçdışı bir isteğe sahip olduğuna inanıyordu. Bu, adını Yunan mitolojisinde kehaneti gerçekleştirerek babasını öldüren ve annesiyle evlenen (iki durumda da böyle yaptığının farkında değildir) Oedipus'tan alan Oedipus kompleksidir. Erken döneme ait bu utandırıcı arzu, bazı insanların hayatını onlar farkına bile varmadan şekillendirir. Zihindeki bir şey, bu karanlık düşünceleri tanımlanabilir bir biçimde yüzeye çıkmadan durdurur. Ancak bu ve diğer bilinçdışı arzuların bilinçli hale gelmesini engelleyen bu mekanizma, tamamen başarılı olmaz. Düşünceler kılık değiştirerek kaçmayı başarır. Örneğin rüyalarda ortaya çıkarlar.

Freud için rüyalar, "bilinçdışına giden kral yolu"dur. Saklı düşünceleri ortaya çıkarmanın en iyi yollarından biridir. Rüyalarda gördüğümüz ve deneyimlediğimiz şeyler, göründükleri gibi değildir. Rüyaların görünürde olup biten bir açık içeriği vardır. Oysa rüyanın gerçek anlamı saklı içeriğinde yatar. Psikanalistlerin anlamaya çalıştığı şey budur. Rüyalarda karşılaştığımız şeyler sembollerdir. Bilinçdışı zihinlerimizde gizlenen arzularımıza karşılık gelirler. Örneğin içinde yılan ya da şemsiye ya da kılıç geçen bir rüya, genellikle gizli bir cinsel rüyadır. Yılan, şemsiye ve kılıç, klasik "Freudcu semboller"dir – penisi temsil ederler. Benzer bir şekilde, rüyadaki para kesesi ya da mağara vajinayı temsil eder. Bu fikri hayret verici ve saçma buluyorsanız, Freud muhtemelen, zihninizin sizi bu tür cinsellikle ilgili düşüncelerin farkına varmaktan koruduğunu söylerdi.

Bilinçdışındaki arzulara dair işaretleri görmenin bir başka yolu da dil sürçmeleridir. "Freud sürçmesi" diye adlandırılan bu dil sürçmeleri, sahip olduğumuzun farkında olmadığımız arzuları açığa vururlar. Televizyondaki pek çok haber spikeri, bir adı ya da ifadeyi dile getirirken takılmış, kazara müstehcen konuşmuştur. Bir Freudcu, bunun bir tesadüf olamayacak kadar sık meydana geldiğini söylerdi.

Bilinçdışı arzularımızın hepsi cinsellik ya da şiddet içermez. Bazıları temel bir çatışmayı açığa çıkarır. Bilinç seviyesinde istediğimiz bir şeyi bilinçdışı seviyede yapmak istemeyebiliriz. Üniversiteye gitmeniz için geçmeniz gereken önemli bir sınavınız olduğunu düşünelim. Bilinçli olarak, sınava hazırlanmak için elinizden geleni yaparsınız. Önceki sınavlarda çıkan sorulara bakarsınız, özet şeklinde soruların cevaplarını hazırlanırsınız ve sınav salonuna vaktinde yetişebilmek için alarmı kurduğunuzdan emin olursunuz. Her şey yolunda görünür. Zamanında kalkar, kahvaltınızı yapar, otobüse yetişirsiniz ve sınav saatinden biraz önce orada olacağınızı fark edersiniz. Tam bu sırada, otobüste mutlu bir şekilde uyuklamaya başlarsınız. Uyandığınızda korkuyla fark edersiniz ki, otobüsün numarasını yanlış okumuşsunuz ve şu anda şehrin tamamen farklı bir yerindesiniz; doğru yere gidip sınava yetişmek için ise yeterli zamanınız yok. Sınavı geçmenin sonuçlarına dair korkunuz, bilinçli çabalarınızı geçersiz kılmış görünür. Daha da derin bir düzeyde başarmak istememişsinizdir. Kendinize bunu itiraf etmek çok korkutucu olurdu, ama bilinçdışınız bunu sizin için ortaya çıkardı.

Freud, teorisini sadece nevrotik davranış gösteren bireylere değil, ortak kültürel inançlara da uyguladı. Özellikle, insanların neden dine kaydıklarının psikanalitik açıklamasını sundu. Tanrı'ya inanıyor olabilirsiniz. Belki de hayatınızda Tanrı'nın varlığını hissediyorsunuz. Ancak Freud'un, Tanrı'ya olan inancınızın nereden geldiğine dair bir açıklaması vardı. Tanrı var olduğu için ona inandığınızı düşünüyor olabilirsiniz, ama Freud çok küçük bir çocukken hissettiğiniz korunma ihtiyacını hâlâ hissediyor olduğunuz için Tanrı'ya inandığınızı düşünüyordu. Freud'a göre bütün uygarlıklar, bir yerlerde, karşılık bulmamış korunma ihtiyaçlarınıza cevap olacak güçlü bir baba figürünün bulunduğu yanılsaması üzerine kurulmuştu. Bu bir hüsnükuruntuydu: Tanrı'nın var olması gerektiğine dair kalbinizde büyük bir arzu taşıdığınız için, onun gerçekten de var olduğuna inanırsınız. Bunların hepsi, çocukluğunuzun erken döneminde ortaya çıkan, bilinçdışı korunma ve bakılma arzusundan ileri gelir. Hislerinin nereden geldiğini çoğu zaman fark etmeseler ve dinlerinin, Tanrı'nın var olmasından ziyade tamamen derinde hissedilen tatmin edilmemiş psikolojik bir ihtiyaçtan kaynaklandığını etkin olarak bastırsalar da, Tanrı fikri, çocukluğundan kalma bu hisleri hâlâ taşıyan yetişkinler için rahatlatıcıdır.

Felsefi bakış açısından Freud'un çalışmaları, René Descartes gibi düşünürlerin zihin hakkındaki pek çok varsayımını tartışmaya açmıştır. Descartes, zihnin kendi kendisine şeffaf olduğuna inanıyordu. Eğer bir düşünceniz varsa, o düşüncenin farkında olabilmelisiniz diye düşünüyordu. Freud'dan sonra, bilinçdışı zihinsel etkinliğin mümkün olduğu kabul edildi.

Gelgelelim Freud'un düşüncelerinin temeli, bilinçdışı düşüncenin olanaklılığı konusunda haklı olduğunu düşünenlerin sayısı çok olsa da, tüm filozoflar tarafından kabul edilmez. Bazıları Freud'un teorilerinin bilimsel olmadığını iddia etmiştir. En ünlü örnek olarak Karl Popper (fikirleri daha kapsamlı olarak 36. Bölümde tartışılıyor), psikanalize dair düşüncelerin çoğunu "yanlışlanamaz" olarak tanımlamıştı. Bu bir övgü değil eleştiriydi. Popper için bilimsel araştırmanın temeli, sınanabiliyor oluşudur, yani yanlış olduğunu gösterebilecek bazı olası gözlemler olabilmesi. Popper'in örneğinde, bir çocuğu göle iten kişinin ve boğulmakta olan bir çocuğu kurtarmak için göle atlayan kişinin edimleri, tüm insani davranışlar gibi, Freudcu açıklamaya eşit derecede açıktı. Biri çocuğu boğmaya da çalışsa, kurtarmaya da çalışsa Freud'un teorisi bunu açıklayabilirdi. Muhtemelen, ilk kişinin Oedipal çatışmasının bir yönünü bastırdığını ve bunun onu şiddet içeren bir eyleme ittiğini; ikinci kişinin ise bilinçdışı arzularını "iyiye yönlendirdiğini," yani bu arzuları toplumsal açıdan yararlı eylemlere dönüştürmeyi başardığını söylerdi. Her olası gözlem, teorinin doğru olduğunu gösteren başka bir kanıt olarak alınırsa, gözlem ne olursa olsun ve düşünülebilir hiçbir kanıt da yanlış olduğunu gösteremiyorsa Popper'e göre teori hiçbir şekilde bilimsel olamaz. Öte yandan Freud, Popper'in, bastırılmış bir tür arzudan dolayı psikanalize karşı bu denli saldırgan olduğunu ileri sürebilirdi.

Freud'dan çok farklı tarzda bir düşünür olan Bertrand Russell, insanın mutsuzluğunun ana kaynaklarından biri olarak gördüğü dine Freud gibi tiksintiyle yaklaşıyordu.

31. BÖLÜM

Fransa'nın Kralı Kel mi?
BERTRAND RUSSELL

Gençken, Bertrand Russell'ın ana ilgileri arasında cinsellik, din ve matematik geliyordu – tabii, bunların hepsi teorik düzeydeydi. Uzun yaşamı boyunca (1970 yılında, 97 yaşında ölmüştür), sonuçta ilkinde tartışmalar yarattı, ikincisine saldırdı, üçüncüsüne ise önemli katkılarda bulundu.

Russell'ın cinsellik üzerine düşünceleri başını belaya soktu. 1929 yılında, *Evlilik ve Ahlak* başlıklı kitabını yayımladı. Bu kitapta, eşine sadık kalmanın önemi konusundaki Hıristiyan görüşleri sorguladı. Sadık olmanın gerekmediğini düşünüyordu. Bu düşüncesi o dönem insanları biraz şaşırttı. Elbette bu, Russell'ı fazla rahatsız etmedi. 1916'da, Birinci Dünya Savaşı'nın aleyhindeki düşüncelerinden dolayı, Brixton hapishanesinde altı ay geçirmişti zaten. Sonraları, kitle imha silahlarına karşı uluslararası bir hareket olan Nükleer Silahsızlanma Kampanyasının (CND) kurulmasına yardım edecekti. Bu neşe dolu yaşlı adam, 1960'larda mitinglerde ön saflarda yer alacaktı; elli yıl önce olduğu gibi hâlâ bir savaş karşıtıydı. Onun ifadesiyle, ya insan savaş denen şeyi ortadan kaldıracaktır ya da savaş insanları. Şu ana kadar ikisi de gerçekleşmedi.

Din üzerine konuşurken de bu kadar açık sözlü ve kışkırtıcıydı. Russell için Tanrı'nın insanlığı kurtarmak için müdahale etmesi olanaksızdı. Tek şansımız, aklımızın gücünü kullanmaktı. İnsanların ölmekten korktukları için dine çekildiğine inanıyordu. Din onları rahatlatıyordu. Cinayet işleyen ya da daha kötü şeyler yapıp dünyada cezasını çekmeyen insanları cezalandıracak bir tanrının var olduğuna inanmak güven vericiydi. Fakat bu doğru değildi. Tanrı yoktu ve din neredeyse her zaman mutluluktan daha çok acı üretiyordu. Budizmin diğer pek çok dinden farklı olduğunu kabul etmişti; ne var ki Hıristiyanlık, İslam, Yahudilik ve Hinduizmin hesabını vermesi gereken pek çok şey vardı. Bu dinler, tarihleri boyunca savaşa, kişisel acıya ve nefrete yol açmıştı. Milyonlarca insan, bu dinler yüzünden ölmüştü.

Tüm bunlardan Russell'ın bir pasifist olmasına rağmen, doğruluğuna ve haklılığına inandığı şeyler uğruna direnip (en azından fikirleriyle) savaşmaya hazır olduğunu anlayabilirsiniz. Hatta bir pasifist olarak İkinci Dünya Savaşı gibi ender durumlarda, savaşmanın en iyi seçenek olabileceğini düşünmüştü.

Russell İngiliz bir aristokrat olarak doğdu. Oldukça saygın bir aileden geliyordu: Resmi unvanı III. Earl Russell'dı. Bir bakışta bile aristokrat olduğunu söyleyebilirdiniz muhtemelen. Kendine özgü mağrur bir görünüşü, muzip bir sırıtışı ve ışıldayan gözleri vardı. Sesi üst sınıfa mensup olduğunu ele veriyordu. Ses kayıtlarında başka yüzyıla ait biri konuşur gibidir ki öyleydi: 1872 yılında doğmuştu, dolayısıyla gerçek anlamda bir Victoria dönemi insanıydı. Baba tarafından büyükbabası Lord John Russell başbakanlık yapmıştı.

Bertrand'ın dinsiz "manevi babası," filozof John Stuart Mill'di (24. Bölümün konusu). Ne yazık ki onu tanıma fırsatını bulamadı, çünkü Mill öldüğünde Russell henüz bebekti. Fakat yine de Russell'ın gelişiminde muazzam bir etkisi vardı. Mill'in *Otobiyografi*'sini okuması (1873), Russell'ın Tanrı'yı reddetmesine neden oldu. Bundan önce, İlk Neden Argümanına inanıyordu. Diğerlerinin yanı sıra Thomas Aquinas tarafından da kullanılan bu argüman, her şeyin bir nedeni olması gerektiğini söylüyordu. Her şeyin nedeni, neden-sonuç zincirindeki ilk neden Tanrı olmalıdır. Gelgelelim Mill "Tanrı'ya neden olan nedir?" sorusunu sordu ve Russell, İlk Neden Argümanındaki mantıksal problemi gördü. Nedeni olmayan bir şey varsa, o zaman "her şeyin bir nedeni vardır" ifadesi doğru olamazdı. Bir şeyin, başka bir şey ona neden olmaksızın tek başına var olabileceğine inanmak yerine, Tanrı'nın bile bir nedeni olduğunu düşünmek Russell'a daha mantıklı geliyordu.

Mill gibi Russell da sıra dışı ve mutsuz bir çocukluk geçirmişti. Anne babası o çok küçükken ölmüştü, ona bakan büyükannesi, katı ve bir parça soğuk biriydi. Özel hocalarla evde eğitim almış, kendini çalışmalarına adamış ve parlak bir matematikçi olarak Cambridge Üniversitesinde ders vermeye başlamıştı. ama onu asıl büyüleyen matematiği doğru kılan şeyin ne olduğuydu. 2 + 2 = 4 neden doğrudur? Doğru olduğunu biliyoruz. Ama neden doğrudur? Bu soru, onun hızla felsefeye yönelmesine yol açtı.

Bir filozof olarak gerçek aşkı, felsefe ile matematiğin sınırında duran mantıktı. Mantıkçılar, akıl yürütmenin yapısı üzerine çalışır, genellikle fikirlerini semboller kullanarak ifade ederler. Matematik ve mantığın küme teorisi denilen alt dalına hayrandı. Küme teorisi, tüm akıl yürütmelerimizin yapısını açıklamanın bir yolunu vaat ediyor görünüyordu ancak Russell, bu fikrin önüne büyük bir sorun çıkardı: Çelişkiye neden oluyordu. Bunu nasıl yaptığını da kendi adıyla anılan ünlü paradoksta gösterdi.

İşte Russell paradoksundan bir örnek. Köyün birinde yaşayan ve kendisi tıraş olmayan herkesi tıraş eden bir berber hayal edin. Orada yaşasaydım, muhtemelen kendim tıraş olurdum. Her gün berbere gidip tıraş olacak kadar düzenli biri olduğumu düşünmüyorum, zaten kendi tıraşımı kendim yapabilirim. Dahası, muhtemelen benim için çok pahalı olurdu. Diyelim ki kendi tıraşımı kendim yapmak istemedim, bu durumda beni tıraş edecek kişi berber olurdu. Ama burada berberin durumu ne olur? Berberin yalnızca kendi tıraş olmayanları tıraş etmesine izin verilmişti. Bu kural gereğince, *kendini* bile tıraş edemez, çünkü yalnızca kendisi tıraş olmayanları tıraş edebilir. Bu onun için zor olacaktır. Genellikle köyde biri kendi tıraş olmadığında onu tıraş eden berberdir. Ama kurala göre berber bunu yapamaz, çünkü bu durumda, kendini tıraş etmiş biri haline gelir – gelgelelim, berber, yalnızca kendi tıraş olmayanları tıraş eder.

Bu, doğrudan bir çelişkiye yol açar görünen bir durumdur, bir şeyin hem doğru hem de yanlış olduğunu söylemektir. Bir paradoksun yaptığı da budur. Çok karmaşıktır. Russell'ın keşfettiği şey, bir küme kendinden söz ettiğinde bu tür bir paradoksun ortaya çıkacağıdır. Aynı türde başka bir örneği ele alalım: "Bu cümle yanlıştır." Bu da bir paradokstur. Eğer "bu cümle yanlıştır"daki sözcükler, kastediyor göründükleri şeyi kastediyorsa (ve doğrularsa), o zaman cümle yanlıştır, bu da ifade ettiği şeyin doğru olduğu anlamına gelir! Cümlenin, hem doğru hem de yanlış olduğu öneriliyor gibidir ama bir cümle aynı anda hem doğru hem de yanlış olamaz. Mantığın temel bir parçasıdır bu. İşte size bir paradoks!

Bunlar kendi içinde ilginç bulmacalardır. Kolay çözümleri yoktur, bu da tuhaftır. Ama Russell için bundan çok daha önemliydiler. Dünyanın dört bir yanındaki mantıkçıların küme teorisi üzerine yapmış oldukları temel varsayımlarından bazılarının yanlış olduğunu açığa çıkarıyorlardı. Mantıkçılar işe baştan başlamalıydı.

Russell'ın başlıca ilgi alanlarından biri de söylediklerimizin dünyayla nasıl ilgili olduğuydu. Eğer bir ifadeyi doğru ya da yanlış yapan şeyi çözebilirse, bunun insan bilgisine önemli bir katkısı olacağını hissetti. Bir kez daha, tüm düşünmemizin ötesinde yatan çok soyut sorularla ilgileniyordu. Çalışmalarının çoğu, ürettiğimiz ifadelerin altında yatan mantıksal yapıyı açıklamaya adanmıştı. Dilimizin, mantıktan çok daha az kesin olduğuna inanıyordu. Altında yatan mantıksal şekli ortaya çıkarmak için günlük dilin –parçalara ayırarak– çözümlenmesi gerekliydi. Felsefenin bütün alanlarında ilerleme sağlayabilmenin anahtarının, dili daha kesin terimlere dönüştürmeyi içeren bu tür bir mantıksal dil analizi olduğundan emindi.

Örneğin "Altın dağ yoktur" cümlesini ele alalım. Şüphesiz ki herkes, bu cümlenin doğru olduğunda hemfikirdir. Bunun nedeni, dünyanın hiçbir yerinde altından bir dağın olmamasıdır. Cümle, var olmayan bir şey hakkında bir şeyler söylüyor görünür. "Altın dağ" ifadesi gerçek bir şeyden söz ediyor görünür, ama biz onun var olmadığını biliriz. Bu, mantıkçılar için bir bulmacadır. Var olmayan şeyler hakkında nasıl anlamlı bir biçimde konuşabiliriz? Neden cümle tamamen anlamsız değildir? Avusturyalı mantıkçı Alexius Meinong bu soruya, üzerine düşünebildiğimiz ve konuşabildiğimiz her şeyin anlamlı bir biçimde *var olduğu* cevabını verir. Ona göre, altın dağ var olmak zorundaydı, ama "kalıcılık" olarak nitelendirdiği özel bir biçimde. Ayrıca tek boynuzlu atların ve 27 sayısının da bu şekilde "kalıcı" olduğunu düşünmekteydi.

Meinong'un mantığa ilişkin düşünme şekli, Russell'a yanlış geliyordu. Gerçekten de çok garipti. Dünyanın bir anlamda var olan, ama başka bir anlamda var olmayan şeylerle dolu olduğu anlamına geliyordu. Russell, söylediğimiz şeylerin var olan şeylerle nasıl ilgili olduğunu açıklamanın daha basit bir yolunu buldu. Bu yol, Tanımlama Teorisi olarak bilinir. Oldukça tuhaf şu cümleyi (Russell'ın en sevdiklerinden biridir) ele alalım: "Fransa'nın şu anki kralı keldir." Russell'ın eserlerini yazdığı yirminci yüzyılın başlarında bile Fransa'da bir kral yoktu. Fransız İhtilali sırasında Fransa, tüm kral ve kraliçelerinden kurtulmuştur. Dolayısıyla bu cümle nasıl anlamlı olabilir? Russell'ın cevabı, günlük dildeki birçok cümle gibi bunun da büsbütün göründüğü gibi olmadığıdır.

Sorun şudur. Eğer "Fransa'nın şu anki kralı keldir" cümlesinin yanlış olduğunu söylemek istersek, görünüşe göre bu bizi kel olmayan bir Fransa kralının bulunduğunu söylemek zorunda bırakır. Ne var ki demek istediğimiz kesinlikle bu değildir. Fransa'da şu an bir kral olduğuna inanmıyoruz. Russell'ın analizi şöyleydi. "Fransa'nın şu anki kralı keldir" gibi bir ifade, aslında bir çeşit gizli tanımdır. "Fransa'nın şu anki kralı"ndan söz ettiğimizde, düşüncemizin temelinde şöyle bir mantık yatar:

a) Fransa'nın şu anki kralı olan bir şey vardır.
b) Fransa'nın şu anki kralı olan yalnızca tek bir şey vardır.

c) Fransa'nın şu anki kralı olan şey keldir.

Bir şeyi açıklamanın bu karmaşık şekli, Russell'a "Fransa'nın şu anki kralı keldir" cümlesinin, Fransa'nın şu an bir kralı olmasa bile bir biçimde anlamlı olabildiğini göstermesine izin vermiştir. Anlamlı olabilir, ama yanlıştır. Meinong'un aksine, hakkında konuşmak ve düşünmek için Fransa'nın şu anki kralının bir şekilde var olmak (ya da kalıcı olmak) zorunda olduğunu hayal etmesi gerekmiyordu. Russell için "Fransa'nın şu anki kralı keldir" cümlesi yanlıştır, çünkü Fransa'nın şu an bir kralı yoktur. Cümle kralın var olduğunu ima eder, dolayısıyla doğru değil yanlıştır. "Fransa'nın şu anki kralı kel *değildir*" cümlesi de aynı sebepten dolayı yanlıştır.

Russell, filozofların dil ve dilin altında yatan mantıksal biçim hakkında düşünmeye ağırlık verdiği, kimi zaman "dilsel dönemeç" diye adlandırılan bir felsefi akımı başlattı. Bu akıma dahil olanlardan biri de A. J. Ayer'di.

32. BÖLÜM

Yuuh!/Yaşasıın!
ALFRED JULES AYER

Birinin anlamsızca konuştuğunu bilmenizin bir yolu olsa, ne güzel olurdu değil mi? Bir daha asla kandırılmanıza gerek kalmazdı. Duyduğunuz veya okuduğunuz her şeyi, anlamlı ya da anlamsız ve zaman harcamaya değmeyen ifadeler olarak ayırabilirdiniz. A. J. Ayer (1910-89) bunun bir yolunu bulduğunu düşünüyordu. Bu yöntem Doğrulama İlkesiydi.

1930'lu yılların başlarında Avusturya'da Viyana Çevresi olarak bilinen, parlak bilim insanları ve filozoflardan oluşan grupla birkaç ay geçirdikten sonra Ayer, eğitmen olarak çalıştığı Oxford'a geri döndü. Henüz yirmi dört yaşındayken felsefe tarihinin çoğunun saçmalıkla dolu ve neredeyse tamamının anlamsız olduğunu ilan eden bir kitap yazdı. 1936 yılında yayımlanan bu kitabın adı *Dil, Doğruluk ve Mantık*'tı. Bu kitap, bilimi insanın en büyük başarısı olarak yücelten mantıksal pozitivizm akımının bir parçasıydı.

"Metafizik" kavramı Kant, Schopenhauer ve Hegel'in inandığı şekliyle duyularımızın ötesinde yatan herhangi bir gerçekliği araştırmayı tanımlamak için kullanılan bir sözcüktür. Ayer içinse, "metafizik" kirli bir sözcüktür. Karşı olduğu bir şeydir. Ayer yalnızca mantık ve duyular yoluyla bilinebileceklerle ilgileniyordu. Ama metafizik sık sık ikisinin de çok ötesine geçmiş, bilimsel ya da kavramsal olarak soruşturulamayacak gerçeklikleri betimlemiştir. Ayer'e göre bu, onun yararsız ve terk edilmesi gereken bir şey olduğu anlamına geliyordu.

Tahmin edebileceğiniz gibi *Dil, Doğruluk ve Mantık* pek çok kişiyi kızdırdı. Oxford'daki daha yaşlı filozofların çoğu kitaptan nefret etti, bu da Ayer'in iş bulmasını zorlaştırdı. Ama insanları sinir edip kızdırmak Sokrates'le başlayan geleneğe uyarak filozofların binlerce yıldır yaptığı bir şeydi. Geçmişteki bazı büyük filozofların eserlerine böyle açıkça saldıran bir kitap yazmak yine de cesur bir davranıştı.

Ayer'in anlamsız cümleleri anlamlı olanlardan ayırma yöntemi şuydu: Herhangi bir cümleyi alın ve şu iki soruyu sorun:

(1) Tanımı gereği doğru mu?
(2) Empirik olarak doğrulanabilir mi?

Eğer ikisinin de cevabı yoksa, cümle anlamsızdır. Bu onun anlamlılık için iki yönlü sınamasıydı. Yalnızca empirik olarak doğrulanabilir ve tanımı gereği doğru olan ifadeler filozofların işine yarayabilirdi. Bunu biraz açıklamak gerek. Tanımı gereği doğru ifadelere örnek olarak, "bütün devekuşları kuştur" ya da "bütün erkek kardeşler erkektir" verilebilir. Bunlar Immanuel Kant'ın terminolojisinde (bkz. 19. Bölüm) *analitik* ifadelerdir. Devekuşlarının kuş olduğunu bilmek için araştırma yapmanıza gerek yoktur, bu devekuşunun tanımının bir parçasıdır. Açıkça, dişi bir erkek kardeşe sahip olamazdınız, emin olun bir cinsiyet değişimi söz konusu olmadığı sürece bir tane bile kadın erkek kardeş göremezsiniz. Tanımı gereği doğru ifadeler, kullandığımız terimlerde dolaylı olarak belirtileni ortaya çıkarır.

Buna karşın empirik olarak doğrulanabilir ifadeler (Kant'ın dilinde "sentetik" ifadeler), bize gerçek bilgi verebilir. Bir ifadenin empirik olarak doğrulanabilir olması için, o ifadenin doğru ya da yanlış olduğunu gösteren bir tür test ya da gözlem olmalıdır. Örneğin eğer birisi "Bütün yunuslar balık yer" derse, birkaç yunus bulup onlara balık verir ve yiyip yemediklerine bakabiliriz. Hiç balık yemeyen bir yunusla karşılaşsaydık, o zaman yukarıdaki ifadenin yanlış olduğunu anlardık. Bu hâlâ Ayer için doğrulanabilir bir ifadedir, çünkü "doğrulanabilir" sözcüğünü hem "doğrulanabilir" hem de "yanlışlanabilir"e karşılık gelecek şekilde kullanır. Empirik olarak doğrulanabilir ifadelerin hepsi olgusal ifadelerdir: Onlar, dünyanın kendisi hakkındadır. Onları destekleyecek ya da çürütecek birtakım gözlemler olmalıdır. Bilim onları incelememizin en iyi yoludur.

Eğer bir cümle ne tanımı gereği doğru ne de empirik olarak doğrulanabilir (ya da yanlışlanabilir) ise Ayer'e göre anlamsızdır. Bu kadar basittir. Ayer'in felsefesinin bu küçük parçası, doğrudan David Hume'un çalışmalarından ödünç alınmıştır. Hume, yarı ciddi, bu sınamayı geçemeyen felsefe eserlerini yakmamız gerektiğini ileri sürmüştü, çünkü "safsata ve yanılsama"dan başka bir şey içermiyorlardı. Ayer, Hume'un düşüncelerini yirminci yüzyıl için yeniden ele almıştır.

Dolayısıyla "Bazı filozofların sakalı vardır" cümlesini alırsak, bazı filozofların sakalı olması gerektiği filozof tanımına ait olmayacağından, bu cümlenin tanım gereği doğru olmadığı oldukça açıktır. Ama empirik olarak doğrulanabilirdir, çünkü bununla ilgili kanıt bulabiliriz. Yapmamız gereken tek şey bir grup filozofa bakmak olacaktır. Eğer sakalı olan bazı filozoflar bulursak ki bulmamız muhtemeldir kesindir, o zaman bu cümlenin doğru olduğu çıkarımında bulunabiliriz. Ya da yüzlerce filozofa baktıktan sonra sakalı olan tek bir filozof bulamazsak, o zaman "bazı filozofların sakalı vardır" cümlesinin muhtemelen yanlış olduğu sonucuna varabiliriz, her ne kadar bütün filozofları incelemeden bundan emin olamasak da. İki şekilde de, doğru ya da yanlış olsun, cümle anlamlıdır.

Bu cümleyi "odam ardında iz bırakmayan görünmez meleklerle doludur" cümlesiyle karşılaştıralım. Bu da tanım gereği doğru değildir. Peki, empirik olarak doğrulanabilir midir? Görünüşe göre hayır. Eğer gerçekten iz bırakmıyorlarsa, bu görünmez melekleri saptamanın akla gelecek herhangi bir yolu yoktur. Onlara dokunamaz ya da kokusunu alamazsınız. Ayak izi bırakmıyor ve ses çıkarmıyorlar. Öyleyse anlamlı olabilecek bir cümle gibi görünse de anlamsızdır. Dilbilgisi açısından doğru bir cümledir, ancak dünyayla ilgili bir ifade olarak ne doğru ne de yanlıştır. Anlamsızdır.

Bunu kavramak oldukça zor olabilir. "Odam ardında iz bırakmayan görünmez meleklerle doludur" cümlesi, bir anlamı varmış gibi görünür. Ne var ki Ayer'in söylemek istediği, kulağa şiirsel gelse de ya da kurgusal bir esere olası bir katkısı olsa da, bunun insan bilgisine herhangi anlamda hiçbir katkı sunmayacağıdır.

Ayer sadece metafiziğe saldırmadı: Etik ve din de hedefleri arasındaydı. Örneğin en iddialı sonuçlarından biri, ahlaki yargıların tamamıyla anlamsız olduğuydu. Bunu söylerken ölçüyü aşmış gibi görünür. Ne var ki onun iki yönlü sınamasını ahlaki yargılara uyguladığınızda varacağınız sonuç budur. "İşkence yanlıştır" derseniz, Ayer'e göre bütün yaptığınız, "İşkence, yuuh!" demektir. Burada yaptığınız, yanlış ya da doğru olabilecek bir ifadede bulunmak yerine, konuyla ilgili kişisel duygularınızı sergilemektir. Böyle olmasının nedeni, "işkence yanlıştır"ın tanım gereği doğru olmamasıdır. Bir olgu olarak kanıtlayabileceğimiz ya da yanlışlayabileceğimiz bir şey de değildir. Ayer bu konuyla ilgili bir karar vermek için yapabileceğiniz herhangi bir sınama olmadığına inanır. Jeremy Bentham ve John Stuart Mill gibi, ortaya çıkacak mutluluğu ölçecek faydacıların karşı çıkacakları bir şeydir bu.

Bu sebeple Ayer'in analizine göre "işkence yanlıştır" demek tamamen anlamsızdır, çünkü hiçbir zaman yanlış ya da doğru olmayacak bir cümle türdür. Eğer "merhamet iyidir" derseniz, tüm yaptığınız nasıl hissettiğinizi göstermek olacaktır: Tıpkı "merhamet, yaşasıın!" demek gibi. Duygusalcılık [emotivizm] olarak bilinen

Ayer'in etik teorisi, beklenebileceği gibi sıklıkla "yuuh!/yaşasıın!" teorisi olarak da tanımlanır. Bazıları Ayer'in söylediklerini başka bir yöne çekerek, ahlaki olan önemsizdir, ne isterseniz onu yapabilirsiniz dediğini düşünür. Ama Ayer bunu değil, bu konular hakkında, değerlere dayanarak anlamlı bir tartışma yapamayacağımızı söylüyordu. Buna rağmen ne yapmamız gerektiği üzerine birçok tartışmada olguların tartışıldığına ve bunların empirik olarak doğrulanabilir olduğuna inanıyordu.

Dil, Doğruluk ve Mantık kitabının başka bir bölümünde Ayer, Tanrı hakkında anlamlı bir şekilde konuşabileceğimiz fikrine karşı çıkar. Ayer'e göre "Tanrı vardır" ifadesi ne doğru ne de yanlıştır. Bu ifade ona göre, kelimenin tam anlamıyla anlamsızdır, çünkü tanım gereği doğru değildir (gerçi Aziz Anselmus'un takipçileri Ontolojik Argümanı kullanarak Tanrı'nın zorunlu olarak var olması gerektiğini söylemişlerdir). Üstelik Tanrı'nın var olduğunu ya da var olmadığını kanıtlayan bir sınama da yoktur, çünkü Ayer, Tasarım Argümanını reddeder. Dolayısıyla Ayer ne (Tanrı'nın var olduğuna inanan) teisttir ne de (Tanrı'nın var olmadığına inanan) ateisttir. Daha ziyade, "Tanrı vardır" ifadesinin diğer anlamsız ifadelerden biri olduğunu düşünür. Bazıları bu konumu "igteizm" olarak adlandırır. Dolayısıyla Ayer, Tanrı'nın varlığı ya da yokluğuyla ilgili olarak tartışmanın tamamen anlamsız olduğunu düşünen bir igteisttir.

Buna rağmen Ayer'in, ilerleyen yaşlarında başına sarsıcı bir olay gelmişti. Boğazına somon kılçığı kaçmasıyla bilincini kaybetmiş ve ölüme yakın deneyim olayı yaşamıştı. Kalbi yaklaşık dört dakika kadar durmuş, bu süre zarfında kırmızı bir ışık ve birbirleriyle konuşan "Evrenin İki Efendisi"ni görmüştü. Bu vizyon onun Tanrı'ya inanmasını sağlamadı, ama zihnin ölümden sonra da var olup var olamayacağına dair kesinliğini sorgulamasını sağladı.

Ne yazık ki Ayer'in mantıksal pozitivizmi, kendi yıkımını getirecek gereçleri de sağladı. Teorinin kendisi kendi sınamasından geçememiş görünür. İlk olarak, teorinin tanım gereği doğru olduğu açık değildir. İkincisi de onu kanıtlayacak ya da çürütecek herhangi bir gözlem yoktur. Böylece kendi ölçütlerine göre, teori anlamsızdır.

Felsefeyi, nasıl yaşamalı sorusunu cevaplamalarına yardım etmesi amacıyla kullanan kişiler için Ayer'in felsefesi hiç kullanışlı sayılmazdı. İkinci Dünya Savaşı sırasında ve hemen sonrasında Avrupa'da ortaya çıkan bir akım olan varoluşçuluk ise bu konuda umut vaat ediyordu.

33. BÖLÜM

Özgürlüğün Istırabı
JEAN-PAUL SARTRE, SIMONE DE BEAUVOIR VE ALBERT CAMUS

Eğer zamanda yolculuk yapıp 1945 yılına, Paris'teki Les Deux Magots ("İki Bilge Adam") adlı kafeye gidebilseydiniz, kendinizi ufak tefek, şaşı bir adamın yanında otururken bulurdunuz. Pipo içen ve not defterine bir şeyler karalayan bir adam. Bu adam, en ünlü varoluşçu filozof Jean-Paul Sartre'dır (1905-80). O aynı zamanda roman, oyun ve biyografi yazarıdır. Hayatının çoğunu otellerde geçirmiş ve kaleme aldıklarının çoğunu kafelerde yazmıştır. Kült bir figür gibi görünmüyordu, fakat birkaç yıl içinde öyle olacaktı.

Sartre'a çoğu zaman, güzel ve çok zeki bir kadın olan Simone de Beauvoir (1908-86) eşlik ederdi. Birbirlerini üniversite yıllarından beri tanırlardı. Hiç evlenmemelerine ve birlikte yaşamamalarına rağmen Simone de Beauvoir, Sartre'ın uzun-süreli yoldaşıydı. Başka âşıkları da olmuştu, ama onların ilişkileri uzun ömürlüydü, aralarındaki ilişkiyi "gerekli" ve kurdukları diğer tüm ilişkileri ise ("gerekli olmayan" anlamında) "tesadüf" olarak tanımlıyorlardı. Sartre gibi Simone de Beauvoir da filozof ve romancıydı. 1949'da önemli ilk dönem feminist kitaplardan biri olan *İkinci Cins*'i kaleme aldı.

İkinci Dünya Savaşının büyük bir bölümünde Paris, Nazi kuvvetlerinin işgali altındaydı. Fransızlar için hayat oldukça güçtü. Bazıları Direnişçilere katılıp Almanlara karşı savaştı; kimileri de kendini kurtarmak için Nazilerle işbirliği yapıp arkadaşlarına ihanet etti. Yiyecek kıtlığı yaşanıyor, sokaklarda silahlı çatışmalar oluyordu. İnsanlar ortadan kayboluyor, onları bir daha gören olmuyordu. Parisli Yahudiler toplama kamplarına gönderilmiş, birçoğu kamplarda öldürülmüştü.

Müttefiklerin Almanları yenmesiyle birlikte, hayata yeniden başlama zamanı gelmişti. İnsanlar savaş bittiği için rahat bir nefes almıştı, aynı zamanda geçmişin geride bırakılması gerektiği hissi hâkimdi. Şimdi nasıl bir toplum olunacağını düşünme zamanıydı. Savaş sırasında gerçekleşen korkunç olaylardan sonra, her kesimden insan kendine filozofların soracağı türden soruları soruyordu: "Yaşamın amacı nedir?" "Tanrı var mı?" "Her zaman benden beklenen şeyi mi yapmak zorundayım?"

Sartre, savaş sırasında yayımlanan *Varlık ve Hiçlik* (1943) adında uzun ve kavraması zor bir kitap yazmıştı. Kitabın ana teması özgürlüktü. İnsan özgürdür. İşgal altındaki Fransa'da, birçok Fransızın ülkelerinde kendini esir hissettiği –ya da gerçekten esir olduğu– dönemde oldukça tuhaf bir mesaj veriyordu. Sartre bununla insanın, örneğin bir çakının aksine, belirli bir şey yapmak üzere tasarlanmış olmadığını kastediyordu. Bizi tasarlamış olabilecek bir tanrının varlığına inanmıyordu; dolayısıyla Tanrı'nın bizim için bir amacı olduğu fikrini reddetti. Çakı, kesmek için tasarlanmıştır. Bu onun özüdür; onu çakı yapan şeydir. Peki ama insan ne yapmak için tasarlanmıştır? İnsanın bir özü yoktur. Sartre'a göre burada olmamızın herhangi bir nedeni yoktur. İnsan olmak için belirli bir yolda olmamız gerekmez. Bir insan ne yapmak ve ne olmak istediğini seçebilir. Hepimiz özgürüz. Sizden başka hiç kimse, hayatınızla ilgili olarak ne yapacağınıza karar veremez. Nasıl yaşayacağınız konusunda başkalarının karar vermesine izin veriyorsanız, bu da bir seçimdir. Diğer insanların olmanızı beklediği türden biri olmak da bir seçimdir.

Elbette, yapmayı seçtiğiniz şeyi yapmakta başarılı olacaksınız diye bir şey yoktur. Başarısızlığınız tamamen kontrolünüzün dışındaki nedenlere bağlı olabilir. Bununla birlikte, o şeyi yapmak istemek, onun için çabalamak ve onu yapabilmedeki başarısızlığınıza verdiğiniz tepki sizin sorumluluğunuzdur.

Özgürlükle başa çıkmak zordur ve çoğumuz özgür olmaktan kaçınırız. Ondan saklanmanın yollarından biri de gerçekten özgür değilmişsiniz gibi yapmaktır. Eğer Sartre haklıysa bahanemiz yoktur: Her gün yaptıklarımızdan ve yaptığımız şeyler sonucunda hissettiklerimizden tamamen sorumluyuzdur. Sahip olduğumuz duygulara kadar. Eğer şu anda üzgünseniz, Sartre'a göre bu sizin seçiminizdir. Üzgün olmanıza gerek yoktur. Üzgünseniz, bundan siz sorumlusunuzdur. Bu korkutucudur ve bazıları bununla yüzleşmekten kaçınır; çünkü çok acı vericidir. Sartre, "özgür olmaya mahkûm" olmamızdan bahseder. İstesek de istemesek de bu özgürlük üzerimize kalmıştır.

Sartre kafede bir garsonu tasvir eder. Bu garson, âdeta bir tür kuklaymışçasına, son derece stilize bir biçimde hareket eder. Her şeyiyle kendini tamamıyla garson rolüyle tanımladığı izlenimini verir, başka bir seçeneği yokmuş gibidir. Tepsiyi tutma şekli, masalar arasında hareket edişi, hepsi bir dansın parçasıdır. Bu dans eden kişinin değil, garsonluk mesleğinin koreografisini yaptığı bir danstır. Sartre, bu adamın, "kötü inanç"a sahip olduğunu söylemektedir. Kötü inanç, özgürlükten kaçmaktır. Kendinize söylediğiniz ve neredeyse inandığınız bir çeşit yalandır: Kendi seçimlerinizi yapmakta özgür olmadığınız yalanıdır. Oysa Sartre'a göre, isteseniz de istemeseniz de seçim yapmakta özgürsünüzdür.

Savaşın hemen ertesinde verdiği "Varoluşçuluk Bir Hümanizmdir" başlıklı derste Sartre, insan hayatını ıstıraplarla dolu olarak tanımlıyordu. Istırap, yaptığımız her şeyden sorumlu olduğumuzu, bu konuda hiçbir bahanemizin bulunmadığını anlamaktan kaynaklanır. Gelgelelim, ıstırap çok daha kötüdür; çünkü Sartre'a göre hayatımla ilgili ne yaparsam yapayım, bu, başkasının kendi hayatıyla ilgili ne yapması gerektiğine dair bir tür şablon olacaktır. Evlenmeye karar verirsem, herkesin evlenmesini önermiş olurum; tembel olmaya karar verirsem, insan varoluşuna ilişkin tasavvurum doğrultusunda herkes böyle olmalıdır. Hayatımda yaptığım seçimlerle, bir insanın nasıl olması gerektiğine dair düşüncelerimin tablosunu çizerim. Eğer bunu içtenlikle yapıyorsam, muazzam bir sorumluluktur bu.

Sartre, seçim yapmanın ıstırabıyla ne demek istediğini, savaş sırasında kendisinden tavsiye almaya gelen bir öğrencisinin yaşadığı gerçek bir hikâye üzerinden açıklar. Bu genç adam, çok zor bir karar vermek zorundaydı. Ya evde kalıp annesine göz kulak olacak ya da direnişe katılmak ve ülkesini Almanlardan kurtarma mücadelesi verebilmek için evi terk edecekti. Hayatının en zor kararıydı bu ve ne yapacağını bilmiyordu. Eğer annesini bırakırsa, annesi onsuz tamamen savunmasız kalacaktır. Direnişçilere katılmadan önce Almanların eline düşebilir, böylelikle de asil bir şey yapmaya yönelik bütün çabası, hayatının ve enerjisinin boşa gitmesiyle sonuçlanabilirdi. Gelgelelim evinde annesiyle birlikte oturursa da, kendisi adına savaşmayı diğerlerine bırakmış olacaktı. Ne yapmalıydı? Siz ne yapardınız? Ona ne tavsiye ederdiniz?

Sartre'ın tavsiyesi bir parça sinir bozucuydu. Öğrencisine özgür olduğunu ve kendi seçimini yapması gerektiğini söyledi. Sartre öğrencisine ne yapacağı konusunda pratik bir tavsiyede bulunmuş olsaydı, öğrencisi her halükârda buna uyup uymayacağına karar vermek zorunda kalacaktı. İnsan olmakla birlikte gelen sorumluluğun yüklediği ağırlıktan kurtulmanın herhangi bir yolu yoktur.

Sartre'ın felsefesine "Varoluşçuluk" adı verildi. Bu ad, her şeyden önce dünyada kendimizi *var olurken* bulmamız ve ardından yaşamımızla ilgili ne yapacağımıza karar vermek zorunda olmamız düşüncesinden gelmektedir. Öbür türlü de olabilirdi: Belirli bir amaç için tasarlanmış bir çakı gibi olabilirdik. Ancak Sartre, öyle olmadığımıza inanır. Onun ifadesiyle, varoluşumuz özümüzden önce gelir, oysa tasarlanmış nesnelerde özleri, varoluşlarından önce gelir.

İkinci Cins kitabında Simone de Beauvoir, kadınların kadın olarak doğmadığını, kadın haline geldiklerini ileri sürerek bu varoluşçuluğa farklı bir yön verdi. Bununla, kadınların, bir kadının ne olduğuna ilişkin erkek bakış açısını kabul etmeye eğilimli olduğunu söylemek istiyordu. Erkeğin sizden olmanızı beklediği şeyi olmak, bir seçimdir. Ama kadınlar özgürdür, ne olmak istediklerine kendi kendilerine karar verebilirler. Bir özleri yoktur, doğa onlara olmak zorunda oldukları herhangi bir yön vermemiştir.

Varoluşçuluğun bir başka önemli konusuysa, varoluşumuzun saçmalığıdır. Hayatın, biz ona seçimlerimizle anlam atfedene kadar hiçbir anlamı yoktur, çok geçmeden ölüm kapıya dayanır ve hayata verebileceğimiz tüm anlamlar ortadan kalkar. Sartre'ın buna dair yorumu, insanı "beyhude bir tutku" olarak tanımlamaktı: Varoluşumuzun anlamı yoktur. Yalnızca, seçimlerimiz yoluyla yarattığımız anlamlar vardır. Varoluşçulukla bağlantılı, roman yazarı ve filozof Albert Camus (1913-60), insanın saçmalığını açıklamak için Yunan miti olan Sisifos'u kullanmıştır. Sisifos tanrıları kandırdığı için, devasa bir kayayı bir dağın tepesine yuvarlamakla cezalandırılır. Sisifos tepeye her ulaştığında kaya aşağıya doğru yuvarlanır ve bir kez daha en baştan başlamak zorunda kalır. Sisifos, bunu, sonsuza kadar tekrar tekrar yapmak zorundadır. İnsan hayatı da Sisifos'un görevi gibi tamamen anlamsızdır. Hiçbir hedefi yoktur: Her şeyi açıklayacak cevaplar yoktur. Saçmadır. Fakat Camus umutsuzluğa düşmemiz gerektiğini düşünmez. İntihar etmeye gerek yoktur. Bunun yerine Sisifos'un mutlu olduğunu kabul etmek zorundayız. Sisifos neden mutludur? Çünkü amaçsız bir şekilde kayayı tepeye yuvarlama çabasında, yaşamını yaşanmaya değer kılan bir şeydir. Ne olursa olsun ölüme tercih edilebilir bir durumdur.

Varoluşçuluk bir kült haline geldi. Binlerce genç insan onun cazibesine kapılıp gece geç saatlere kadar insan varoluşunun saçmalığını tartışır oldu. Romanlara, oyunlara ve filmlere ilham kaynağı oldu. İnsanların uyabileceği ve kararlarına uygulayabileceği bir felsefeydi. Sartre ilerleyen yaşlarında politikayla ilgilendi ve sol görüşe kaydı. Marksizme ilişkin içgörülerini, erken dönemindeki düşünceleriyle birleştirmeye çalıştı, bu da güç bir işti. Sartre'ın 1940'lardaki varoluşçuluğu kendileri için kararlar veren bireylere odaklanırken, sonraki eserlerinde daha büyük bir insan grubunun parçası oluşumuzu, toplumsal ve ekonomik etkenlerin hayatımızda oynadığı rolü açıklamaya çalıştı. Ne yazık ki, yazdıklarını anlamak gittikçe zorlaşır; muhtemelen bir sebebi de Sartre'ın çoğunu amfetamin etkisindeyken yazmış olmasıdır.

Sartre, belki de yirminci yüzyılın en tanınmış filozofudur. Gelgelelim, filozoflara "geçen yüzyılın en önemli düşünürü kimdir?" diye sorarsanız, pek çoğu Ludwig Wittgenstein'ın adını söyleyecektir.

34. BÖLÜM

Dilin Büyüsünde
LUDWIG WITTGENSTEIN

Kendinizi 1940 yılında Cambridge'te düzenlenen bir Ludwig Wittgenstein (1889-1951) seminerinde bulmuş olsaydınız, çok geçmeden olağandışı biriyle karşı karşıya olduğunuzu fark ederdiniz. Onunla tanışan birçok insan, onun bir dâhi olduğunu düşünüyordu. Bertrand Russell onu "tutkulu, derin, ciddi ve baskın" biri olarak tanımlamıştı. Parlak mavi gözlü ve yoğun bir ciddiyet havası taşıyan bu ufak tefek Viyanalı adam, bir ileri bir geri yürür, öğrencilere sorular sorar ya da zaman zaman düşüncelere dalarak dakikalarca duraksardı. Kimse sözünü kesmeye cüret edemezdi. Wittgenstein, önceden hazırladığı notlarla ders vermezdi; konuları dinleyicilerinin önünde düşünür, verdiği bir dizi örnekle konuyu derinlemesine yakalamaya çalışırdı. Öğrencilerine, felsefe kitaplarını okuyarak vakit kaybetmemelerini söylemişti. Bu tür kitapları ciddiye alacaklarsa, onları odanın diğer ucuna atıp ortaya attıkları bulmacalar üzerine yoğun bir şekilde düşünmeye koyulmalılardı.

İlk kitabı olan *Tractatus Logico-Philosophicus* (1922), numaralandırılmış kısa bölümler şeklinde yazılmıştır; birçoğu, felsefeden çok şiir olarak okunabilir. Kitabın ana mesajı, etik ve din hakkındaki en önemli soruların anlayış gücümüzün sınırlarını aştığıydı, onlar hakkında anlamlı bir şey söyleyemiyorsak, sessiz kalmamız gerekiyordu.

Wittgenstein'ın daha sonraki eserlerinde ana tema, "dilin büyüsü"dür. Ona göre dil, filozofları her türlü karışıklığa sürükler. Onlar, dilin büyüsüne kapılırlar. Wittgenstein, üstlenmesi gereken rolü, tıpkı bir terapist gibi, dilin yarattığı karışıklığın birçoğunu ortadan kaldırmak olarak görür. Buradaki düşünce, Wittgenstein'ın özenle seçtiği çeşitli örneklerin mantığının takip edilmesiydi, bunu yaparken felsefi problemleriniz ortadan kalkacaktı. Önceden son derece önemli görünen şeyler, problem olmaktan çıkacaktı.

Wittgenstein'a göre felsefi karışıklığın bir nedeni, tüm dillerin aynı şekilde işlediği varsayımıydı, yani sözcüklerin basitçe nesneleri adlandırdığı düşüncesi. Okuyucularına, birçok "dil oyunu," sözcükleri kullanırken yaptığımız farklı etkinlikler olduğunu göstermek istiyordu. Dilin, ne "öz"ü ne de onun kullanım kapsamını açıklayabilecek tek bir ortak özelliği vardır.

Birbirleriyle akraba olan bir grup insan gördüğünüzde, örneğin bir düğünde, aile üyelerini aralarındaki fiziksel benzerliklerden tanıyabilirsiniz. Bu, Wittgenstein'ın "aile benzerliği"yle kastettiği şeydir. Dolayısıyla bazı yönleriniz annenize benziyor olabilir -belki ikiniz de aynı saç ve göz rengine sahipsiniz- ve biraz da büyükbabanıza benziyorsunuz, ikiniz de zayıf ve uzunsunuz. Kız kardeşinizle aynı saç rengine ve göz şekline de sahip olabilirsiniz, ama onun göz rengi annenizden ve sizden farklı olabilir. Aynı genetik yapıya sahip bir ailenin parçası olduğunuzu doğrudan gösteren, bütün aile üyelerinin paylaştığı tek bir özellik yoktur. Bunun yerine, örtüşen benzerliklerin oluşturduğu bir örüntü bulunur; paylaştığınız bazı özellikler, diğerlerinin de paylaştığı farklı özellikler vardır. Wittgenstein'ın ilgisini bu örtüşen benzerlikler örüntüsü çekiyordu. Aile benzerliği metaforunu, dilin nasıl işlediği konusunda önemli bir şeyi açıklamak için kullandı.

"Oyun" sözcüğü üzerine düşünün. Oyun dediğimiz birçok farklı şey vardır: Satranç gibi masa oyunları, briç ve pasiyans gibi kart oyunları, futbol gibi sporlar vs. Oyun olarak adlandırdığımız başka şeyler de vardır, örneğin saklambaç ya da taklide dayalı oyunlar. Aynı sözcüğü –oyun– tüm bunları kapsayacak şekilde kullandığımız için pek çok insan, hepsinin ortak bir özelliği, "oyun" kavramının bir "öz"ü olması gerektiğini varsayar. Oysa Wittgenstein böyle ortak bir payda olduğunu varsaymak yerine, okuyucularını "bakmaya ve görmeye" zorlar. Oyunların hepsinin bir kazananı ve kaybedeni olduğunu düşünebilirsiniz, ancak tek kişilik kart oyunlarında ya da duvara topu atıp tutarken kazanan ya da kaybeden var mıdır? Her ikisi de oyundur, ama bir kaybedenin olmadığı açıktır. Peki, hepsinin kurallarının olması ortak özellikleridir düşüncesine ne diyeceksiniz? Bazı hayali oyunların kuralı yok görünür. Oyunların ortak özelliği olmaya aday her özelliğin karşısına Wittgenstein oyun olan ama oyunların önerilen "özü"nü paylaşmayan bir örnek çıkartır. Bütün oyunların bir özelliğe sahip olduğunu varsaymak yerine, "oyun" gibi sözcükleri, "aile benzerliği terimleri" olarak görmemiz gerektiğini düşünür.

Wittgenstein, dili bir dizi "dil oyunu" olarak tanımladığında, onu pek çok farklı şey için kullandığımıza dikkat çekiyordu, filozofların kafasının karışmasının nedeni tüm dillerin aynı şeyi yaptığını düşünmeleriydi. Bir filozof olarak ne amaçladığına ilişkin ünlü açıklamalarından birinde Wittgenstein, yapmak istediği şeyin, şişenin içindeki sineğe çıkış yolunu göstermek olduğunu söylüyordu. Tipik bir filozof, şişenin içinde tutsak kalmış sinek gibi şişenin kenarlarına çarpıp vızıldar. Felsefi bir problemi "çözme"nin yolu, tıpayı açmak ve sineğin çıkmasına izin vermektir. Bu şu anlama gelir: Wittgenstein'ın niyeti, filozofa yanlış sorular sorduğunu ya da dil yüzünden yanlış yönlendirildiğini göstermektir.

Aziz Augustinus'un konuşmayı nasıl öğrenmiş olduğuna dair açıklamasını ele alın. *İtiraflar* kitabında, etrafındaki daha yaşlı insanların nesnelere işaret ettiklerini ve isimlerini söylediklerini söyler. Augustinus bir elma görür, biri onu işaret eder ve "elma" der. Augustinus, giderek sözcüklerin ne ifade ettiğini anlamaya başlar ve diğer insanlara ne istediğini söylemek için onları kullanabilir hale gelir. Wittgenstein, bunu, tüm dillerin bir özü ve tek bir işlevi olduğu varsayımında bulunmanın örneği olarak görüyordu. Burada dilin tek işlevi nesneleri adlandırmaktır. Augustinus için her sözcük, onu karşılayan bir anlama sahiptir. Dilin bu resmedilişi yerine Wittgenstein, bizi dilin kullanımını, konuşanların pratik yaşamlarına bağlı bir dizi etkinlik olarak görmeye teşvik eder. Dili, sözgelimi bir tornavidanın işlevini yerine getiren bir şey olarak düşünmek yerine, onu daha çok, birçok farklı aletin olduğu bir alet çantası gibi düşünmemiz gerekir.

Acı çekerken ve acınızdan bahsederken, yaptığınız şeyin, sahip olduğunuz belirli bir duyumu adlandıran sözcükler kullanmak olduğu size açık görünebilir. Ancak Wittgenstein, duyum diline dair bu görüşü yıkmaya çalışır. Bu, bir duyuma sahip olmadığınız anlamına gelmez. Mantıksal olarak, sözcüklerinizin duyumların adları olamayacağı anlamına gelir. Herkesin, içinde hiç kimseye göstermediği bir böcek olan bir kutusu olsaydı, birbirleriyle "böcek"leri hakkında konuştuklarında, kutunun içinde ne olduğunun önemi olmazdı. Dil kamusaldır ve anlaşılır olduğumuzun kamuya açık kontrol etme yollarına ihtiyaç duyar. Wittgenstein, bir çocuk acıyı "tanımlama"yı öğrendiğinde, ebeveynin çocuğunu, sözgelimi "acıyor" demek gibi (oldukça doğal bir ifade olan "Aaah!"a birçok yönden denktir) çeşitli şeyler yapması için cesaretlendirdiğini söyler. Buradaki mesajı, "acı çekiyorum" sözcüklerini, kişisel bir duyumu adlandırmanın bir yolu olarak düşünmememiz gerektiğidir. Eğer acı ve diğer duyumlar gerçekten kişiye özel olsaydı, onları tanımlamak için özel bir dile ihtiyacımız olurdu. Oysa Wittgenstein, bu düşüncenin mantıklı olmadığına inanır. Wittgenstein'ın verdiği bir başka örnek, onun neden böyle düşündüğünü açıklamakta yardımcı olabilir.

Adamın biri, bir adı olmayan belirli türde bir hisse, belki de özel bir tür karıncalanma hissine sahip olduğu her anı kaydetmeye karar verir. Bu özel karıncalanma hissini ne zaman duysa, günlüğüne "S" harfi yazar. "S," onun kendi özel dilinde bir sözcüktür, bununla ne demek istediğini ondan başkası bilmez. Bu, kulağa mümkünmüş gibi gelir. Birinin bunu yaptığını hayal etmek hiç de zor değildir. Ama diğer yandan biraz daha derinlemesine düşünün. Bir karıncalanma hissettiğinde, bunun başka türde bir karıncalanma değil de kaydetmeye karar vermiş olduğu "S" tipinde karıncalanmanın başka bir örneği olduğunu nasıl bilebilir? Daha önceki "S" karıncalanma deneyiminin anısı dışında, geriye dönüp sınayabileceği bir şey yoktur. Ancak bu da yeterince iyi değildir çünkü bu konuda tamamen yanılıyor olabilir. Bu, bir sözcüğü aynı şekilde kullandığınızı söylemenin güvenilir bir yolu değildir.

Wittgenstein günlük örneğiyle, sözcükleri deneyimlerimizi ifade edecek şekilde kullanış biçimimizin, deneyimle sözcük arasındaki özel bir bağlantıya dayandırılamayacağını söylemeye çalışıyordu. İçerdiği kamusal bir şey olmalıdır. Kişiye özel bir dil olamaz. Bu doğruysa, zihnin başka hiç kimsenin içeri giremediği kilitli bir tiyatro gibi olduğu düşüncesi aldatıcıdır. O halde Wittgenstein için özel bir duyum dili düşüncesi anlamsızdır. Bu önemlidir –ve kavraması bir o kadar da güçtür– çünkü ondan önceki birçok filozof, her bir bireyin zihninin tamamen özel olduğunu düşünmüştür.

Wittgenstein ailesi Hıristiyan olmasına rağmen Nazi yasalarına göre Yahudi kabul edilmişti. Ludwig, İkinci Dünya Savaşının bir dönemini, Londra'daki bir hastanede hademe olarak çalışarak geçirdi; oysa geniş ailesi, Viyana'dan kaçmayı başardığı için şanslıydı. Şanslı olmasalar, Adolf Eichmann denetiminde, bir toplama kampına yollanmış olabilirlerdi. Eichmann'ın Yahudi soykırımındaki rolü ve sonradan insanlığa karşı işlediği suçlardan yargılanması Hannah Arendt'in kötülüğün doğası üzerine düşüncelerinin odağıydı.

35. BÖLÜM

Sorular Sormayan Adam
HANNAH ARENDT

Nazi Adolf Eichmann, çok çalışkan bir yöneticiydi. 1942 yılından itibaren Avrupa Yahudilerinin Auschwitz dahil, Polonya'daki toplama kamplarına nakledilmesinden sorumluydu. Bu Adolf Hitler'in "Nihai Çözüm"ünün Alman kuvvetleri tarafından işgal edilen ülkelerdeki tüm Yahudileri öldürme planının bir parçasıydı. Eichmann, sistematik bir şekilde işleyen katliam politikasından sorumlu değildi, fikir ondan çıkmamıştı. Fakat bu katliamı mümkün kılan demiryolu sisteminin geliştirilmesinde büyük katkısı oldu.

Naziler 1930'lardan itibaren, Yahudilerin haklarını ellerinden alan yasalar çıkarmaya başlamışlardı. Hitler, Almanya'da ters giden hemen hemen her şey için Yahudileri suçluyordu ve onlardan intikam almak için çılgınca bir arzu besliyordu. Bu yasalar, Yahudilerin devlet okullarına gitmesine engel oluyor, onları paralarını ve mülklerini devretmeye, sarı bir yıldız takmaya zorluyordu. Yahudiler bir araya toplanmış ve gettolarda -onlar için hapishane haline gelen, şehirlerin aşırı kalabalık mahalleleri- yaşamaya zorlanmıştı. Yiyecek sınırlı, yaşam zorluydu. Nihai Çözüm, kötülüğün yeni bir düzeyini gösterdi. Hitler'in, ırkları yüzünden milyonlarca insanı katletme kararı, Nazilerin, Yahudileri toplu olarak öldürülebilecekleri şehir dışındaki yerlere götürmek için bir yol bulması gerektiği anlamına geliyordu. Mevcut toplama kampları, her gün yüzlerce insanın gaz odalarında öldürülüp yakıldığı fabrikalara dönüştürüldü. Bu kampların çoğu Polonya'da bulunduğundan dolayı, Yahudileri ölümlerine taşıyan trenleri birilerinin organize etmesi gerekiyordu.

Eichmann, bir büroda oturup önündeki sayfaları karıştırırken ve önemli telefon görüşmeleri yaparken, onun yaptıkları yüzünden milyonlarca insan öldü. Kimi tifo ya da açlıktan yaşamını yitirirken, bazıları ölene kadar çalıştırıldı, ancak büyük çoğunluğu gaz odalarında öldürüldü. Nazi Almanya'sında trenler her zaman saatinde çalışırdı, Eichmann ve onun gibileri bundan emin olurdu. Onların verimli çalışmaları, sığır taşıma vagonlarını ağzına kadar dolu tuttu. İçindeki erkekler, kadınlar ve çocuklar bazen aşırı sıcak ya da soğukta, genellikle de aç ve susuz bir halde ölümlerine doğru uzun ve acılı bir yolculuk yapardı. Pek çoğu, özellikle de yaşlılar ve hastalar, yolculuk sırasında ölürdü.

Hayatta kalanlar, zayıf düşmüş ve korkmuş bir halde kamplara vardığında çırılçıplak soyulup, duş odaları süsü verilmiş odalara sokulurdu. Kapılar arkalarından kilitlendikten sonra Naziler tarafından ziklon gazıyla öldürülürlerdi. Cesetleri yakılır ve sahip oldukları şeyler talan edilirdi. Eğer bu şekilde hızlı bir ölüm için seçilmedilerse, aralarında daha güçlü olanlar, çok az yiyecekle acımasız koşullarda çalışmaya zorlanırdı. Nazi muhafızları sırf eğlence olsun diye onları döver, hatta onlara ateş ederdi.

Eichmann bu suçların işlenmesinde önemli rol oynamıştı. Buna rağmen İkinci Dünya Savaşı sona erdikten sonra Müttefiklerin elinden kaçmayı başarmış, nihayetinde Arjantin'e gelerek birkaç yıl burada gizlenerek yaşamıştı. Ancak 1960 yılında, izini süren İsrail gizli servisi Mossad'ın ajanları onu Buenos Aires'te yakaladı. Eichmann'ı uyuşturduktan sonra yargı önüne çıkarılması için uçakla İsrail'e götürdüler.

Eichmann, diğer insanların çektiği acıdan zevk alan bir sadist ya da korkunç bir canavar mıydı? Dava başlamadan önce birçok insanın inandığı şey buydu. İnsan başka türlü nasıl soykırımın bir parçası haline gelebilirdi ki? Eichmann'ın yıllarca yaptığı, insanları ölümlerine göndermenin etkili yollarını bulmak olmuştu. Şüphesiz ki sadece bir canavar, bu tarz bir işi yaptıktan sonra yatağında rahatça uyuyabilirdi.

Amerika Birleşik Devletleri'ne göç etmiş bir Alman Yahudisi olan filozof Hannah Arendt (1906-75), *New Yorker* dergisi için Eichmann'ın davasının raporunu tutuyordu. Kendiniz adına düşünmeye çok küçük bir alanın ayrıldığı bir toplum olan Nazi totaliter devletinin bir ürünüyle yüz yüze gelmek, Arendt'in ilgisini çekiyordu. Bu adamı anlamak, nasıl biri olduğu hakkında bir fikir edinmek, bu korkunç şeyleri nasıl yapabildiğini görmek istiyordu.

Eichmann, Arendt'in tanıdığı ilk Naziden çok farklıydı. Arendt de Nazilerden kaçmış, Almanya'yı terk ederek Fransa'ya geçmiş, daha sonra ise Amerika Birleşik Devletleri yurttaşı olmuştu. Marburg Üniversitesinde okuyan genç bir kadınken hocası filozof Martin Heidegger'di. Heidegger evli, Arendt ise yalnızca 18 yaşında olmasına rağmen kısa bir süre aşk yaşamışlardı. O sıralarda Heidegger, bazılarının felsefeye büyük bir katkısı olduğunu, bazılarınınsa kasıtlı olarak anlaşılmaz bir dil kullandığını düşündüğü, inanılmaz derecede zor bir kitap olan *Varlık ve Zaman*'ı (1962) yazmakla meşguldü. Heidegger daha sonra, Nazi Partisinin sadık bir üyesi ve Yahudi düşmanı politikaları destekleyen biri olacaktı. Hatta eski dostu filozof Edmund Husserl'in adını, *Varlık ve Zaman*'daki ithaf sayfasından, Yahudi olduğu için çıkaracaktı.

Ancak Kudüs'te Arendt, çok farklı bir Naziyle tanışıyordu. Karşısında, yaptığı şeyi çok derinlemesine düşünmemeyi seçmiş oldukça sıradan bir adam vardı. Düşünmeyi başaramamasının feci sonuçları olmuştu. Ne var ki, Arendt'in beklediği türde şeytani bir sadist değildi. Çok daha sıradan, ama aynı derecede tehlikeliydi: Düşünmeyen bir adamdı. Irkçılığın en kötü biçiminin yasalaştırılmış olduğu bir Almanya'da, yaptığı şeyin doğru olduğuna kendisini kolayca ikna edebilmişti. Koşullar ona başarılı bir kariyer fırsatı vermiş, o da bu fırsatı kaçırmamıştı. Hitler'in Nihai Çözümü, Eichmann için iyi bir iş çıkarabileceğini gösterebilme fırsatıydı. Böyle bir şeyi tasavvur etmek güç olduğu için Arendt'in pek çok eleştirmeni onun haksız olduğunu düşünür. Ne var ki Arendt, yalnızca görevini yaptığını iddia ettiğinde Eichmann'ın samimi olduğunu hissetmişti.

Bazı Nazilerin aksine, Eichmann güçlü bir Yahudi nefretine sahip görünmüyordu. Hitler'in taşıdığı kin onda yoktu. "Heil Hitler" selamını vermediği için bir Yahudiyi sokak ortasında öldüresiye dövmekten mutluluk duyabilecek birçok Nazi vardı ancak o bunlardan biri değildi. Buna rağmen resmi Nazi ideolojisini kabul etmişti, bundan çok ama çok daha kötüsüyse, milyonların ölüme gönderilmesine yardım etmişti. Kendisine karşı ortaya koyulan kanıtları dinlerken bile, yaptıklarında büyük bir yanlış görmüyor gibiydi. Ona kalırsa, herhangi bir yasayı çiğnememiş ve doğrudan hiç kimseyi öldürmemiş ya da başka birinden bunu kendisi için yapmasını istememiş, makul davranmıştı. Yasalara itaat etmek üzere yetiştirilmiş, emirlere uyması için eğitilmişti, etrafındaki herkes de kendisiyle aynı şeyi yapıyordu. Başkalarından emir alarak, gündelik işinin sonuçlarını üstlenmekten kaçınmıştı.

Eichmann'ın insanların vagonlara dolduruluşunu izlemesi ya da ölüm kamplarını ziyaret etmesi gerekmediği için bunu yapmamıştı. Mahkemeye, kan görmekten korktuğu için doktor olamadığını söyleyen bir adam vardı. Oysa kan çoktan eline bulaşmıştı. Kendi eylemlerini ve bu eylemlerin gerçek insanlar üzerindeki sonuçlarını eleştirel bir şekilde düşünmesini öyle ya da böyle engellemiş bir sistemin ürünüydü. Diğer insanların hislerini hayal edemiyor gibiydi. Tüm dava boyunca, masum olduğuna dair olan hayali bir inanç besledi. Ya böyleydi ya da en iyi savunma stratejisinin yalnızca yasalara itaat ettiğini söylemek olduğuna karar vermişti. Eğer böyleyse Arendt'i aldatmıştı.

Arendt, Eichmann'da gördüğü şeyi tanımlamak için "kötülüğün sıradanlığı" sözcüklerini kullandı. Eğer bir şey "sıradan"sa, geneldir, sıkıcıdır, özgün değildir. Eichmann'ın kötülüğünün, bir şeytanınkinden ziyade bir bürokratın, bir büro yöneticisinin kötülüğü anlamında sıradan olduğunu iddia etti. Söz konusu kişi, Nazi görüşlerinin yaptığı her şeyi etkilemesine izin vermiş, son derece sıradan bir adamdı.

Arendt'in felsefesi, etrafında gelişen olaylardan esinleniyordu. Tüm hayatını, bir koltukta oturup saf soyut fikirleri irdelemekle ya da bir sözcüğün kesin anlamını durmaksızın tartışmakla harcayan türde bir filozof değildi. Onun felsefesi, yakın tarih ve yaşanmış deneyimlerle ilişkiliydi. *Eichmann Kudüs'te* kitabında yazdıkları, bir adama, kullandığı dilin çeşidine ve verdiği gerekçelere ilişkin gözlemlerine dayanıyordu. Gördüğü şeylerden, totaliter devletteki kötülük ve onun düşünce kalıplarına direnmeyen insanlar üzerindeki etkisine dair daha genel açıklamalar geliştirdi.

Eichmann, o dönemdeki pek çok Nazi gibi, olayları başkasının bakış açısından görmeyi başaramamıştı. Kendisine verilen kuralları sorgulayacak cesareti yoktu: Sadece onları uygulamanın en iyi yolunu aramıştı. Hayal gücünden yoksundu. Arendt, onu sığ ve beyinsiz olarak tarif eder, gerçi bu da bir oyun olabilirdi. Bir canavar olsaydı, korkunç olurdu. Ancak en azından canavarlar nadirdir ve fark edilmeleri oldukça kolaydır. Belki de en korkuncu, Eichmann'ın çok normal görünmesiydi. Yapmış olduğu şeyi sorgulamadığı için, insanlık tarihindeki en kötü eylemlerden birinin bir parçası olmuş sıradan bir adamdı. Nazi Almanya'sında yaşamamış olsaydı, muhtemelen kötü bir adam olmayacaktı. Koşullar onun aleyhineydi. Fakat bu onun suçluluğunu ortadan kaldırmıyordu. Ahlak dışı emirlere itaat etmişti. Nazi emirlerine itaat etmek, Arendt açısından Nihai Çözümü desteklemekle aynı şeydi. Eichmann kendi bakış açısından sadece tren saatlerini ayarlıyor olsa da, ona yap denilen şeyi sorgulamadığı ve emirleri yerine getirdiği için kitlesel katliamın bir parçası olmuştu. Davası sırasında bir ara, emirleri izleyerek doğru şeyi yapmışçasına, Immanuel Kant'ın ödev ahlakı teorisine göre hareket ettiğini bile iddia etmiştir. Eichmann, Kant'ın insanlara saygılı ve onurlu davranmanın ahlakın temeli olduğu inancını anlamakta tamamen başarısız olmuştur.

Karl Popper ise soykırımdan ve Eichmann'ın hep zamanında kalkan trenlerinden kaçmayı başarabilecek kadar şanslı Viyanalı bir entelektüeldi.

36. BÖLÜM

Hatalardan Ders Almak
KARL POPPER VE THOMAS KUHN

1666 yılında genç bir bilim insanı bahçede otururken yere bir elma düştü. Elmanın hareketinin neden yukarıya ya da yana doğru değil de, doğrudan aşağıya doğru olduğunu merak eden bu bilim insanı Isaac Newton'dı. Bu olay ona kütle çekim teorisi için esin kaynağı oldu. Bu teori elmaların hareketini açıkladığı gibi gezegenlerin de hareketini açıklıyordu. Peki, daha sonra ne oldu? Sizce Newton, bundan sonra teorisinin doğru olduğunu su götürmez biçimde ispatlayan kanıtları bir araya mı getirdi? Karl Popper'e (1902-94) göre hayır!

Bilim insanları, hepimiz gibi, kendi hatalarından ders alır. Bilim, gerçekliğe ilişkin belirli bir düşünce biçiminin yanlış olduğunu fark ettiğimiz zaman ilerler. Bu iki cümle, dünyanın işleyişi hakkında bilgi edinmek için insanlığın en iyi umudunun ne olduğuna dair Karl Popper'in görüşünü özetler. Popper düşüncelerini geliştirmeden önce birçok insan, bilim insanlarının dünyanın nasıl olduğuna dair bir önseziyle başladığına, sonrasında bu önsezinin doğru olduğunu gösteren kanıtlar topladığına inanıyordu.

Popper'e göre bilim insanları teorilerinin *yanlış* olduğunu kanıtlamaya çalışır. Bir teorinin sınanabilirliği, onun *yanlışlanabilir* olup olmadığını görmeyi içerir. Tipik bir bilim insanı, cüretkâr bir tahmin veya varsayımla işe başlar, ardından da bir dizi deney ya da gözlemle onu çürütmeye çalışır. Bilim yaratıcı ve heyecan verici bir girişimdir, ama bir şeyin doğru olduğunu kanıtlamaz. Tek yaptığı yanlış bakış açılarından kurtulmak ve bu süreçte doğruya yaklaşmayı ummaktır.

Popper 1902 yılında Viyana'da doğdu. Ailesi daha sonra Hıristiyanlığa geçmiş olsa da Popper Yahudi soyundan gelmekteydi ve 1930'larda Hitler iktidardayken, yerinde bir kararla, önce Yeni Zelanda'ya, daha sonra London School of Economics'te görev yaptığı İngiltere'ye yerleşti. Gençliğinde çok geniş bir ilgi alanına sahipti. Bilim, psikoloji, politika ve müzikle ilgileniyordu, ama felsefe onun gerçek tutkusuydu. Yaşamı boyunca hem bilim felsefesine hem de siyaset felsefesine önemli katkılarda bulundu.

Popper, bilimsel yöntemini kaleme almaya başlayana kadar birçok bilim insanı ve filozof, bilim yapma yolunun, varsayımları destekleyecek kanıtlar bulmak olduğuna inanıyordu. Eğer bütün kuğuların beyaz olduğunu kanıtlamak istiyorsanız, beyaz kuğuları bol bol gözlemlemeliydiniz. Eğer baktığınız tüm kuğular beyazsa, "bütün kuğular beyazdır" hipotezinizin doğru olduğunu varsaymak mantıklı görünüyordu. Bu tarz bir akıl yürütme, "Şimdiye kadar gördüğüm bütün kuğular beyazdır"dan "Bütün kuğular beyazdır" sonucuna gidiyordu. Fakat gözlemlemediğiniz bir kuğunun siyah olabileceği açıktır. Örneğin Avustralya'da ve dünyadaki birçok hayvanat bahçesinde siyah kuğular bulunur. Dolayısıyla "Bütün kuğular beyazdır" ifadesi, mantıksal kanıtlamanın sonucu olamaz. Hepsi beyaz binlerce kuğu gözlemlemiş olsanız bile, sonuç yine de yanlış olabilir. Bütün kuğuların kesin olarak beyaz olduğunu kanıtlamanın tek yolu, her bir kuğuya tek tek bakmaktır. Tek bir siyah kuğu bile olması durumunda, "Bütün kuğular beyazdır" sonucu yanlışlanmış olacaktır.

Bu problem, David Hume'un on sekizinci yüzyılda kaleme almış olduğu Tümevarım

Probleminin bir versiyonudur. Tümevarım, tümdengelimden çok farklıdır. Problemin kaynağı da budur. Tümdengelim, öncüllerin (başlangıç varsayımlarının) doğru olması durumunda sonucun da doğru olmak zorunda olduğu mantıksal bir argüman tarzıdır. Sıklıkla kullanılan bir örneği ele alalım: "Bütün insanlar ölümlüdür" ve "Sokrates insandır" öncülleri, "Sokrates ölümlüdür" mantıksal sonucunun takip ettiği iki öncüldür. "Bütün insanlar ölümlüdür" *ve* "Sokrates insandır"ı kabul edip, "Sokrates ölümlüdür" ifadesinin doğruluğunu yadsırsanız, kendinizle çelişmiş olursunuz. Bu, "Sokrates hem ölümlüdür hem de ölümlü değildir" demek gibi bir şey olurdu. Bunun üzerine düşünmenin bir yolu da tümdengelimde sonucun doğruluğunun bir şekilde öncüllerde içeriliyor olduğu ve mantığın onu sadece ortaya çıkardığıdır. Tümdengelimle ilgili başka bir örneğe bakalım:

1. Öncül: Bütün balıkların solungaçları vardır.
2. Öncül: John bir balıktır.

Sonuç: Öyleyse John'un solungaçları vardır.

Birinci önerme ve ikinci önermenin doğru olduğunu, ancak sonucun yanlış olduğunu söylemek saçma, tamamen mantıkdışı olurdu.

Tümevarım bundan çok farklıdır. Tümevarım, genellikle, seçili gözlemlerden genel sonuçlara doğru akıl yürütmeyi içerir. Eğer dört hafta üst üste her salı yağmur yağdığını gözlemlerseniz, bundan böyle her salı yağmur yağacağı genellemesinde bulunabilirsiniz. Tümevarıma ilişkin bir örnek olurdu bu. Her salı yağmur yağar iddiasını çürütmek için, yağmursuz geçen tek bir salı günü yeterlidir. Üst üste dört yağmurlu salı günü örneği, bütün olası salı günleri arasından çok küçük bir örnektir. Bununla birlikte, sayısız gözlem yapsanız bile, beyaz kuğularda olduğu gibi, genellemenize uymayan tek bir örneğin varlığıyla engellenebilirsiniz: Yağmursuz geçen tek bir salı veya beyaz olmayan bir kuğu. İşte bu da Tümevarım Problemidir; bu kadar güvenilmez görünen tümevarım yöntemine dayanarak doğrulama problemi. İçeceğiniz bir sonraki suyun sizi zehirlemeyeceğini nasıl bilebilirsiniz? Cevap: Geçmişte içtiğiniz bütün sular gayet iyiydi. Dolayısıyla bunun da iyi olacağını varsayıyorsunuz. Bu tür akıl yürütmeleri her zaman kullanırız. Ancak onlara bu kadar güvenmek için yeterli gerekçemiz yoktur. Doğada gerçekte orada olmayabilecek bir düzenin bulunduğunu varsayarız.

Birçok filozof gibi bilimin tümevarımla ilerlediğini düşünüyorsanız, o zaman Tümevarım Problemiyle yüzleşmeniz gerekir. Bilim, nasıl olur da güvenilebilir olmayan bir akıl yürütme türüne dayanabilir? Popper'in, bilimin nasıl düzenli bir biçimde geliştiği üzerine yorumu bu problemden kaçınır, çünkü ona göre bilim tümevarıma dayanmaz. Bilim insanı gerçekliğin doğasıyla ilgili bilgiye dayanan bir tahminle, bir hipotezle işe başlar. "Bütün gazlar ısınınca genleşir," buna bir örnek olabilir. Bu basit bir hipotezdir, ama bu aşamada, gerçek yaşamda bilim, büyük çapta yaratıcılık ve hayal gücü içerir. Bilim insanları fikirlerini çok çeşitli yerlerden alır. Sözgelimi kimyacı August Kekulé rüyasında kendi kuyruğunu ısıran bir yılan görmüştür. Bu fikirle benzen molekülünün yapısının altıgen bir halka olduğu yönündeki hipotezini –bilim insanlarının, yanlış olduğunu kanıtlama çabalarına rağmen hâlâ ayakta duran bir hipotez– geliştirmiştir.

Bilim insanları sonrasında bu hipotezi sınamanın bir yolunu bulurlar, bu örnekte çok sayıda farklı gaz türü alınıp ısıtılır. Fakat "sınamak," hipotezi *destekleyen* bir kanıt bulmak anlamına gelmez. Hipotezin, onu *yanlışlama* girişimine dayanabildiğini kanıtlamaya çabalamak anlamına gelir. Bilim insanları, ideal olarak, hipoteze uymayan bir gaz ararlar. Kuğu örneğini hatırlayalım, tek bir siyah kuğu, bütün kuğuların beyaz olduğuna dair genellemeyi çürütmek için yeterliydi. Aynı şekilde, ısıtıldığında genişlemeyen tek bir gaz, "Bütün gazlar ısıtıldığında genleşir" hipotezini çürütmeye yeterli olurdu.

Bir bilim insanı bir hipotezi çürütürse –yani yanlış olduğunu gösterirse– o zaman bu, yeni bir bilgi parçasının ortaya çıkmasıyla sonuçlanır: Hipotezin yanlış olduğu bilgisi. İnsanlık, bir şeyler öğrendiğimiz için ilerler. Isıtıldığı zaman *genişleyen* pek çok gazı gözlemlemek, hipotezimiz konusunda belki bize bir parça güven verir ama bilgi vermeyecektir. Ne var ki bir karşı-örnek, bize gerçek anlamda bir şeyler öğretir. Popper için herhangi bir hipotezin temel özelliği, *yanlışlanabilir* olmak zorunda olmasıdır. Popper bu fikri, bilim ile "sözde-bilim" dediği şey arasındaki farkı açıklamak için kullanmıştır. Bilimsel bir hipotez, yanlış olduğu kanıtlanabilir olandır: Yanlış olabileceği gösterilebilen tahminler yapar. "Etrafımdaki görünmez, fark edilmez periler bana bu cümleyi yazdırıyor" dersem, o zaman bu ifademin yanlış olduğunu kanıtlayacak bir gözlem yapamazsınız. Periler görünmezse ve hiçbir iz bırakmıyorlarsa var oldukları iddiasının yanlış olduğunu göstermenin yolu yoktur. Bu yanlışlanabilir-olmayan bir ifadedir, dolayısıyla bilimsel bir ifade olmaktan çok uzaktır.

Popper psikanaliz (bkz. 30. Bölüm) hakkında ortaya koyulan pek çok ifadenin de bu şekilde yanlışlanamaz olduğunu düşündü. Ona göre bunlar sınanamazdı. Örneğin eğer biri çıkıp da herkesin bilinçdışı isteklerle hareket ettiğini söylerse, bunu kanıtlamak için herhangi bir sınama yöntemi yoktur. Bilinçdışı isteklerle hareket ettiğini reddeden insanlar da dahil, her kanıt parçası, Popper'e göre psikanalizin geçerli olduğunun başka bir kanıtı olarak alınır. Psikanalist şunu söyleyecektir: "Bilinçdışını inkâr etmeniz, babanıza meydan okumak için güçlü bilinçdışı bir isteğiniz olduğunu kanıtlar." Ancak bu ifade sınanamaz, çünkü hayal edilebilir hiçbir kanıt bunun yanlış olduğunu gösteremez. Sonuç olarak Popper, psikanalizin bir bilim olmadığını iddia eder. Psikanaliz bize bir bilimin verebildiği şekilde bilgi veremez. Popper, bütün olası sonuçların, insanlık tarihinin aslında bir sınıf mücadelesi tarihi olduğu görüşüne destek sayılacağı Marksist tarih anlayışına da aynı şekilde karşı çıkar. Marksizm de yine yanlışlanamaz hipotezlere dayanmaktaydı.

Buna karşın, ışık güneşin çekimine kapılır diyen Albert Einstein'ın teorisi yanlışlanabilirdi. Bu da onu bilimsel bir teori yapıyordu. 1919 yılındaki güneş tutulması esnasında yıldızların konumuna ilişkin gözlemler, onu çürütememişti. Ama çürütebilirlerdi de. Yıldızlardan gelen ışık normalde görünmüyordu ancak bilim insanları tutulmanın nadir koşulları altında, yıldızların konumlarının Einstein'ın teorisinde tahmin ettiği yerde olduğunu görebilmişlerdi. Eğer bu yıldızlar başka bir yerde görünmüş olsalardı, Einstein'ın ışığın çok ağır cisimlere çekilme teorisi baltalanmış olacaktı. Popper bu gözlemlerin Einstein'ın teorisinin doğruluğunu ispatladığını düşünmüyordu. Ancak teorinin sınanabilirliği ve bilim insanlarının onun yanlış olduğunu gösterememiş olmasını, teorinin lehine sayıyordu. Einstein, yanlış da olabilecek tahminlerde bulunmuş, ama tahminleri yanlış çıkmamıştı.

Popper'in bilimsel yöntem tanımı pek çok bilim insanı ve filozofu derinden etkiledi. Örneğin Nobel Tıp Ödülünü kazanan Peter Medawar, "Bence Karl Popper, dünyaya gelmiş tartışmasız en büyük bilim filozofudur" demiştir. Bilim insanları, yaptıkları şeyin yaratıcı ve hayal gücü gerektiren bir etkinlik olarak tanımlanmasından özellikle hoşlandılar. Popper'in, çalışmalarını nasıl yürüttüklerini anladığını hissettiler. Filozoflar ise Popper'in zorlu Tümevarım Problemini aşma yöntemine bayılmıştı. Ne var ki 1962 yılında Amerikalı bilim tarihçisi ve fizikçi Thomas Kuhn, *Bilimsel Devrimlerin Yapısı* adlı bir kitap yayımladı. Bu kitap bilimin nasıl ilerlediği hakkında çok farklı bir hikâye anlatıyor ve Popper'in olayları yanlış anladığını öne sürüyordu. Kuhn, Popper'in bilim tarihini yeteri kadar dikkatli incelemediğine inanıyordu. Eğer incelemiş olsaydı, ortaya bir kalıbın çıktığını görmüş olurdu.

Kuhn'un "normal bilim" dediği şey çoğu zaman devam ederdi. Bilim insanları, zamanın bilim insanlarının paylaştığı bir çerçeve ya da "paradigma" içerisinde çalışır. Örneğin insanlar dünyanın güneş etrafında döndüğünü fark etmeden önce paradigma, güneşin dünyanın etrafında döndüğü yönündeydi. Astronomlar, araştırmalarını bu çerçeve içinde yapar ve ona uymuyor görünen herhangi bir kanıtı da yine bu çerçeve içerisinde açıklardı. Bu paradigma içerisinde çalışırken, dünyanın güneşin etrafında döndüğü düşüncesini ortaya atan Copernicus gibi bir bilim insanının hesaplamalarında yanlışlık yaptığını düşünülürdü. Kuhn'a göre dışarıda keşfedilmeyi bekleyen olgular yoktur: Bunun yerine, bir çerçeve ya da paradigma, düşünebildiğiniz şeyi bir ölçüde belirler.

Kuhn'un "paradigma değişimi" olarak nitelendirdiği şey gerçekleştiği zaman, işler ilginç bir hal alır. Bir paradigma değişimi, bir anlayış tarzı bütünüyle altüst olduğunda ortaya çıkar. Bu, bir bilim insanı var olan paradigmaya uymayan bir şeyler bulduğunda olabilir – örneğin güneşin dünyanın etrafında döndüğü paradigması içerisinde bir anlam ifade etmeyen gözlemler gibi. Ama o zaman bile, insanlar için eski düşünme tarzlarını bir kenara atmak uzun bir zaman alabilir. Yaşamlarını bir paradigma içerisinde çalışarak geçiren bilim insanları, dünyaya farklı bir yolla bakmayı genellikle hoş karşılamaz. Sonunda yeni bir paradigmaya geçiş yaptıklarındaysa, bu sefer yeni bir çerçeve içinde çalışan, normal bilim dönemi tekrar başlayabilir. Bu böylece sürüp gider. Dünya evrenin merkezidir görüşü altüst edildiğinde de böyle olmuştu. İnsanlar güneş sistemi hakkında bu şekilde düşünmeye başladıklarında, gezegenlerin güneş etrafındaki yörüngelerini anlamak için çok daha fazla normal bilim vardı.

Popper, doğal olarak, bilim tarihine dair bu açıklamaya katılmıyordu; gerçi "normal bilim" kavramının kullanışlı olduğu konusunda hemfikirdi. Popper'in modası geçmiş bir paradigmaya sahip bir bilim insanı gibi mi olduğu, yoksa gerçeklik hakkındaki hakikate Kuhn'dan daha fazla mı yaklaştığı sorusu ilgi çekicidir.

Bilim insanları gerçek deneyleri kullanır. Filozoflarsa argümanlarını makul kılabilmek için düşünce deneyleri bulma eğilimindedir. İki filozof, Philippa Foot ve Judith Jarvis Thomson, ahlakla ilgili görüşlerimizin önemli özelliklerini açığa çıkaran, dikkatli bir şekilde oluşturulmuş bir dizi düşünce deneyi geliştirmişlerdir.

37. BÖLÜM

Kontrolden Çıkan Tren ve İstenmeyen Kemancı
PHILIPPA FOOT VE JUDITH JARVIS THOMSON

Bir gün yürüyüş için dışarı çıktınız ve kontrolden çıkan bir trenin beş işçiye doğru süratle ilerlediğini gördünüz. Makinist, muhtemelen kalp krizinden dolayı, bilincini yitirmiş durumda. Eğer bir şey yapılmazsa, işçilerin hepsi ölecek. Tren tüm işçileri ezip geçecek. Tren o kadar hızlı geliyor ki, kaçmak için zamanları yok. Ama bir umut var. Tren beş kişiye gelmeden önce raylar çatallanıyor ve diğer ray üzerinde yalnızca bir işçi bulunuyor. Trenin makas değiştirip beş işçinin bulunduğu yönden sapmasını ve diğer raydaki tek işçiyi öldürmesini sağlayacak kola yeterince yakınsınız. Bu masum adamı öldürmek sizce doğru olanı yapmak mıdır? Sayılar göz önünde bulundurulursa doğrudur: Bir kişiyi öldürerek beş kişinin hayatını kurtarmış olurdunuz. Bu da mutluluğu en büyük seviyeye çıkarmalıdır. Birçok insana bu yapılması doğru olan şey gibi gelir. Gerçek hayatta treni diğer raya geçirmek ve bunun sonucu olarak bir kişinin ölümünü izlemek oldukça zordur. Ne var ki, tereddüt edip beş kişinin ölümünü izlemek bundan çok daha kötü olacaktır.

Yukarıda sözü edilen, ilk başta İngiliz filozof Philippa Foot (1920-2010) tarafından ortaya konmuş bir düşünce deneyinin bir versiyonudur. Onun ilgilendiği, neden raylar üzerindeki beş kişiyi kazadan kurtarmak kabul edilebilir bir şeyken, kimi farklı durumda, birçok kişinin hayatını kurtarmak için bir kişinin feda edilmesi kabul edilebilir değildir sorusudur. Hastane koridorlarında yürüyen sağlıklı bir insanı hayal edin. Aynı koridorda, umutsuzca farklı organlara ihtiyaç duyan beş kişi de var. İçlerinden birine kalp nakli yapılmazsa kesinlikle ölecek. Bir başkası karaciğer, diğeri ise böbrek bekliyor vb. Sağlıklı olan kişiyi öldürüp vücudunu parçalara ayırdıktan sonra, sağlıksız olanlara bu şekilde organ sağlamak kabul edilebilir miydi? Çok zor. Hiç kimse, sağlıklı birinin öldürülüp kalbinin, akciğerlerinin, karaciğerinin, böbreklerinin alınıp beş kişiye nakledilmesinin kabul edilebilir olacağına inanmaz. Yine de bu, beş kişiyi kurtarmak için bir kişiyi feda etmeye örnektir. Bununla kontrolden çıkan tren arasındaki fark nedir?

Düşünce deneyi, belirli bir konudaki hislerimizi ya da filozofların dediği gibi, "sezgilerimizi" ortaya çıkarmak için tasarlanan hayali bir durumdur. Filozoflar bunu çok kullanır. Düşünce deneyleri, bize, söz konusu edilene daha yakından odaklanmamıza izin verir. Buradaki felsefi soru şudur: "Daha fazla kişiyi kurtarmak için bir kişinin feda edilmesi ne zaman kabul edilebilir?" Kontrolden çıkan tren hikâyesi, bu soru hakkında düşünmemize olanak sağlar. Düşünce deneyi, temel unsurları yalıtır ve bize, böyle bir eylemin yanlış olduğunu hissedip hissetmediğimizi gösterir.

Bazıları bu örnekte makası asla değiştirmemeniz gerektiğini söyler, çünkü onlara göre bu, "Tanrı'yı oynamak" olacaktır: Kimin yaşayıp kimin öleceğine karar vermek. Gelgelelim birçok kişi makası değiştirmeniz gerektiğini düşünür.

Bununla ilişkili bir örnek hayal edelim. Amerikalı filozof Judith Jarvis Thomson, orijinal problemin bir başka versiyonunu tasarlamıştır. Kontrolden çıkan tren bu sefer düz bir hat üzerinde, eğer bir şey yapmazsanız kesinlikle ölecek olan talihsiz beş işçiye doğru ilerlemektedir. Bir köprünün üzerindesiniz ve yanınızda çok iri bir adam var. Yeterince ağır olan bu adamı köprüden aşağı atarsanız, beş işçiye çarpmadan önce treni yavaşlatacak ve durduracaktır. Diyelim ki bu adamı trenin önüne itecek kadar güçlüsünüz, bunu yapmalı mısınız?

Pek çok insan bunu daha güç bir durum olarak görür. Hem bu durumda hem de çatallanan ray durumunda, eylemlerinizin sonucu beş kişinin ölmesi yerine bir kişinin ölmesi gibi sizin değiştirebileceğiniz noktalar taşısa da, bu soruya "hayır" cevabını vermeye daha yakındır. Hatta iri adamı köprüden aşağıya itmek, cinayet gibi görünmektedir. Oysa iki durumda da sonuçlar aynıysa, o zaman mesele edilecek bir şey olmamalıdır. Eğer ilk örnekte makas değiştirmek doğruysa, ikinci örnekte iri adamı trenin önüne itmek de şüphesiz doğru olmalıdır. Kafa karıştırıcıdır bu.

Eğer bu hayali durum, yani birini köprüden aşağıya itme fikri akla fiziksel zorlukları getiriyorsa ya da bir kişiyle boğuşarak onu ölümüne göndermenin acımasızlığı sizi rahatsız ediyorsa, bu örnek, köprüde bir kapak olacak şekilde değiştirilebilir. İlk örnekte makası değiştirerek yaptığınız gibi, benzer türde bir kolu kullanarak kapağı açıp bu iri adamı asgari çabayla tren yoluna düşürebilirsiniz. Tek yapacağınız kolu çekmektir. Pek çok insan, bunun ahlaki açıdan çatallanan örneğinden uzak görür. Peki bu, neden böyledir?

Çatallanan ray ve iri adam örneklerinin neden birbirinden farklı olduğunu düşündüğümüzün bir açıklaması da Çifte Etki Kuralıdır. Bu görüş, sözgelimi birine onu öldürecek kadar sert vurmanın, niyetiniz sadece kendinizi korumaksa ve hafif bir darbe sizi korumaya yetmeyecekse, bütünüyle doğru olabileceğine inanır. İyi niyetle gerçekleştirilmiş bir edimin (bu örnekte kendinizi korumanın) öngörülebilir kötü yan etkileri kabul edilebilir, ancak kasten zarar verme kabul edilemez. Sizi öldürmeyi planlayan birini zehirlemek doğru değildir. Kabul edilebilir bir amacınızın olduğu ilk örnekte, olayın ilerleyişi gereği biri ölmüş olacaktır. İkinci örnekte ise birini öldürmeye niyetlenirsiniz ve bu kabul edilemezdir. Kimileri için bu, problemi çözer. Diğerleri içinse, Çifte Etkinin bu ilkesi bir hatadır.

Bu örnekler, zoraki ve gündelik yaşantıyla ilgisiz görünebilir. Bir bakıma bu doğrudur. Gerçek örnekler olma amacı taşımazlar. Bunlar inançlarımızı netleştirmek için tasarlanan düşünce deneyleridir. Gelgelelim bazen gerçek hayatta da benzer kararlar almamıza yol açan durumlar doğar. Örneğin İkinci Dünya Savaşı sırasında Naziler Londra'nın bir bölümünü bombalamaktaydı. Bir Alman casus, İngiltere ile Almanya arasında çift-taraflı çalışmaya başlamıştı. İngilizler Almanlara yanıltıcı bilgiler gönderme ve onlara, bombaların gerçek hedeflerinin kuzeyine, daha uzağa düştüğünü söyleme şansını bulmuştu. Bu olay Almanların hedeflerini değiştirmesine yol açacak; böylece bombalar Londra'nın kalabalık kesimleri yerine, güneydeki Kent ve Surrey'de yaşayan insanların üzerine düşecekti. Başka bir deyişle, daha az insanın ölümüne sebep olacak bilgiyi vermenin olanağı vardı. Bu örnekte İngilizler Tanrı'yı oynamamayı tercih etmişlerdi.

Gerçek hayatın içinden daha farklı bir durumdaysa, olaya müdahil olanlar harekete geçmeye karar vermişti. 1987 yılındaki Zeebrugge felaketinde, bir arabalı vapur batıp da düzinelerce yolcu buz kaplı denizden kurtulmaya çalışırken, genç bir adam bir ip merdivene tırmanarak kendini kurtarmış ama korkudan olduğu yerde kalakalmıştı. O konumda en az on dakika kalmış ve denizden çıkacak başka birine engel olmuştu. Eğer insanlar hızlı bir şekilde denizden çıkmazlarsa, ya boğulacak ya da donarak öleceklerdi. Sonunda, denizdekiler onu merdivenden aşağı çekmiş ve güvenliğe ulaşmayı başarmışlardı. Genç adam ise denize düşmüş ve boğulmuştu. Genç adamı merdivenden çekmek çok acı veren bir karar olmuş olmalıydı, ancak bu aşırı koşullarda, kontrolden çıkmış trende olduğu gibi pek çok kişiyi kurtarmak için birini kurban etmek, muhtemelen yapılacak doğru şeydi.

Filozoflar halen tren örneğini ve nasıl çözümlenmesi gerektiğini tartışıyorlar. Ayrıca Judith Jarvis Thomson (1929 doğumlu) tarafından ortaya atılan bir başka düşünce deneyini de tartışıyorlar. Bu düşünce deneyi, doğum kontrol hapı kullanan ama buna rağmen hamile kalan bir kadının, bebeği doğurmak gibi bir ahlaki ödevinin olmadığını gösteriyordu. Bu kadın, ahlaki olarak yanlış bir şey yapmadan kürtaj olabilirdi. Bu koşullarda bebeğe sahip olmak merhametle yapılmış bir davranıştır, ödev değil. Kürtajın etik olup olmadığıyla ilgili tartışmalar geleneksel olarak ceninin durumuna odaklanmıştı. Thomson'un argümanı, kadının bakış açısına daha çok ağırlık vermesi açısından önemliydi. İşte örnek.

Böbreği hasta olan ünlü bir kemancı var. Hayatta kalması için tek şansı, çok nadir bulunan kan grubuna sahip bir kişiye bağlı olarak yaşaması. Siz de bu kan grubuna sahipsiniz. Bir sabah uyandığınızda, siz uykudayken doktorların onu sizin böbreklerinize bağlamış olduğunu görüyorsunuz. Thomson, böyle bir durumda, tüpleri çektiğiniz zaman onun öleceğini bilseniz bile ona bağlı olmayı sürdürmek gibi bir zorunluluğunuzun olmadığını ileri sürer. Aynı şekilde eğer bir kadın doğum kontrol hapı kullanmış olmasına rağmen hamileyse, rahminde büyüyen ceninin onun vücudunu kullanma hakkına doğrudan sahip olmadığını öne sürer. Cenin bu örnekteki kemancı gibidir.

Thomson bu örneği sunmadan önce pek çok insan can alıcı bir soruyla meşguldü: "Cenin bir kişi midir?" Ceninin bir kişi *olduğunu* gösterebilirlerse, kürtajın her durumda açıkça ahlakdışı olacağına inanıyorlardı. Thomson'un düşünce deneyi, cenin bir kişi olsa bile, bunun sorunu çözemeyeceğini ileri sürer.

Elbette herkes bu cevaba katılmıyor. Kimileri, böbreklerinize bağlanmış bir kemancıyla uyansanız bile, Tanrı'yı oynamamanız gerektiğini düşünür. Keman sesini gerçekten sevmiyorsanız, zor bir hayat olurdu. Bununla birlikte, ona yardım etmeyi seçmiş olmasanız bile, kemancıyı öldürmek yine de yanlış olurdu. Aynı şekilde, hamile kalmayı istememiş ve buna karşı önlemler almış olsanız bile, çok sayıda insan sağlıklı bir hamileliği asla kasten sona erdirmemeniz gerektiğine inanır. Buna rağmen zekice oluşturulmuş bir düşünce deneyinin yaptığı şey, bu anlaşmazlıkların altında yatan ilkeleri ortaya çıkarmaktır.

Siyaset felsefecisi John Rawls da adaletin doğasını ve toplumu düzenlemenin en iyi ilkelerini soruşturmak için bir düşünce deneyini kullanmıştır.

38. BÖLÜM

Cehalet Yoluyla Adalet
JOHN RAWLS

Belki çok zenginsiniz. Belki Karun kadar zenginsiniz. Fakat birçoğumuz değil, hatta bazı insanlar çok fakir. O kadar ki, kısa hayatlarının çoğunu aç ve hasta olarak geçiriyorlar. Bu pek de adil ya da doğru görünmez, kesinlikle de değildir. Eğer dünyada gerçek adalet olsaydı, bir yanda elindeki çok fazla parayı nasıl harcayacaklarını bilmeyenler varken, bir yanda da açlık çeken çocuklar olmazdı. Hasta olan herkes iyi bir tıbbi tedavi alma olanağına sahip olurdu. Afrika'daki yoksulların durumu, ABD ve İngiltere'deki yoksullardan kat be kat daha kötü olmazdı. Batının zenginliği, doğduğu yer konusunda talihsizliği kendi hatası olmayanlardan, binlerce kat fazla olmazdı. Adalet, insanlara adil davranmakla ilgilidir. Çevremizde hayatları iyi şeylerle dolu insanlar ve kendi hataları olmamasına rağmen, hayatta kalmak için pek az seçeneği olan insanlar vardır: Yaptıkları işi, hatta yaşadıkları şehri seçemezler. Bu eşitsizlikleri düşünen kimileri, hemen, "evet ama hayat zaten adil değil" deyip omuz silkecektir. Genellikle bunlar, özellikle şanslı olanlardır; diğerleri ise zamanlarını toplumun nasıl daha iyi düzenlenebileceğini düşünmeye harcayacak ve belki de daha adil olması için değiştirmeye çalışacaklardır.

Kendi halinde mütevazı bir Harvard akademisyeni olan John Rawls (1921-2002), insanların bu tür şeyler üzerine düşünme şekillerini değiştiren bir kitap yazdı. Yirmi yıla yakın gayretli düşünmenin sonucu ortaya çıkan kitap *Bir Adalet Teorisi*'ydi (1971). Aslında bir profesörün diğer profesörlere hitaben kaleme aldığı, oldukça kuru, akademik dille yazılmış bir kitaptır. Ancak bu türdeki birçok kitabın aksine, kütüphanenin tozlu raflarında kalmak yerine bir çok satan haline geldi. Bu kadar çok insanın onu okumuş olması bir bakıma inanılmazdır. Ama kitabın temel noktalarını oluşturan düşünceler o kadar ilgi çekiciydi ki kısa sürede, filozoflar, avukatlar, politikacılar ve başka pek çok kişi tarafından okunan, yirminci yüzyılın en etkileyici kitaplarından biri olarak ilan edildi. Rawls bile bunun mümkün olabileceğini hayal edememişti.

Rawls, İkinci Dünya Savaşında savaşmıştı ve 6 Ağustos 1945'te Japon şehri Hiroşima'ya atom bombası düştüğünde Pasifik'teydi. Savaş zamanında yaşadıkları onu derinden etkiledi, nükleer silah kullanımının yanlış olduğuna inanıyordu. O dönemde yaşayan birçok insan gibi daha iyi bir dünya, daha iyi bir toplum yaratmak istiyordu. Ama o değişimi getirmek için siyasi bir davaya dahil olmak ya da mitinglere katılmak yerine düşünmek ve yazmayı tercih etti. *Adalet Teorisi*'ni yazdığı dönemde Vietnam Savaşı şiddetlenmiş ve Birleşik Devletlerde büyük çaplı savaş-karşıtı gösteriler –bunların hepsi barışçıl değildi– başlamıştı. Rawls, o anki sıcak meselelere kapılmak yerine, adalete dair soyut genel sorunlar üzerine yazdı. Çalışmasının merkezinde, birlikte nasıl yaşadığımız ve devletin yaşamlarımızı etkileme biçimleri üzerine açık seçik düşünmemiz gerektiği fikri yatıyordu. Varoluşumuzun tahammül edilebilir olması için işbirliği yapmamız gerekiyordu. Peki ama bunu nasıl yapacaktık?

Yeni ve daha iyi bir toplum tasarlamak zorunda olduğunuzu hayal edin. Sorulacak sorulardan biri, "kim ne alacak?" olabilir. Eğer içinde yüzme havuzu ve hizmetçilerin olduğu güzel bir malikânede yaşıyorsanız ve sizi tropikal bir adaya götürmeyi bekleyen özel jetiniz varsa, pekâlâ bazılarının –belki de en çok çalışanların– çok zengin, bazılarının da çok fakir olduğu bir dünyayı aklınıza getirmiş olabilirsiniz. Şu anda yoksulluk içinde yaşıyorsanız, kimsenin aşırı zengin olmasına izin verilmeyen, erişilebilir olan her şeyden herkesin eşit pay aldığı bir toplum tasarlarsınız muhtemelen: Özel jetlere izin verilmeyen, talihsiz insanlara daha çok şans verilen bir toplum. İnsan doğası aynen böyledir: İnsanlar daha iyi bir dünyayı tanımlarken, fark etseler de fark etmeseler de, kendi konumlarını düşünme eğilimi gösterirler. Bu önyargılar ve peşin hükümler siyasi düşünmenin biçimini bozar.

Rawls'un dâhice fikri, hepimizin sahip olduğu birtakım bencilce önyargıları önemsiz gösteren bir düşünce deneyi –buna "İlk/Asıl Konum" diyordu– bulmaktı. Temel düşüncesi fazlasıyla yalındır: Daha iyi bir toplum tasarla; ama bunu, toplumda hangi konumda olacağını bilmeden yap. Zengin, fakir, engelli, güzel, erkek, kadın, çirkin, zeki ya da akılsız, yetenekli ya da yeteneksiz, eşcinsel, biseksüel ya da heteroseksüel olup olamayacağını bilmeden. Rawls, sonunda kendinizi nerede bulacağınızı ya da nasıl biri olacağınızı bilmediğiniz için bu hayali "cehalet örtüsü" altında daha adil ilkeleri seçeceğinizi düşünür. Kendi yerinizi bilmeden seçim yapmaya dayalı bu basit yöntemden yola çıkarak adalet teorisini geliştirir. Teorisi, tüm mantıklı insanların kabul edeceğini düşündüğü iki ilkeye dayanmaktadır: Özgürlük ve eşitlik ilkeleri.

İlk ilke Özgürlük İlkesidir. Bu, herkesin, ellerinden alınmaması gereken bir dizi temel özgürlük hakkına sahip olmasıdır; örneğin inanç özgürlüğü, liderlerine oy verme özgürlüğü ve geniş çaplı bir ifade özgürlüğü. Bu özgürlüklerin bazılarını kısıtlamak insanların büyük çoğunluğunun hayatlarını daha iyi hale getirebilecek olsa bile, Rawls, bu özgürlüklerin çok önemli olduğunu ve her şeyden önce bunların korunması gerektiğini düşünüyordu. Bütün liberaller gibi Rawls da bu temel özgürlüklere yüksek bir değer veriyor, herkesin temel özgürlüklere hakkı olduğuna ve bunların insanların elinden alınmaması gerektiğine inanıyordu

Rawls'un ikinci ilkesi olan Farklılık İlkesi tamamen eşitlikle ilgilidir. Toplum, en çok ezilen gruplara daha fazla servet eşitliği ve fırsat verebilecek şekilde düzenlenmelidir. İnsanlar farklı miktarlarda para kazanıyorsa, bu eşitsizlik ancak en kötü durumdakine doğrudan yardım ediliyorsa mümkün olabilir. Bir bankacı, asgari ücretli bir işçiden 10.000 kat daha fazla kazanabilir, eğer asgari ücretli işçi bundan doğrudan yararlanabiliyorsa ve bankacının daha az kazanması durumunda kendisinin alamayacağı kadar yüksek miktarda bir ücret alıyorsa. Rawls işlerin başında olsa, sonuçta en fakir olan daha fazla para kazanmadığı sürece, kimse yüksek miktarda ikramiye almazdı. Rawls, bunun, kendilerinin zengin mi fakir mi olacaklarını bilmedikleri takdirde, mantıklı insanların seçeceği türden bir dünya olduğunu düşünür.

Kimin ne kadar kazanacağı hakkında Rawls'tan önce düşünen filozoflar ve politikacılar, en yüksek *ortalama* serveti üretecek bir durumdan yana taraf almışlardı. Bu, bazı insanların aşırı zengin, pek çok kişinin orta zenginlikte ve az sayıda insanın çok fakir olabileceği anlamına gelebilir. Ancak Rawls için böyle bir durum, hiçbir aşırı zenginin olmadığı, ama ortalama gelir daha düşük olsa bile herkesin daha eşit pay aldığı bir durumdan daha kötüdür.

Meydan okuyucu bir düşüncedir bu – özellikle de dünyanın şu anki durumunda yüksek maaşlar paralar kazanabilenler için. Bir diğer önemli Amerikalı siyaset felsefecisi ve Rawls'a göre siyasi açıdan daha sağda yer alan Robert Nozick (1938-2002) bu konuyu sorgulamıştı. Mükemmel bir basketbol oyuncusunu izlemeye gelen hayranlar, bilet paralarının küçük bir kısmını bu oyuncuya vermekte özgür olmalıydı kuşkusuz. Paralarını bu şekilde harcamaya hakları vardı. Eğer milyonlarca insan onu izlemeye gelirse, o zaman sporcu –Nozick'e göre adil olarak– milyonlarca dolar kazanacaktır. Rawls, bu görüşe tamamıyla karşıydı. Rawls'a göre bu anlaşmanın sonucunda en fakir olan daha varlıklı hale gelmediği sürece, basketbol oyuncusunun kişisel kazancının böyle yüksek seviyelere çıkmasına izin verilmemeliydi. Rawls, tartışmaya yol açacak şekilde, yetenekli bir atlet ya da yüksek zekâlı biri olmanın, otomatik olarak bireylere daha yüksek kazanca sahip olma hakkını vermeyeceğine inanır. Bunun bir nedeni de sportif yetenek ya da zekâ gibi şeylerin, şans meselesi olduğuna inanmasıdır. Çok hızlı bir koşucu ya da muazzam bir basketbol oyuncusu ya da üstün zekâlı biri olmanız, daha çok kazanmayı hak ettiğiniz anlamına gelmez. Atletik olarak yetenekli olmak ya da zeki olmak, "doğal piyango"yu kazanmanın bir sonucudur. Pek çok kişi Rawls'a şiddetle karşı çıkar ve mükemmelliğin ödüllendirilmesi gerektiğini düşünür. Ancak Rawls, bir şeyde iyi olmakla daha fazlasını hak etmek arasında otomatik bir bağlantı olmadığını düşünmektedir.

Peki, ya bazı insanlar cehalet örtüsünün arkasında kumar oynamayı tercih ederse? Ya hayatı bir piyango olarak düşünüyor ve toplumda sahip olacakları çok cazip konumlar olduğundan emin olmak istiyorlarsa? Muhtemelen kumarbazlar, aşırı zengin olma ihtimalleri varsa, fakir olma riskini de göze alabilirlerdi. Yani Rawls'un tanımladığı dünyadansa, ekonomik olanakları daha geniş bir dünyayı tercih ederlerdi. Rawls, mantıklı insanların bu şekilde hayatları üzerine kumar oynamayacağına inanıyordu. Belki de bu konuda yanılıyordu.

Yirminci yüzyıl filozoflarının büyük bölümü, geçmişteki büyük düşünürlerle bağlantılarını yitirmişti. Rawls'un *Adalet Teorisi*, Aristoteles, Hobbes, Locke, Rousseau, Hume ve Kant'ın yazmış olduklarıyla birlikte anılmaya değer, siyaset felsefesinin yirminci yüzyılda yazılmış çok az sayıda eserinden biriydi. Rawls, bu konuda hemfikir olmayacak derecede mütevazıydı. Ancak onun örneği Michael Sandel, Thomas Pogge, Martha Nussbaum ve Will Kymlicka da dahil, günümüzde yazan bir filozof kuşağına esin kaynağı oldu: Hepsi de felsefenin, nasıl birlikte yaşayabiliriz ve yaşamak zorundayız konusunda zorlu ve derin sorularıyla meşgul olması gerektiğine inanır. Önceki kuşaktan bazı filozofların aksine, bu soruları cevaplamaya çalışmaktan ve toplumsal değişimi teşvik etmekten çekinmezler. Felsefenin sadece yaşama şeklimizle ilgili tartışmamıza yön vermesini değil, aslında yaşama şeklimizi değiştirmesi gerektiğine inanmaktadırlar.

Bu tür bir görüşü savunan bir başka filozof, bu kitabın son bölümünün konusu Peter Singer'dır. Onun düşüncelerine bakmadan önce, günümüzde önemini artıran bir soruyu inceleyeceğiz: "Bilgisayarlar Düşünebilir mi?"

39. BÖLÜM

Bilgisayarlar Düşünebilir mi? ALAN TURING VE JOHN SEARLE

Bir odada oturuyorsunuz. Odaya açılan bir kapı, kapıda da bir mektup yarığı var. Ara sıra, üzerine anlamsız çizgiler çizilmiş bir karton parçası kapıdan sokulup paspasınıza düşüyor. Sizin göreviniz, odadaki masanın üzerinde duran bir kitabın içinde o anlamsız çizgiyi arayıp bulmak. Her bir anlamsız çizgi, kitaptaki başka bir sembolle eşleşiyor. Kitapta o anlamsız çizgiyi bulmalı, onunla eşleşen sembole bakmalı ve sonrasında, odadaki pakette üzerinde eşleşen sembolün bulunduğu kartı bulmalısınız. Sonra da dikkatli bir şekilde, bu kartı kapıdaki yarıktan dışarı itmelisiniz. İşte bu! Bunu bir süre yaptıktan sonra neler olduğunu merak edersiniz.

Amerikalı filozof John Searle (1932) tarafından bulunan, Çin Odası düşünce deneyidir bu. Bir bilgisayarın, düşünebiliyor gibi görünmesine rağmen, gerçekte düşünemediğini göstermek üzere tasarlanmış hayali bir durumdur. Burada olup biteni anlamak için öncelikle Turing Testini anlamamız gerekiyor.

Alan Turing (1912-54), modern bilgisayarın yaratılmasında rolü olan Cambridgeli seçkin bir matematikçiydi. İkinci Dünya Savaşı sırasında İngiltere'de Bletchley Parkta geliştirilen, ayrıntılı ve yoğun hesaplamalar yapan makinesi, Alman denizaltı komutanları tarafından kullanılan "Enigma" kodlarını kırmıştı. Müttefikler böylece mesajların içeriğini çözebilmiş ve Nazilerin planlarını öğrenebilmişlerdi.

Bilgisayarların bir gün kodları kırmaktan daha fazlasını yapacağı ve gerçekten zeki olabilecekleri fikri Turing'in ilgisini çekmiş ve 1950 yılında bu tarz bilgisayarların geçebileceği bir test önermişti. Bu, daha sonra, yapay zekâyı sorgulayan Turing Testi olarak bilinecekti, ancak Turing, onu başta Taklit Oyunu diye adlandırmıştı. Beynin ilginç yönü aslında onun soğuk püre kıvamında olması değildir, inancından gelir bu. Önemli olan kafatasından çıkarıldığında titremeye devam etmesi ya da gri olması değil, işlevidir. Bilgisayarlar sert ve elektronik parçalardan yapılmış olabilir; fakat yine de beynin yaptığı pek çok şeyi yapabilirler.

Bir kişinin zeki olup olmadığına karar verirken, beynini açıp nöron hareketlerini izlemektense, sorulara verdiği cevapları temel alırız. Dolayısıyla bilgisayarlar hakkında karar verirken de onların nasıl oluşturuldukları yerine, harici kanıtlara odaklanmamız adil olur. Kan ve sinirlere ya da kablolar ve iletkenlere değil, veri girdi ve çıktılarına bakmalıyız. Turing şöyle bir şey önermişti. Bir odada testi yapan kişi ekrana bir konuşma yazmaktadır. Ekran aracılığıyla farklı bir odada oturan bir insanla mı yoksa kendi cevaplarını üreten bir bilgisayarla mı konuştuğunu bilmez. Konuşma sırasında testi yapan kişi konuştuğu insanın olup olmadığını söyleyemezse, bilgisayar Turing Testini geçecektir. Bilgisayar bu testi geçerse, o zaman onun zeki olduğunu, sadece mecazi anlamda zeki değil, bir insanın sahip olabileceği türden bir zekâsı olduğunu söylemek mantıklı olacaktır.

Searle'ün Çin Odası örneği –birkaç kart üzerindeki anlamsız çizgiler senaryosu– bir bilgisayar yapay zekâya yönelik Turing testini geçmiş olsa bile, bunun onun gerçekten de her şeyi anladığını kanıtlamayacağını göstermeyi amaçlar. Kapıdaki mektup bölmesinden garip sembollerin geldiği bir odada olduğunuzu ve diğer sembolleri bölmeden dışarıya geri gönderdiğinizi, elinizde de size kılavuzluk eden bir kitap olduğunu düşünün. Bu sizin için anlamsız bir görevdir ve neden bunu yaptığınıza dair hiçbir fikriniz yoktur. Gelgelelim farkına varmaksızın soruları Çince cevaplarsınız. Sadece İngilizce konuşuyorsunuz ve hiç Çince bilmiyorsunuz. Oysa, içeriye gelen işaretler Çince sorular ve dışarıya verdiğiniz işaretler de bu sorulara verilen mantıklı cevaplar. İçinde bulunduğunuz Çin Odası, Taklit Oyununu kazanır. Verdiğiniz cevaplar, dışarıdaki birini, hakkında konuştuğunuz şeyi gerçekten de anladığınızı düşündürtmek suretiyle yanıltacaktır. Dolayısıyla odanın içinde siz de tartışılan şeyin ne olduğundan tamamıyla habersiz olduğunuz için, Turing Testini geçen bir bilgisayar da zorunlu olarak zeki değildir.

Searle, bilgisayarların Çin Odasındaki biri gibi olduğunu düşünür: Gerçekten zekâya sahip değildirler ve gerçekten düşünemezler. Bütün yaptıkları, onları oluşturanların kendilerine programlamış oldukları kurallar çerçevesinde sembolleri dağıtmaktır. Kullandıkları işlemler bir yazılıma yerleştirilmiştir. Gelgelelim bu, bir şeyi gerçekten anlamaktan ya da gerçek bir zekâya sahip olmaktan çok farklıdır. Bunu ortaya koymanın başka bir yolu, bilgisayar programlayan insanların ona bir *sentaks* (sözdizimi) eklemeleridir. Bunlar, sembollerin işleneceği doğru sırayla ilgili kuralları sağlar. Fakat bunu *semantik*le (anlambilim) vermezler: Sembollere anlamlar yüklememişlerdir. İnsanlar, konuştuğu zaman bir şeylere *anlam* verirler, düşünceleri dünyayla çeşitli yönlerden ilişkilidir. Bir şeylere anlam yüklüyor gibi görünen bilgisayarlar ise biraz da papağanlar gibi insan düşüncesini taklit eder. Papağan konuşmayı taklit edebilmesine rağmen söylediği şeyin ne ifade ettiğini asla gerçekten anlamaz. Benzer şekilde Searle'e göre bilgisayarlar, herhangi bir şeyi gerçekten ne anlayabilir ne de onun hakkında düşünebilir. Yalnızca sentakstan yola çıkarak semantiğe erişemezsiniz.

Searle'ün düşünce deneyine yönelik eleştirilerden biri, deneyin odadaki kişinin olan biteni anlayıp anlamadığı sorusuna odaklanmasıydı. Ama bu bir hatadır. Kişi, bütün sistemin sadece bir parçasıdır. Kişi neler olup bittiğini anlamasa bile, sistemin bütünü (oda, şifre kitabı, semboller vb) belki anlayabilir. Searle'ün bu itiraza cevabı, düşünce deneyini değiştirmek oldu. Odanın içerisinde sembolleri oradan oraya götüren bir kişi hayal etmek yerine, bu kişinin kural kitabının bütününü ezberlediğini ve dışarıda bir alanın ortasında, uygun sembol kartlarını geri verdiğini hayal edin. Bu kişi Çince sorulan sorulara doğru cevap veriyor olsa da tek tek soruları hâlâ anlamayacaktır. Anlamak sadece doğru cevaplar vermekten fazlasını içerir.

Gerçi bazı filozoflar, insan zihninin bir bilgisayar programı gibi *olduğuna* ikna olmuş durumdadır. Bilgisayarların gerçekten düşünebildiklerine ve düşündüklerine inanırlar. Eğer haklılarsa, o zaman belki de bir gün, insan beyninin bilgisayara aktarılması mümkün olacaktır. Zihniniz bir programsa, şu anda kafanızın içerisindeki beyin dokusunun vıcık vıcık kütlesinde işliyor olması, onun gelecekte parlak büyük bir bilgisayarda işleyemeyeceği anlamına gelmez. Süper zeki bilgisayarların yardımıyla birisi, zihninizin oluşturduğu milyonlarca işlevsel bağlantının bir haritasını çıkarabilirse, o zaman bir gün ölümden kurtulmak da mümkün olabilir. Beyniniz bir bilgisayara yüklenebilir ve böylece vücudunuz gömüldükten ya da yakıldıktan çok sonra bile çalışmaya devam edebilir. Bunun iyi bir varoluş biçimi olup olmayacağı başka bir meseledir. Eğer Searle haklıysa, yüklenen zihin, görünüşte bilinçli olduğunu gösteren tepkiler verse de, şu an sahip olduğunuz türden bir bilince sahip olacağının garantisi yoktur.

Altmış yıl kadar önce yazan Turing, bilgisayarların düşünebildiğine çoktan ikna olmuştu. Eğer haklıysa, yakın bir gelecekte onları felsefe yaparken bulabiliriz. Bu, bilgisayarların zihinlerimizin ölümden sonra yaşamasına izin vermesinden daha yakın bir ihtimaldir. Belki de bir gün bilgisayarlar, nasıl yaşamamız gerektiğine ve gerçekliğin doğasına dair temel sorular –filozofların binlerce yıldır boğuştuğu türde sorular– hakkında ilginç şeyler bile söyleyebilirler. Ama şimdilik bu alanlardaki düşüncelerimizi netleştirmek için kanlı canlı filozoflara güvenmemiz gerek. Peter Singer, bu filozoflar arasında en etkili ve tartışmalı olanlardan biridir.

40. BÖLÜM

Modern Bir Atsineği
PETER SINGER

Bir göletin bulunduğunu bildiğiniz bir bahçedesiniz. Bir anda bir şıpırtı ve çığlık duydunuz. Küçük bir çocuğun suya düşmüş ve boğulmak üzere olduğunu fark ettiniz. Ne yapardınız? Öylece yürüyüp gider miydiniz? Buluşmak için bir arkadaşınıza söz vermiş olsanız ve durmak sizi geciktirecek olsa bile, sizin için bir çocuğun hayatı vaktinde orada olmaktan daha önemli olacaktır. Gölet epey sığ, fakat çok çamurludur. Yardım ederseniz en güzel ayakkabınız mahvolacak, ancak suya atlamazsanız, diğer insanların bunu anlayışla karşılamalarını beklemeyin. İnsan olmakla ve hayata değer vermekle alakalıdır bu. Bir çocuğun hayatı, bir çift ayakkabıdan, hatta çok pahalı bir çift ayakkabıdan çok daha değerlidir. Bunun aksini düşünen bir çeşit canavardır. Suya atlardınız değil mi? Elbette atlardınız. Öte yandan büyük olasılıkla, Afrika'daki bir çocuğun açlıktan ya da tedavi edilebilir tropikal hastalıklardan ölmesini engelleyebilecek kadar da zenginsiniz. Muhtemelen bu, göletteki çocuğu kurtarmak için mahvetmeye hazır olduğunuz ayakkabıların fiyatından çok daha fazla değildir.

Diğer çocuklara neden yardım etmediniz? Doğru hayır kurumuna küçük miktarda bir bağış en az bir hayat kurtarabilir. Nispeten maliyeti düşük aşılar ve diğer ilaçlarla pek çok çocuk hastalığı kolayca önlenebilir. Bununla birlikte, önünüzde boğulan çocuk için hissettiklerinizi neden Afrika'da ölmekte olan bir çocuk için hissetmiyorsunuz? Aynı şeyi *hissediyorsanız,* sıra dışı birisinizdir. Çoğumuz, Afrika gerçeğinden sıkıntı duysak da, yine de ikisi için aynı şeyi hissetmeyiz.

Avustralyalı felsefeci Peter Singer (1946), önünüzde boğulmakta olan çocuk ile Afrika'da açlıktan ölen çocuk arasında çok da fark olmadığını ileri sürer. Dünyanın dört bir yanında kurtarabileceğimiz insanları şu an yaptığımızdan daha çok önemsemeliyiz. Böyle yapmazsak, yaşayabilecek olan bir çocuk şüphesiz genç yaşta ölecektir. Bu bir tahmin değil. Doğru olduğunu biliyoruz. Yoksullukla ilgili nedenlerden dolayı her yıl binlerce çocuğun öldüğünü biliyoruz. Gelişmiş ülkelerde yaşayan bizler, biz yiyemeden çürüyen yiyecekleri buzdolabından atarken, bazıları açlıktan ölüyor. Bazıları içmek için temiz su bile bulamıyor. Dolayısıyla doğdukları yer konusunda talihsiz olan insanlara yardım etmek için, gerçekten ihtiyacımız olmayan bir ya da iki lüksü bırakmalıyız. Singer'in felsefesi uygulanması güç bir felsefedir. Ancak bu, onun yapmamız *gereken* konusunda haksız olduğu anlamına gelmez.

Yardım kuruluşuna ben bağışta bulunmasam bile başkası bulunur, diyebilirsiniz. Buradaki tehlike her birimizin, gerekli olanı yapacak başka biri olduğunu varsayarak olanlara seyirci kalmasıdır. Dünyada aşırı yoksulluk içinde yaşayan ve her gün yataklarına aç giren o kadar çok kişi vardır ki, bir avuç kişiye bırakarak ihtiyaçlarını karşılamak çok zordur. Önünüzde boğulmakta olan çocuk olayında, çocuğun yardımına başka birinin koşup koşmadığını görmek çok kolaydır, doğru. Uzak ülkelerde acı çeken insanlar söz konusu olduğunda, yaptığımız şeylerin ve diğer insanların eylemlerinin etkilerini bilebilmek daha zor olabilir. Fakat bu, hiçbir şey yapmamanın en iyi çözüm olduğu anlamına gelmez.

Bu noktayla bağlantılı olarak duyulan bir korku vardır. Denizaşırı ülkelerdeki yoksul insanlara yardım etmenin onları zenginlere bağlı hale getireceğinden, kendi yiyeceklerini üretmenin, kendi kuyularını ve yaşayacakları yerleri inşa etmenin bir yolunu bulmayı bırakacaklarından korkulur. Zamanla bu, durumu hiçbir şey vermemekten daha kötü bir hale getirebilir. Dünyada tamamen dış yardıma bağımlı hale gelmiş ülkeler vardır. Ancak bu, yardım kurumlarına katkıda bulunmamamız gerektiği anlamına gelmez. Bu kurumların sunduğu yardım şekillerini dikkatlice düşünmemiz gerektiği anlamına gelir. Bundan çabalamamızın ve yardım etmemizin gereği yoktur gibi bir düşünce çıkarmamak gerekir. Kimi temel tıbbi yardım türleri, yoksul insanlara, dış yardıma bağımlı olmamaları için fırsat verebilir. Yerel halkın kendi kendini çekip çevirmesi için onları eğitme, temiz içme suyu sağlayan kuyular inşa etme ya da sağlık eğitimi sağlamada çok başarılı yardım kurumları bulunmaktadır. Singer'ın argümanı, başkalarına sadece parasal yardım anlamında katkı sağlamamız yönünde değildir. Dünyada en kötü şartlarda yaşayan insanlara bağımsız yaşamalarını sağlayacak gücü verecek şekilde yardım etmesi muhtemel kurumlara katkıda bulunmamız gerektiğini söyler. Onun mesajı açıktır: Diğer insanların hayatına, neredeyse kesin bir şekilde, somut bir etkiniz olabilir ve olması da gerekir.

Singer, yaşayan en tanınmış filozoflardan biridir. Bunun bir nedeni de Singer'ın birkaç yaygın hâkim görüşe meydan okumuş olmasıdır. Singer'ın savunduğu bazı düşünceler son derece tartışmalıdır. Pek çok kişi, insan hayatının mutlak kutsallığına inanır, yani başka birini öldürmenin her zaman yanlış olduğuna. Singer buna inanmaz. Sözgelimi, geri dönüşü olmayan kalıcı bitkisel hayata girmiş –yani anlamlı bilinç durumundan yoksunsa, gelecekte kurtulma şansı ya da umudu olmadan sadece bedeni canlı tutuluyorsa– biri için ötanazi ya da merhametli öldürme uygulanabileceğini ileri sürmüştür. Bu durumdaki bir insanı hayatta tutmanın çok da anlamı olmadığına inanır, çünkü bu insan, hayattan zevk alma ya da nasıl yaşayacağına karar verme gücüne sahip değildir. Yaşamını sürdürmek için güçlü bir arzusu yoktur, çünkü arzulama yeteneğinden tamamen yoksundur.

Bu tür görüşler, Singer'ın bazı kesimler tarafından kınanmasına yol açtı. Hatta, belirli koşullarda ötanaziyi savunduğu için ona Nazi bile dendi – ailesinin, Nazilerden kaçan Viyana Yahudilerinden olmasına rağmen. Bu ismi ona, Naziler, hasta ya da fiziksel ve zihinsel engelli olan binlerce insanı yaşamaya değer görmeyip öldürdüğü için takmışlardı. Gelgelelim, Nazi programını "merhametle öldürme" ya da "ötanazi" diye adlandırmak yanlış olurdu; zira gereksiz yere acı çekmeyi engellemek anlamına gelmiyordu. Çalışamayacak durumda olduklarından ve Ari ırkı kirlettikleri varsayıldığından Nazilerin "yararsız boğazlar" diye reddettikleri insanlardan kurtulmaları anlamına geliyordu. Burada "merhamet"ten eser yoktur. Singer ise, aksine, söz konusu insanların hayat kalitesiyle ilgileniyordu ve –karşıtlarından bazıları, onun görüşlerinin Nazilerinkilerle çok benzer olduğunu göstermek adına bu görüşleri karikatürize etse de– Nazilerin politikalarını herhangi bir düzeyde asla desteklemeyeceği kesindir.

Singer, ilk ününü, hayvanlara karşı muamele üzerine yazdığı etkili kitaplarıyla, özellikle de 1975 yılında yayımlanan *Hayvan Özgürleşmesi*'yle kazandı. On dokuzuncu yüzyılın başlarında Jeremy Bentham, hayvanların acı çekmesi konusunun ciddi bir biçimde ele alınması gerektiğini ileri sürmüştü. Singer'ın bu konu hakkında ilk yazmaya başladığı 1970'lerde ise birkaç filozof konuyu bu şekilde görüyordu. Singer, Bentham ve Mill gibi (bkz. 21. ve 24. Bölümler) bir sonuççu idi. Bu, onların, en iyi eylemin en iyi sonucu üreten eylem olduğuna inandığı anlamına gelir. En iyi sonucu bulmak için de hayvanlarınki de dahil, ilgili herkesin en iyi çıkarı neyse onu hesaba katmamız gerekmektedir. Bentham gibi Singer da birçok hayvan için asıl belirleyici olanın acıyı hissetme kapasiteleri olduğuna inanır. İnsan olarak, akıl yürütme ve bize olanları anlama yeteneğine sahip olduğumuz için, bazen benzer durumdaki bir hayvandan daha büyük acıları deneyimleyebiliriz. Bu da dikkate alınması gereken bir şeydir.

Singer hayvanların çıkarlarına yeterince ağırlık vermeyenleri "türcü" diye adlandırmıştır. Irkçı ya da cinsiyetçi olmakla aynıdır bu. Irkçılar kendi ırklarından olanlara farklı davranır: Onlara özel muamele yapar. Diğer ırklardan kişilere ise hak ettiklerini vermez. Örneğin beyaz bir ırkçı, iş için başvuran daha nitelikli bir siyahi olsa da, işi başka bir beyaza verir. Bu açıkça haksızlıktır ve yanlıştır. Türcülük de ırkçılık gibidir. Sadece kendi türünüzün bakış açısından görmekten ya da sadece onun lehine kuvvetli önyargılara sahip olmaktan ileri gelir. Birçok insan, yapacağı şeye karar verirken sadece diğer insanları düşünür. Oysa bu yanlıştır. Hayvanlar da acı çekebilir ve acıları dikkate alınmalıdır.

Eşit saygı göstermek, her hayvan türüne tam olarak aynı şekilde muamele etmek anlamına gelmez. Bu hiç de mantıklı olmazdı. Eğer bir atın kıçına şaplak atarsanız, muhtemelen çok da acı çekmesine sebep olmazsınız. Atların kalın derileri vardır. Oysa aynı şeyi bir bebeğe yapsaydınız, şiddetli bir acı duymasına sebep olurdunuz. Ancak ata bebeği tokatladığınızda çektirdiğiniz acıyı verecek kadar sert vurursanız, bu da ahlaki açıdan, bebeği tokatlamak kadar yanlış olacaktır. Elbette ikisini de yapmamalısınız.

Singer insanların hayvanları yemeden de sağlıklı yaşayabileceği gerekçesiyle, hepimizin vejetaryen olması gerektiğini ileri sürer. Hayvansal gıdaların çoğu, hayvanların acı çekmesine sebep olur ve bazı çiftçilik türleri öylesine acımasızdır ki, hayvanların yoğun bir acı çekmesine yol açarlar. Sözgelimi, fabrika çiftçiliğinde tavuklar küçücük kafeslerde tutulur, bazı domuzlar o kadar küçük bölmelerde yetiştirilir ki etraflarında dönemezler, büyükbaş hayvanların kesimi onlar için çoğu zaman aşırı stresli ve ıstıraplıdır. Singer, bu çeşit çiftçiliğin devam etmesine izin vermenin ahlaki açıdan doğru olamayacağını ileri sürer. Gelgelelim, et yemeden de yaşayabileceğimiz için çiftlik hayvanlarına ilişkin daha insancıl düzenlemeler gereksizdir. İlkelerine sadık biçimde Singer, okuyucularını et yemek dışında alternatifler aramaya teşvik etmek için, kitaplarından birinde Hindistan'a özgü bir çeşit mercimek tarifi bile vermiştir.

Çiftlik hayvanları, insanların ellerinde acı çeken yegâne hayvanlar değildir. Bilim insanları da araştırmalarında hayvanları kullanır. Laboratuvarlarda yalnızca fareler ya da Hint domuzları değil kediler, köpekler, maymunlar ve hatta şempanzeler de bulunabilir; bunların pek çoğu uyuşturulduğundan ya da elektrik şoku verildiğinden dolayı acı çekmekte ve stres yaşamaktadır. Singer'ın herhangi bir araştırmanın ahlaki kabul edilip edilmediğini belirleme testi şudur: Aynı deneyleri, beyni hasar görmüş bir insana yapmaya hazır olur muyduk? Eğer olmazsak, Singer, benzer bir zihinsel farkındalık düzeyinde olan hayvan üzerinde deney yapmanın da doğru olmayacağına inanır. Bu zorlu bir testtir ve pek çok deney onu geçemez. O zaman pratikte Singer, araştırmalarda hayvanların kullanılmasına oldukça güçlü bir biçimde karşıdır.

Singer'ın ahlaki sorunlara dair tüm yaklaşımı tutarlılık düşüncesine dayanır. Tutarlılık, benzer olaylara benzer şekilde ele almayı gerektirir. Bu bir mantık meselesidir, insanlara zarar vermek acıya sebep olduğu için yanlıştır, o halde diğer hayvanların çektiği acı da nasıl davranmamız gerektiğini etkilemelidir. Eğer bir hayvan zarar verildiğinde bir insandan daha fazla acı çekecekse, o zaman birinden birine zarar vermeniz gerektiğinde insanı seçmek daha mantıklıdır.

Ondan yüzyıllar önce yaşayan Sokrates gibi, nasıl yaşamamız gerektiği hakkında kamusal açıklamalar yaparken Singer da birtakım tehlikeleri göze alıyor. Derslerinin bazıları protesto edilmiş, hatta ölüm tehditleri almıştır. Yine de felsefedeki en iyi geleneği temsil eder.

Yaygın bir şekilde kabul görmüş varsayımlara meydan okumayı sürdürür. Felsefesi yaşama biçimini etkiler ve diğer insanlarla anlaşmazlığa düştüğü vakit, etrafındaki kişilerin fikirlerine, kamuya açık tartışmada cevap vermek için meydan okumaya daima hazırdır.

En önemlisi de elde ettiği sonuçları, iyi araştırılmış olguların yardımıyla gerekçelendirilmiş argümanlarla destekler. Bir filozof olarak samimiyetini görmek için elde ettiği sonuçlarla hemfikir olmak zorunda değilsiniz. En nihayetinde felsefe, tartışmayla gelişir. İnsanların karşıt görüşler öne sürmesiyle, akıl yürütmesiyle, mantık ve kanıt kullanmasıyla büyür. Singer'ın hayvanların ahlaki statüsü ya da ötanazinin ahlaken kabul edilebilir olduğu konusundaki görüşlerine katılmasanız bile, kitaplarını okumak büyük olasılıkla neye inandığınızı, inandığınız şeyin olgular, nedenler ve ilkelerle nasıl desteklendiğini enine boyuna düşünmenizi sağlayacaktır.

Felsefe, tuhaf sorularla ve zorlu meydan okuyuşlarla başladı; çevremizde Peter Singer gibi atsineği filozoflar oldukça, Sokrates'in ruhunun felsefenin geleceğini şekillendirmeye devam edeceğini söyleyebiliriz.

DİZİN